团队创新的跟踪研究

Group Creativity: A Multilevel And Longitudinal Study

霍伟伟　著

教育部人文社会科学基金青年项目
（项目编号：13YJC630057）
国家自然科学基金青年项目
（项目编号：71302048）
国家自然科学基金项目
（项目编号：71472137/71202031）
研究成果

上海大学出版社

图书在版编目(CIP)数据

团队创新的跟踪研究/霍伟伟著. —上海：上海大学出版社，2015.3
ISBN 978-7-5671-1597-2

Ⅰ. ①团… Ⅱ. ①霍… Ⅲ. ①组织创新-研究-中国 Ⅳ. ①C936

中国版本图书馆CIP数据核字(2015)第051790号

责任编辑 徐丽华
封面设计 施羲雯
技术编辑 金 鑫 章 斐

团队创新的跟踪研究
霍伟伟 著
上海大学出版社出版发行
(上海市上大路99号 邮政编码200444)
(http://www.shangdapress.com 发行热线021-66135112)
出版人：郭纯生
*
南京展望文化发展有限公司排版
上海华业装潢印刷厂印刷 各地新华书店经销
开本787×960 1/16 印张14.75 字数240千字
2015年3月第1版 2015年3月第1次印刷
ISBN 978-7-5671-1597-2/C·118 定价：68.00元

前言

创造力是组织内的个体或者群体提出新颖、合适而且有用的想法的能力，它不仅取决于性格和认知能力等个体因素，也受到外部环境的影响。随着跨文化研究的深入，在影响创造力的环境因素方面，中国文化情境开始逐步受到研究者的关注。

然而，现有文献中关于中国文化情境与创造力关系的研究结论却呈现出两类看似矛盾的观点。一部分学者认为，“讲人情、重面子、差序格局”等中国文化因素不利于形成知识共享的环境，进而可能降低创造力水平；持相反观点的研究者则认为，“集体主义、注重协调、贵中尚和”的文化情境有利于形成良好的人际环境并提高群体凝聚力，进而有利于团队创造力的提升。

同时，在文化情境影响创造力作用的路径方面，文化作为创造的潜在环境，其影响可能是间接而非直接的作用。已有研究表明：“面子”与“人情”是中国文化情境的典型特征，两者通过不同个体或群体之间的人际关系互动，进而影响其心理和行为过程。因而，在考察中国文化情境与创造力关系的过程中，突破以往研究“将个体视为孤立存在”的假设，并结合社会网络的研究视角，将有利于挖掘文化情境对创造力的影响过程机制。

围绕中国文化情境与创造力关系的研究中存在的矛盾，本书拟解决如下理论问题：① 与创造力相关的中国文化情境特征的内涵及测量模型如何？② 中国文化情境特征对个体及团队创造力的影响作用如何？③ 社会网络影响个体及团队创造力的过程机制如何？④ 个体创造力与团队创造力的关系如何？⑤ 中国文化情境下社会网络与创造力关系如何动态演变？

为了回应这些问题，本书基于多层次研究方法，结合静态及动态分析视角，深入探究了中国文化情境下社会网络与创造力的多层次关系，并提出了创造力动态研究的分析框架，已经取得的主要结论如下：

第一部分：与创造力相关的中国文化情境特征模型建构及验证。该部分首先通过个体及焦点小组访谈收集素材，采用内容分析法初步确认与创造力相关的中国文化情境特征的构思维度；而后，通过预试样本和大样本两个阶段的抽样调查收集数据，采用一致性系数检验、探索性及验证性因子分析等技术，开发并验证了与创造力相关的中国文化情境测量量表。研究发现：与创造力相关的中国文化情境特征包含人情倾向、面子倾向、和谐倾向与差序倾向四个维度。

第二部分：中国文化情境下社会网络与创造力的多层次模型建构及验证。该部分采用逐步回归、HLM、社会网络等技术得出的主要结论包括：

(1) 社会网络与创造力在个体及团队层次的作用关系不同。在个体及团队层次，网络强度和网路密度与个体/团队创造力之间存在倒U型关系，网络异质性和中心性对个体创造力具有显著正向影响。而在团队层次，团队网络异质性对团队创造力具有显著正向影响，团队网络中心性对团队创造力具有显著负向影响。

(2) 社会网络影响创造力具有多重中介机制。在个体层次，知识共享与认同感在部分网络结构指标（网络密度、网络强度、网络中心性）与个体创造力之间起到部分中介作用，而知识共享与认同感在网络异质性与个体创造力之间的中介效果不显著。在团队层面，知识共享与团队认同在全部网络指标（网络密度、网络强度、中心性与异质性）与团队创造力之间均起到中介作用。

(3) 中国文化情境在个体及团队层次的调节作用不同。在个体层面，当员工身处较高的中国文化(面子、人情、和谐与差序倾向)的情境中，建构强度和密度较高的社会关系网络，并尽可能地占据网络中心位置，更有利于获得信息和知识资源进而提升自身的创造力；人情及和谐倾向增强网络异质性与个体创造力之间的正向关系，而面子及差序倾向则减弱异质性与个体创造力之间的正向关系。在团队层面上，当面临较高的人情及和谐氛围时，团队网络强度、网络密度与团队创造力正相关；与之不同，在较高的面子和差序倾向下，团队网络强度、网络密度与团队创造力负相关；此外，人情及和谐倾向减弱网络中心性与团队创造力之间的负向关系，增强网络异质性与创造力之间的正向关系；面子及差序倾向增强网络中心性与团队创造力之间的负向关系，减弱网络异质性与创造力之间的正向关系。

(4) 团队创造力与个体创造力之间并非简单的加总关系。团队内个体创造力的高低分布差异能够激发团队中的"榜样"效应，进而更有利于团队的整体创新表现。此外，当团队内面子和差序倾向较高时，个体创造力均值与团队创造力之间的正向关系被削弱；而当团队内人情及和谐倾向较高时，个体创造力均值与团队创造力间的正向关系得到强化，表明人情与和谐倾向有利于个体创造力向团队创造力的转化，更能够呈现出"1+1>2"的效果。

第三部分：中国文化情境下社会网络与创造力的追踪分析。该部分遵循I-M-O-I的动态研究范式，采用多案例研究及持续8个月的追踪调查，一方面通过对主分析单元(团队层次)的追踪分析，探究了在不同程度的中国文化情境下社会网络与团队创造力关系的动态变化规律；另一方面通过对次分析单元(个体员工)的深入访谈，进一步发掘了造成两者关系在第二次循环阶段发生效果反转的深层次原因，研究结论包括：

(5) 在高中国文化倾向的团队中，初期"相对紧密、强联系较多、较为积聚"的网络特征有利于知识分享和组织认同，并使团队呈现出较高的创造力水平；当演化进入第二次循环，较高的中国文化倾向会继续强化原有的网络建构策略，使团队呈现出"过于密集、过于中心化"的网络特征，反而会使团队创造力出现下降趋势，造成效果反转，这可能是由于“网络维护成本过高”所引起的。因此，过高的中国文化倾向会持续地强化“密集、中心化、强联系”的网络特征，当演化进入后续阶段时，管理层所面临的问题是“如何削弱中国文化倾向的强化作用”以及“如何打破过于黏稠的网络结构”。

(6) 在低中国文化倾向的团队中，初期“相对西化、不重面子、自由开放”的文化倾向会形成“相对稀疏、弱联系较多、较为松散”的网络特征，这有利于知识分享却不利于组织认同感的形成，并使团队呈现出较高的创造力水平。当演化进入第二次循环，相对“西化”的文化倾向会继续强化原有的网络建构策略，使团队呈现“过于稀疏、过于松散”的特征，这大大降低了组织认同水平，并使团队创造力出现小幅下降趋势。因此，过低的中国文化倾向会导致社会网络持续地向“过于稀疏、过于松散”的方向变化，这会导致组织认同与团队凝聚力水平的下降，管理层此时所面临的问题是“如何遏止过于松散的网络结构”，以完善团队内的交流网络并提升团队认同感。

本书的撰写过程沉淀了作者以及所在科研团队近年来关于科研团队的知识管理、团队创造力与创新的相关研究成果，是作者承担的教育部人文社会科学青年项目“本土文化情境下科研团队知识领地性的形成机理、影响效应及干预对策研究”(项目编号：13YJC630057)的研究成果，是作者以及科研团队承担的国家自然科学基金青年项目“创造力与创意实施：基于创新全过程的追踪与准实验干预研究”(项目编号：71302048)、“授权型与命令型领导策略组合对团队创新的阶段效应：单一性还是双元性?”(项目编号：71472137)、“外部搜索对团队创造力的多层次影响机制研究”(项目编号：71202031)的研究成果。在此，我们要感谢同济大学罗瑾琏教授对本书内容提出的宝贵建议，感谢同济大学钟竞副教授对研究工作提供的支持和帮助，感谢宁波高新区管委会对园区内企业调研给予的大力支持。由于作者的学识水平有限，本书难免存在不足之处，敬请读者朋友们不吝批评指正。

目 录

第一章

绪　论

第一节　创造力的研究悖论与中国的现实问题

在快速变化的经济环境中，创新能力是员工、企业乃至一个国家立足与发展的基石。有关创造力的研究经历了特质观、过程观、结果观三个阶段（Nicholis, 1972; Sternberg & Lubart, 1996）。目前，在学术领域较为认同的观点是：创造力是组织内的个体或者群体提出新颖、合适而且有用的想法的能力，它不仅取决于性格、认知和知识等个体因素，也受到外部环境的影响（Amabile, 1983）。

随着跨文化研究的深入，在影响创造力的环境因素方面，文化情境特征开始逐步受到研究者的关注。为数不多的研究表明，不同的文化情境对创造力的促进或阻碍作用可能不同，开展创造力的跨文化研究是理清现有创造力模型作用边界并推动理论发展的重要环节（Kaufman & Sternberg, 2006）。沿着这一思路，包括徐淑英、周京教授在内的海外华人研究者，开始从事并大力倡导中国文化情境与创造力关系方面的研究工作（Zhou et al., 2009）。

尽管专门针对中国文化情境特征与创造力关系的实证研究仍十分缺乏，但一些相关的跨文化研究仍为本书提供了逻辑启发。一部分学者认为，"讲人情、重面子、差序格局"等中国文化传统不利于形成知识共享的环境，进而可能降低创造水平。例如，Hutchings & Michailova(2004)的研究指出，由差序格局导致的圈子关系显著地抑制了个体及组织之间的知识共享，这将大大降低组织的绩效和创新能力。与之相反，持促进观点的学者们则认为，“集体主义、注重协调、贵中尚和”的文化情境有利于形成群体凝聚力，进而促进创造力的提升(Desivilya & Eizen，2005；Merkin，2000)。围绕中国文化中和谐倾向与组织结果变量关系，Wang & Kondo et al.(2007)等人的研究表明：出于维护人际关系的考虑，华人的冲突应对行为多以“折中协作”模式为主，这与“贵中尚和”的文化特征相一致；而折中协作的应对方式往往能提升团队凝聚力，并有利于团队创造力的发展。Chow，Deng，& Ho(2000)的跨文化研究也表明，尽管中国人对面子的关注度更高，但他们强烈的集体主义精神和儒家文化传统仍然激励他们去揭露自己工作中的错误，这一比率远高于他们的美国同事，而主动揭露错误的行为则有利于更积极和更具创造性地开展工作。

那么，关于中国文化情境特征与创造力关系的研究为何会呈现以上两类看似矛盾的观点呢？本书通过文献分析，从四个方面阐释其中的原因。其一，由于中国文化的范围较为宽泛，加之学者们从各自的研究视角归纳出中国文化情境的不同定义，这就导致中国文化情境特征的研究呈现出较为零散、研究边界模糊、缺少统一研究框架的局面。其二，多数研究都是基于定性研究方法，通过理论分析得出结论，缺少基于中国文化情境特征与创造力的实证研究，尤其缺少可供操作且与创造力相关的中国文化情境特征的测量模型。尽管以往有学者采用实证方法考察文化情境与创造力的关系，但绝大多数都以西方经典的文化模型(如 Hofstede 文化模型)来测量中国文化；然而，这种研究思路并不是真正的本土文化情境研究，更不能反映代表中国文化情境的“人情、面子”等文化特征。其三，多数学者都仅在单一的研究层面进行研究，由于组织包含多个彼此镶嵌的子系统，一个层次的现象会受到其他层次的因素的影响，因而不同层面的研究结论之间可能存在差异。其四，以往学者对中国文化情境与创造力关系的研究都是基于静态视角，忽视了文化特征与创造力关系的动态变化；而只有考察两者的动态变化关系才有可能真正揭示中国文化情境下创造力产生和发展的变化规律。Zhou(2009)等人在中国情境下的研究指出，对于具有低水平遵从性价值观的个体而言，弱连带数目与创造力呈倒 U 型关系。他们也认为，出现倒 U 型关系的深层原因，可能是由于单次调研的静态分析方法所造成的。

基于以上分析发现，准确考察中国文化情境与创造力的关系需要解决以下问题。其一，准确界定与创造力相关的中国文化情境特征，以解决“与创造力相关的中国文化情境的内涵是什么”的问题。其二，通过质性及定量研究获得中国文化情境特征的测量模型，以解决“如何开展中国文化情境下与创造力相关的实证研究”的问题。其三，采用追踪研究思路，以探究“中国文化情境下创造力与其他因素关系如何动态演变”的问题。

尽管学者们对中国文化情境促进或阻碍创造力的观点有所不同，但他们都比较认同的是“中国文化情境对创造力的影响是不可避免的”。林语堂先生把“人情”、“面子”与“命运”视为影响中国人和社会行为的三位女神（林语堂，2002）；王霄等人（2005）也强调，华人文化结构呈现三个突出特征，即和谐观、群体观与等级观，这些都是影响中国人各类行为的潜在规范。无论在研究领域还是在普通民众的认识当中，关于中国文化情境到底“是好是坏”的问题仍然存在明显的分歧。

在影响路径方面，由于文化情境是影响个体及群体行为的潜在环境，文化对创造力的影响可能是间接而非直接作用，因而考察文化情境与创造力关系的作用“黑箱”就成为探究二者关系的重要环节。翟学伟（1994）的研究指出，“面子”与“人情”是中国文化情境的典型特征，两者通过不同个体或群体之间的“人际关系互动”，进而影响其心理和行为过程。在创造力研究领域，Perry-Smith & Shalley（2003）的研究表明：以往“将个体视为孤立存在”的研究假设不利于创造力理论的深入拓展；从个体或群体之间的“社会关系网络”出发，考察他们之间存在的“不同寻常的连接”，可以更好地解释创造力的形成及发展过程。因而，在考察中国文化情境与创造力关系的过程中，突破以往研究“将个体视为孤立存在”的假设并结合社会网络的研究视角，将有利于挖掘文化情境对创造力的影响过程机制。

在研究层次方面，由于组织包含多个彼此镶嵌的子系统，一个层次的现象会受到其他层次因素的影响；如果研究者忽视不同层次因素的作用，既会削弱理论的解释力，又会降低研究结果的外部效度（张志学，2010）。也就是说，如果研究的处理只在个体水平进行，会忽略个体的群体身份，致使观察到的效应既包括个体也包括组织效应，结果会低估估计的标准误；但如果将所有变量都作为群体变量来进行研究，又会放弃了大量的个体信息，有可能使原本显著的效应因为分组特性与研究变量无关而变得不再显著（霍伟伟，罗瑾琏，2011）。同时，由于本书的内容涉及个体及团队两个层面的创造力，以及个体与团队创造力的关系探究，因而更适合采用多层次的研究框架。

因此，本书围绕中国文化情境下社会网络与创造力的关系问题，采用质性研究与实证研究相结合的研究思路，聚焦于以下几方面的问题：① 与创造力相关的中国文化情境特征的内涵及测量模型如何；② 在个体及团队层次，社会网络影响创造力的过程机制如何，不同层次之间是否存在差异；③ 在个体层次及团队层次，中国文化情境特征对创造力的影响如何，不同层次之间是否存在差异；④ 个体创造力与团队创造力的关系如何；⑤ 中国文化情境下社会网络与创造力关系如何动态演变。

第二节　团队创造力的研究意义

本书通过对中国文化情境下社会网络对创造力的多层次作用规律的探究，不仅在一定程度上弥补了以往创造力研究领域对文化情境关注的不足，也为中国文化情境下企业管理层激发组织创造力提供了可供借鉴的理论依据。

一、理论意义

在文献梳理的基础上，本书采用多层次分析方法和追踪研究设计，揭示了中国文化情境特征影响个体及团队创造力的中介机制、调节机制及动态变化规律，这在一定程度上对以往研究进行了补充和扩展，其理论意义主要体现在以下几个方面：

(1) 在个体及焦点小组访谈的基础上，通过内容分析、探索性及验证性因子分析方法，建构并验证了与创造力相关的中国文化情境特征模型，这不仅丰富了创造力的跨文化研究内容，更为今后中国文化情境下的相关实证研究提供了可供操作的测量模型。

(2) 本书在充分考虑到影响创造力的各层次因素之间交互性及复杂性的基础上，结合多层次理论与社会网络理论，通过多层次研究模型探究中国文化特征与社会网络影响创造力的中介机制以及跨层次调节机制。其针对的主要问题包括："面子与人情"等中国文化情境特征究竟是促进或阻碍创造力发展；他们通过何种机制影响创造力；以及对比分析中国文化情境特征在个体及团队层面的作用关系是否存在差异。预期的研究结论不仅能够阐释中国文化情境对个体及团队创造力的调节影响，而且能够深入探究文化情境在个体及团队层面的作用关系是否存在差异，进而为研究中国情境下的多层次创造力问题提供理论证据。

(3) 将组织认同作为中介变量引入社会网络与创造力关系的分析过程之中，突破了以往仅从知识共享视角探讨二者关系的局限，揭示了社会网络影响创造力的多重中介机制，为探究创造力影响因素的“黑箱”提供了新的研究视角。

(4) 团队创造力并不只是个体创造力的函数，其水平还取决于团队创造过程的其他方面(如团队倾向、团队冲突等)。本书采用实证研究方法试图探究个体创造力与团队创造力的关系，主要研究思路包括：团队创造力与团队中个体成员创造力的平均值之间是否存在相关关系；团队创造力与个体成员创造力的方差值(即分布情况)之间是否存在相关关系；中国文化情境特征是否影响到个体创造力向团队创造力的转化。预期的研究结论将为理清个体与团队创造力之间的关系提供理论依据。

(5) 以往关于创造力的研究多数都秉承静态观点，本书遵循 IMOI 动态研究范式，采用多案例追踪研究和网络演化分析方法，探究中国文化情境下社会网络及创造力的动态关系演化。预期研究结论不仅解释了创造力研究中的时间效应问题，也为今后创造力研究的追踪设计提供了一个可供参考的动态分析框架。

二、实践意义

目前，围绕中国文化情境特征与创造力关系的研究较为缺乏，这就导致管理者和员工在实践中需要面对一些现实问题。其一，由于中国文化情境特征与创造力的作用关系不明确，管理者很难判断中国文化中哪些因素促进或阻碍创造力发展，以及是否应该培养富有“人情与和谐”等中国文化特征的组织倾向？其二，由于“面子、人情及差序”等文化倾向在中国企业中普遍存在，完全抑制其存在并不合适；因而，当管理者和员工必须面对“面子、人情、差序”等蕴含中国文化特征的组织环境时，如何更好地了解文化情境的作用过程并适应环境以提升创造力，则是更为关键的问题。其三，由于组织行为存在于动态运作过程中，静态地研究文化情境特征对创造力的作用关系很容易陷入形而上学的局面，因而只有探究两者的动态变化关系才能得出更具指导意义的研究结论。

本书在文献分析及质性研究的基础上，采用追踪研究设计，探究了中国文化情境下社会网络及创造力的动态关系变化，其预期研究结论具有一定的实践意义，主要体现在：

（1）探究与创造力相关的中国文化情境特征模型以及文化对创造力的作用关系，有助于管理者“取其精华，去其糟粕”，恰当地发挥中国文化特征的积极作用以提升组织创造力。本书的研究结果表明：对于员工个体而言，当身处较高的中国文化情境（面子、人情等）的环境中，建构强度和密度较高的社会网络关系，并尽可能地占据中心位置，更有利于获得信息和知识等资源进而提升自身的创造力；对于团队而言，当团队呈现较高的面子和差序倾向时，过高的团队网络强度和网络密度则会抑制多元化和异质性信息的传递，进而降低团队创造力水平。这些结论有利于管理者辩证地认识中国文化情境特征，并更有针对性地加以合理利用，从而发扬中国文化特征对个体及团队创造力的积极影响，降低其不利影响，并最终激发员工及团队的创造力。

（2）对社会网络影响创造力多重中介机制的探索，有助于剖析多层次因素影响创造力的作用过程，使管理者更清晰地了解通过哪些中间环节可以提升组织创造力。本书发现，社会网络结构（密度、强度、中心性等）通过影响知识共享和组织认同程度，进而提升个体创造力水平；在团队层面，团队知识共享与团队认同在社会网络与团队创造力之间也起到了中介作用。因此，管理者可以采取相应的措施促进团队内的知识共享，并提升员工对组织的认同程度，进而提升员工和团队的创造力水平。

（3）对个体创造力和团队创造力关系的探究，不仅为理清两者之间的关系提供了实证依据，而且有助于管理层更好地配置团队成员。例如，本书的结论表明，当团队内个体创造力方差较大（即所有成员个体创造力水平高低不一）时，个体创造力平均水平的提升更有利于改善团队创造力的整体表现；当团队内面子倾向和差序倾向较高时，个体创造力均值与团队创造力之间的正向关系被削弱；而当团队内人情倾向和和谐倾向较高时，个体创造力均值与团队创造力间的正向关系得到强化，表明人情与和谐倾向有利于个体创造力向团队创造力的转化。因此，在管理者进行人员配置时，一方面需要调整团队成员配置，以保持“水平不一”的个体创造力分布，进而激发团队中的“创新榜样”效应；另一方面，管理者应当采取措施培养组织中的人情与和谐氛围，使之呈现“1＋1＞2”的汇聚效应。

（4）探索中国文化情境下社会网络与创造力的动态关系变化，突破了传统的动态研究范式，有助于管理者更准确把握二者关系的动态变化特征，进而在组织发展的不同阶段采取更有针对性的措施以提升组织创造力。

研究结论发现，社会网络与创造力关系呈现一定的动态演化规律，但二者关系在不同程度的中国文化倾向下的演化趋势有所不同。例如，在面临较高中国文化倾向的团队中，初期“相对紧密、强联系较多、较为积聚”的网络特征促使团队呈现出较高的创造力水平；当演化过程进入第二次循环阶段，较高的中国文化倾向会继续强化原有的网络建构策略，使整个团队呈现出“过于密集、过于中心化”的特征，反而使团队创造力出现下降趋势；此时，管理者所面临的问题是“如何削弱中国文化倾向的强化作用”以及“如何打破过于黏稠的网络结构”。与之不同，在较低的中国文化倾向的环境中，初期“相对西化、不重面子、自由开放”的文化倾向会促使团队呈现出较高的创造力水平；当演化进入第二次循环阶段，相对“西化”的文化倾向会继续强化原有的网络建构策略，并大大降低组织认同水平，导致团队创造力出现小幅的下降趋势；此时，管理者必须面对的问题是“如何遏止过于松散的网络结构”，以完善团队内的交流网络并提升团队认同感。

第三节　基本概念界定

一、社会网络

社会网络是指社会行动者（包括个体或群体）之间存在的所有联系的集合，通常的测量指标包括网络密度、网络强度、网络中心性和异质性、网络规模。由于本书的目的是考察团队内部既定成员之间的社会网络结构与创造力的关系，因而不适宜做网络规模指标的分析。因此，本书围绕团队内部社会网络的网络强度、网络密度、网络中心性和网络异质性维度，详细探讨其与创造力的关系。

本书从多层次视角出发，考察了个体社会网络和团队社会网络的特征。其中，个体层次的网络强度指个体所建构的社会网络成员关系的紧密程度，通常采用互动频率、情感投入、亲密程度等指标以区分强连带或弱连带；个体网络密度反映的是网络成员与其他节点彼此互动的联系程度；个体网络异质性是指社会网络中个体之间在年龄、性别、职业、教育程度等方面的差异性；个体网络中心性是指行动者在网络中的相对位置。在团队层面，团队网络强度反映团队成员间互动行为的强度，即团队内所有成员之间互动强弱的平均程度；团队网络密度代表团队成员间彼此互动的联系程度；团队网络中心性是指团队内部全体成员人际互动的结构分布状况，而不是以特定成员为中心的社会网络状况；团队网络异质性是指团队成员之间在年龄、性别、教育程度等方面的差异性，也被称为团队多样化。由于个体社会网络与团队社会网络在定义方面有所不同，本书采用不同方法测量个体和团队层面的网络结构，具体测量指标详见第五章。

二、知识共享

在参考 Hendrik(1999)对知识共享定义的基础上，本书认为：知识共享是一种沟通过程，当组织成员向他人取得知识时，同时也是在分享他人的知识，而且知识接收者有重建的行为。因而，本书通过知识贡献和知识获取两个维度来考察知识共享情况；其中，知识贡献指将自己所知与他人分享，知识获取指咨询他人或向他人学习。

三、组织认同

本书所界定的组织认同是指，组织/群体成员在心理与行为方面与所在的群体具有的一致性。在个体层面，个体对组织的认同代表群体内单个成员对待组织的基本看法，或者个体对自己与群体一致性的认知；而在团队层面的组织认同(也可以称之为团队认同)则表示，团队多数成员对待自己与团队一致性的整体认知情况。

四、创造力

本书认为，个体创造力是指组织内的个体提出新颖、合适而且有用的想法的能力。然而，团队创造力并不只是个体创造力的函数，团队创造力受到团队结构、团队任务及团队文化倾向等因素的影响。团队创造力是指在以组织方式整合团队成员个体的创造力而发挥出协同效应过程中，所表现出来的团队的一种整体特征。在借鉴 Michael(1998)对团队创造力定义的基础上，本书从团队互动、解决问题方式、创意产生等多方面考察团队创造力水平。

五、与创造力相关的中国文化情境特征

在本书中，与创造力相关的中国文化情境特征是通过质性研究分析所得出的。首先通过文献分析得出，人情倾向、面子倾向、和谐倾向与差序倾向是中国文化情境的典型特征。其次，结合西方经典的文化分析框架和中国文化情境特征，形成访谈提纲并通过个体访谈与焦点小组访谈获得素材，探究与创造力相关的中国文化情境特征。最后，通过对访谈素材的编码分析、样本调查的探索性及验证性因子分析，验证本书所构建的与创造力相关的中国文化情境特征模型；即与创造力相关的中国文化情境特征包含面子倾向、人情倾向、和谐倾向及差序倾向。具体的研究概念及模型界定，详见第二和四章。关于具体的研究思路，本书试图通过团队层面的中国文化倾向（即团队内多数成员所共享的关于中国文化的整体倾向趋势）来考察中国文化情境下社会网络对个体及团队创造力的多层次影响机制。

已有研究表明，群体成员之间是否普遍存在“讲面子”、“互送面子”、“碍于面子”等现象，在一定程度可以认为是群体规范和群体文化的表现。本书在团队层面上对面子倾向的界定是，团队中多数成员对于他人对自己评价的关注程度，以及维护自己及团队社会公众形象的整体倾向。金耀基(1980)的研究指出，人情首先作为一种社会资源在社会成员之间传递；从另一个角度来看，人情也是人与人之间相处的社会规范，其核心的内容是关于“报”的规范，即受了别人的恩惠，就是欠了别人的人情，应当想办法回报。本书对团队中人情倾向的界定是，团队多数成员所共享的遵守受恩必报的社会规范，以及团队互动中对情感和资源交互规范的认可程度。一般意义上的和谐包括：人与自然的平衡与协调、人与社会的关系处于最佳状态，以及人与人的和谐即人际和谐。由于本书所考察的是组织中的创造力，因而重点关注人际和谐倾向。席酉民和尚玉钒(2002)的研究指出，“和”是人及人群的观念、行为在组织中的“合意”的“嵌入”；而“谐”是一切物要素在组织中的“合理”的“投入”。“和谐”并不仅仅是表面的一团和气，而是更强调“和而不同”，更关注“协调发展”。本书在借鉴毛世佩(2008)对人际和谐定义的基础上认为，团队中人际和谐倾向是指团队成员所共享的关于处理内部成员人际关系的规范，其核心是以和睦相处、团结融洽的状态作为目标。

第四节　团队创造力的研究评述

一、现有研究总结

通过对相关文献的系统回顾发现，中国文化情境、社会网络与创造力的相关领域已经取得了一定的研究进展，为本书的研究设计提供了较为扎实的理论基础。然而，现有研究也遗漏了一些未涉及的“盲点”，需要后续研究进行补充。

首先，在社会网络与创造力关系的研究方面，取得了一定的研究成果。已有研究考察了网络密度、网络异质性、网络中心性等网络结构变量对创造力的直接影响，这些研究结论为进一步研究社会网络影响创造力的过程“黑箱”提供了理论基础。然而，关于社会网络影响创造力的中介机制研究明显不足，绝大多数研究仅考察了知识共享的中介作用。社会认同理论领域的近期研究发现：员工组织认同主要通过沟通来实现，沟通的主要渠道就是社会网络（杨国枢，2006）；因而，组织认同很可能是社会网络与创造力关系之间的中介要素。

其次，近年来有关创造力研究的跨文化现象开始受到部分学者的关注，包括徐淑英、周京教授在内的海外华人研究者也开始从事并大力倡导中国文化情境与创造力关系方面的研究工作。然而，目前关于中国文化情境的实证研究较少，尤其是缺少可供操作的与创造力相关的中国文化情境测量模型。由于目前没有系统的可供参考的中国文化情境量表，因而开发和验证测量量表的工作，既是一种必然的尝试又是一项具有探索性和挑战性的课题。

再次，以往绝大多数文献仅从单一层面研究创造力，没有意识到影响创造力的各层次因素之间的复杂性和跨层次交互性。由于组织本身存在嵌套结构，即个体存在于团队中，团队又分散于组织中，这就要求研究者必须构建多层次的研究模型，进而理清不同层次研究变量对创造力的交互性和复杂性的影响关系。

最后，以往绝大多数研究都是基于静态研究视角，构建创造力及其相关要素的静态关系模型。然而，在考察社会网络与创造力关系的过程当中，静态研究视角仅能验证两者之间是否相关，并不能深入考察其因果关系以及相互作用的动态演化规律。

二、现有研究的多层次问题

以往在组织研究领域，多数学者的研究都是沿着两条思路展开：其一，从社会学的视角出发，以企业、团队等群体作为研究对象，考察群体输入、运作过程及产出结果的相关问题；其二，基于心理学的研究视角，探究个体特征、主观感知及行为倾向等方面的问题。然而，组织本质上是一个多层次嵌套系统。以创新为例，员工的创新行为同时受到个体、团队（组织）以及社会因素的影响，这三类因素分别来自三个不同层次。因此，如果研究学者仅采用微观或宏观观点是无法准确、全面地解释问题的。持有微观观点的学者关注于个体层次而忽略了不同的组织情境对个体行为的影响差异；持宏观观点的学者围绕组织（团队）特征形成理论模型，但忽略了个体的行动；而多层次理论恰恰融合了这两类观点。

采用多层次研究方法首先要界定变量的研究层次问题，进而构建多层次研究模型。Klein & Kozlowski (2000)的研究指出，建构多层次模型需要重点区分个体与群体层次概念的三种关系：① 构形型关系，群体层次的概念反映个体成员特征在群体中的排列组合模式，如团队成员知识组合；② 整体型关系，群体层次概念多是一些客观的、描述整个群体属性的概念，它直接源于群体层次，如团队动态能力；③ 共享型关系，群体层次概念反映了群体中个体成员所共同具有的特征，它源于个体层次并在群体层次聚集，个体与群体层次的概念在本质上是相似的（如团队氛围和文化倾向）。如果个体与群体层次概念属于“共享型”关系，研究者则需要建构跨层次模型(Cross Level Model)。

依据研究目的和对象，本书的研究涉及团队和个体两个层面，个体与群体层次概念属于“共享型”关系。在多层次模型建构方面，本书需要考察的问题包括：在个体层次，“社会网络→知识共享/认同→个体创造力”的关系验证；在团队层次，“社会网络→知识共享/认同→团队创造力”以及“中国文化情境特征在团队层面调节作用”的关系验证；在跨层次方面，“中国文化情境特征在个体及团队交互层面的跨层次调节影响”。在追踪研究方面，需要通过对主分析单元（团队）的追踪调查，考察中国文化情境下社会网络与创造力关系在不同阶段的变化规律；通过对次分析单元（个体）深入访谈，探究造成两者关系在第二次循环阶段发生效果反转的深层次原因。

第五节　研究的总体构思

一、研究内容的逻辑关系

通过对以往研究进展以及存在“盲点”的总结，本书围绕四个主要问题展开研究：其一，与创造力相关的中国文化情境特征的内涵及测量模型如何；其二，在个体及团队层次，社会网络影响创造力的过程机制如何，不同层次的作用路径是否存在差异；其三，中国文化情境特征对创造力的影响如何，不同层次之间是否存在差异；其四，中国文化情境下社会网络与创造力关系如何动态演变。依据以上研究问题，本书的主要内容如下：

（1）与创造力相关的中国文化情境特征模型的结构探索。

本书在以往文化维度框架的基础上，结合中国本土文化中的“人情、面子、和谐、差序”等特征，拟通过个人访谈和焦点小组访谈收集素材，并采用内容分析法，以明确中国文化情境特征的内涵。而后，在深入分析中国文化情境特征的基础上，根据访谈资料开发量表，并采用预调研和正式调研数据对文化特征模型的测量量表进行实证检验。由于目前没有系统的可供参考的中国文化情境量表，因而本书开发和验证量表的工作，既是一种必然的尝试又是一项具有探索性和挑战性的课题。

（2）社会网络影响创造力的多重中介机制探索。

目前在社会网络影响创造力过程研究中，绝大多学者仅关注知识共享的中介作用，缺乏对其他因素的探讨。由于组织研究经常涉及多层次的研究变量，在个体层面的研究结论不一定可以直接推广到群体层次。因此，本书基于多层次的研究视角，建构并验证“中国文化情境下社会网络与创造力的多层次模型”，以探究社会网络影响创造力的多层次中介模型。其主要研究思路包括：从基于信息论的社会网络研究视角出发，验证“社会网络→知识共享→个体/团队创造力”的中介路径；从基于认同论的社会网络视角出发，尝试建构并验证“社会网络→认同→个体/团队创造力”的作用路径；对比分析中介路径在个体及团队层面的研究结论是否存在差异。

(3) 探究中国文化情境特征在个体及团队层次的不同作用。

本书基于多层次分析理论，试图通过在团队层面的中国文化特征倾向(即团队内多数成员所共享的关于中国文化特征的整体倾向趋势)来考察中国文化情境下社会网络对个体及团队创造力的多层次影响。其主要内容包括：在个体层面，面子与人情等中国文化特征倾向(团队层次)对社会网络与个体创造力间关系的跨层次调节作用如何；在团队层面，中国文化特征倾向是否调节团队社会网络与团队创造力之间的关系；中国文化特征倾向在不同层面的作用关系是否相同。

(4) 中国文化情境下与社会网络影响创造力的动态关系。

已有的经验研究表明，中国文化情境下社会网络与创造力之间存在静态的相关关系，但仅从静态分析视角出发，无法准确描述两者之间相互关系的动态演化规律。本书拟从 ASD 理论的动态演化视角出发，通过多案例追踪分析及网络建模分析方法，探究中国文化情境下社会网络及创造力的动态变化规律。

(5) 个体创造力与团队创造力的关系探究。

团队创造力并不只是个体创造力的函数，其水平还取决于团队创造过程的其他方面(如团队倾向、团队冲突等)。本书拟采用实证研究方法，试图探究个体创造力与团队创造力的关系。其主要内容包括：团队创造力与团队中个体成员创造力的平均值之间是否存在相关关系；团队创造力与个体成员创造力的方差值(即分布情况)之间是否存在相关关系；中国文化情境特征是否影响到个体创造力向团队创造力的转化。

二、定性与定量结合的研究框架

根据认识社会现象的理念与途径的不同，可以把社会科学研究方法分为质性研究方法和量性研究方法。质性研究方法采用归纳逻辑，对研究现象进行观察并逐步归纳出对研究现象的解释观点，适合于解决“怎么样”和“为什么”的问题。量性研究方法遵循演绎逻辑，通常由理论概念的建构开始，透过验证理论的过程发展并验证研究假设，适合于解决“是什么”的问题。

Miles & Huberman(1994)强调指出，社会科学研究者应当跳出定量研究和定性研究的“范式之争”，探究实现两者结合的研究框架。沿着 Miles & Huberman 的思路，有学者进一步强调，不仅在一项研究中可以将定性和定量研究相结合，甚至在同一研究的不同阶段也需要结合多种研究方法，即多元结合的研究策略。Flick(2007)的研究指出，多元结合的出发点是不同的研究方法相对于研究对象具有互补性，而这种互补性在于各个单一的研究方法可以弥补对方的缺点和盲点。因此，本书遵循定性和定量相结合的研究思路，在研究过程的每一个阶段都尽量选用多种方法开展研究。具体结合思路如图 1.1 所示：

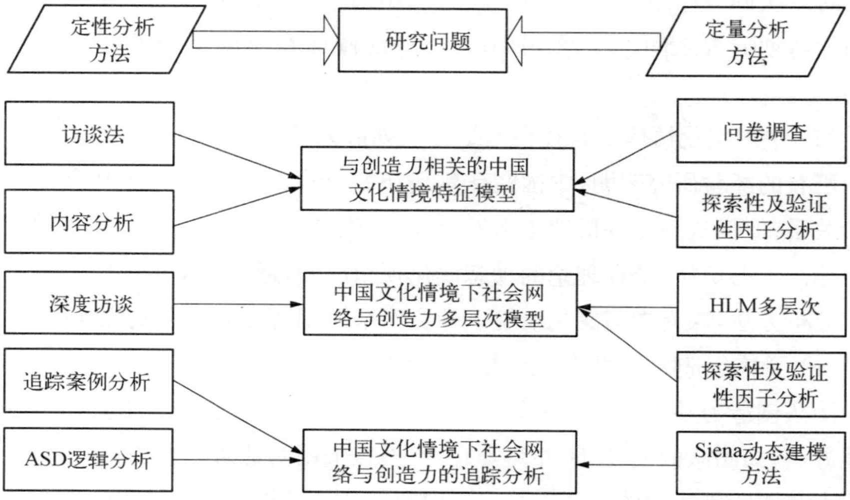

图 1.1　本书定性与定量研究结合思路

三、研究方法

李怀祖(2004)强调，科学研究的重复性原则要求研究过程必须结合多种分析方法，以保证研究结论的准确性。本书依据研究目的和内容，遵循质性研究与定量研究结合的思路，主要采用了如下分析方法：

(1) 文献研究。本书通过对已有文献的系统梳理，在理论总结与拓展的基础上，确立了“中国文化情境与社会网络交互→知识共享/认同→个体/团队创造力”这一研究思路。

(2) 多层次研究。本书所考察的变量涉及个体和团队两个层面，数据呈现出明显的嵌套特点。如果研究的处理只在员工水平进行，会忽略员工的群体身份，致使观察到的效应既包括个体效应也包括组织效应，结果会低估估计的标准误；但如果将所有变量都作为群体变量来进行研究，又会放弃了大量的员工信息，有可能使原本显著的效应因为分组特性与研究变量无关而变得不再显著。多层线形模型可以对个体水平和组群水平的数据同时进行分析，在一个模型中同时检验个体变量和场景变量的效应(Flick, 2007)。因此，本书采用多层次分析方法验证“中国文化情境下社会网络与创造力的多层次模型”。

(3) 社会网络分析。社会网络分析法是一种研究社会结构、组织构成、人际互动关系的概念与方法，是对社会群体成员间人际关系进行定量测量的一种技术(李怀祖，2004)。与社会科学中传统研究方法相比较，社会网络分析不仅能够将定量资料与定性资料和图表数据相结合，突破传统分析中将个人视为“孤立存在”的缺陷；而且可以同时进行多层次的分析，进而在微观与宏观之间建立连接。

(4) 内容分析。本书通过个体深度访谈和焦点小组访谈获取有关中国文化情境要素的质性资料，进而采用内容分析方法对访谈材料进行分析。在具体操作中，研究者遵循了资料获取、编码过程、信效度检验和数据分析等研究流程进行内容分析，以建构与创造力相关的中国文化情境特征模型。

(5) 案例研究。案例研究方法是管理理论构建和理论改进的重要研究方法，它最适合研究“怎么样”(how)和“为什么”(why)这两类问题。本书遵循IMOI动态研究范式，通过多案例及追踪设计方法，探究中国文化情境下社会网络与创造力的动态变化关系。

(6) 统计分析。为了检验本书构建的理论模型，研究者在问卷调查基础上，采用多种统计方法对模型进行检验。首先，采用描述性统计、相关分析、CITC、正态性检验、Harman单因素检验等方法对数据进行初步处理。其次，采用探索性及验证性因子分析、信度及效度分析方法对研究变量的结构模型进行验证。再次，采用HLM分析、多元回归、相关分析等方法对多层次模型进行检验。

四、内容安排

第一章首先介绍问题的研究背景及研究意义，对研究所涉及的部分概念进行界定。同时，在分析已有研究进展与不足的基础上，提出了本书的研究目标、方法、研究内容和结构框架。

第二章总结了与本书密切相关的创造力理论、社会网络理论和中国文化因素相关研究，阐明了研究问题的理论背景和贡献，有助于研究问题的进一步明晰以及理论模型的建构。

第三章在文献综述的基础上，整合相关基础理论，设计研究的总体框架并推演相关核心变量之间的假设关系。其主体内容包括：基于文献综述部分对创造力、社会网络与中国文化情境的回顾，发掘以往研究中的遗漏的“盲点”，并以此为切入点展开本书理论模型的建构工作；从静态关系视角，通过理论推演，建构“中国文化情境下社会网络与创造力的多层次理论模型”；依据 ASD 理论的动态演化视角，提出中国文化情境下社会网络及创造力的动态分析框架。

第四章通过质性研究方法探究“人情倾向、面子倾向、和谐倾向及差序倾向”等中国文化情境特征的内涵；在深入理解文化情境特征的基础上，经过个体访谈、焦点小组访谈收集一手数据，开发并验证与创造力相关的中国文化情境模型的测量工具，为深入探究中国文化情境下社会网络对创造力的多层次影响以及动态演化过程提供了前提条件。

第五章通过对大样本调查数据的统计分析，验证中国文化情境下社会网络影响创造力的多层次模型。其主体内容包括：分别在个体及团队层面，考察“社会网络→知识共享→个体/团队创造力”的中介路径，并对比差异；分别在个体及团队层面，考察中国文化特征倾向对社会网络与个体/团队创造力间关系的调节作用，并对比作用关系的差异；个体创造力与团队创造力的关系。

第六章采用I－M－O－I的动态研究范式，借鉴 ASD 的分析框架，采用多案例追踪研究和网络演化分析方法，探究中国文化情境下社会网络影响创造力的动态关系演化，并深入分析动态关系在第二个循环阶段发生作用反转的深层原因。

第七章对本书内容及研究结论进行总结，并对文中有待进一步深入研究的地方提出后续研究的方向和展望。

第二章

团队创造力研究脉络

本章通过对相关研究的梳理，为本书理论模型的构建奠定了基础。鉴于本书探究的是中国文化情境下社会网络与创造力之间的关系，研究脉络的主体内容包括：① 对创造力相关研究进行回顾，从创造力的定义与测量、影响因素、多层次研究等方面对相关文献进行系统梳理；② 从文化的定义、与创造力的作用关系以及中国文化相关的研究等角度梳理已有文献，明确中国文化情境的主要研究维度；③ 从社会网络的定义、研究层次、与创造力的作用关系等方面对文献进行回顾，为社会网络维度的划分以及多层次研究模型的构建奠定理论基础。

第一节　创造力的相关研究

创造力是组织得以生存和发展的不竭动力，尤其在当今快速变化的经济环境中，创造力已经成为组织和个人核心竞争力的重要标志。自 Guilfoul 发表著名的“论创造力”演说开始，各国学者就对创造力研究投入了极大的热情。

一、创造力的内涵

在以往研究中，由于学者们所关注的研究问题、研究视角以及研究方法的不同，使得创造力的内涵呈现多元化的态势。通过梳理文献发现，创造力的定义大致可以归为三类：

(1) 创造力的“过程观”。赞同此类定义的研究者们重点关注创造活动的过程，并将创造力定义为“分析与解决问题的过程”。例如，Sternberg(1996)认为，创造力不只是产生新创意的一种能力，而且是要求创造性、分析性和实践性智力相互结合，并能应用于实践的一个过程。Stein（1967）将创造力过程分为 4 个阶段：定义问题，收集信息，产生创新性想法，对创新性的想法进行评价和修改。

（2）创造力的"特质观"。此类观点认为，创造力是个体所具备的特质，并可以根据某些特质将社会成员区分为高创造力和低创造力个体（Nicholis，1972）。已有研究表明：尽管不同的人对创造力的理解可能不同，但有一些基本的特质是类似的，包括"思维灵活，善于综合与思考；有决策技巧和灵活性；具有成就动机和认识动力；好奇心强"等（张庆林，2002）。

（3）创造力的"结果观"。在创造力研究领域，此类观点是最具影响力和代表性的，也已经被大多数学者所接受。其中，最具代表性的是 Amabile 的一系列研究。她认为，创造力是组织内的个体或者群体提出新颖、合适而且有用的想法的能力（Amabile，1988）。

二、创造力相关的多层次概念

已有学者指出，创造力是一个多层次的概念，涉及个体、团队、组织等层面。纵观以往创造力领域的研究，可以从不同的研究层面将创造力研究分为三类：

1. 个体创造力（Individual Creativity）

有关创造力的早期研究多聚焦于个体层面（Barron，1995；Mac Kinnon，1965），其目的在于描述和发现创造性个体所具备的个性特质以及创造性能力的突出表现（Barron & Harrington，1981）。此类研究的相关文献指出，个体创造力是团队、组织等更高层面创造力的来源（Woodman et al.，1993）；研究个体创造力是推动创造力理论发展的动力。

2. 群体/团队创造力（Team/Group Creativity）

美国通用电气公司在 70 年代初期发起的"创造性领导中心的活动"，促使学术界开始对群体创造力有所关注。然而，目前各国学者对团队创造力的概念仍未达成共识。在研究初期，多数学者认为，个体创造力与团体创造力不存在根本的区别，团队创造力主要取决于团队内成员的个体创造力均值。随着团队工作方式在企业中的普遍运用，一部分学者则认为，团队创造力并非个体创造力的简单加和，其中很可能存在某种"黑箱"，以呈现出"1＋1＜2 或 1＋1＞2"效果。如 Woodman，Sawyer & Griffin（1993）强调，尽管团队创造力是个体创造力的函数，但是团队创造力还受到团队结构、团队过程、团队任务等诸多因素的影响。傅世侠和罗玲玲(2005)在对中国企业的调研中也发现，团队创造力是指"以组织方式整合团队成员个体的创造力而发挥出协同效应过程中，所表现出来的团队的一种整体特征"。

3. 群体/团队创造力与个体创造力的多层次研究

随着对创造力研究的逐步深入，已有研究者认识到：创造力不仅涉及个体、团队、组织等层面，其各个层面创造力相关要素之间也存在复杂的、跨层次的交互关系。在组织行为学领域，最具代表性的创造力多层次研究模型有以下两种：

(1) 个体与团队创造力的交互模型。

Taggar(2002)在 Amabile 的个体创造力构成模型的基础上，构建了包含个体创造力和团队创造力的交互模型(如图 2.1)。该模型指出：在个体层面，团队成员的认知能力、个性特征(开放性、外向性等)通过刺激个人的主观感知进而影响个体创造能力；在团队层面，团队创造力不仅取决于成员的创造能力，同时也受到来自团队层面特征和过程要素(如有效沟通、提供反馈、冲突反应)的影响；在个体与团队的交互方面，团队层面的要素对个体创造力可能具有跨层次的调节作用。

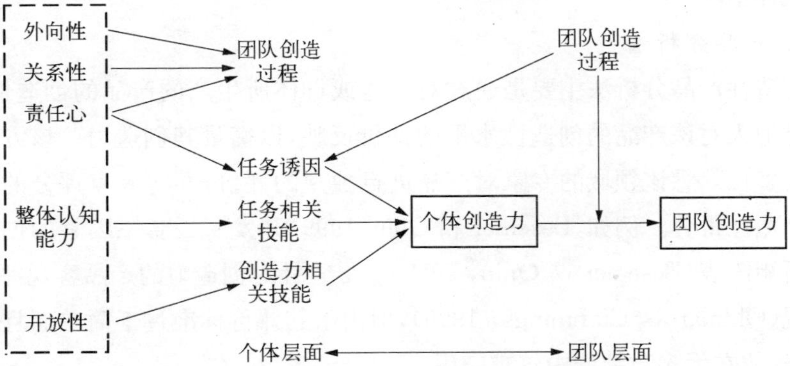

图 2.1　个体与团队创造力的交互模型

(2) 基于个体、团队和组织的多层次互动模型。

Woodman、Sawyer 和 Griffin(1993)提出了包含个体、团队和组织三层次的创造力理论模型。该理论模型最大的贡献在于，关注各层次因素之间的跨层次交互作用。研究者们认为：组织内个体的创造力是个人与团队及组织环境之间复杂的互动结果；个人创造力首先是由个体的认知风格和能力、相关的知识、内在动机等因素决定的，除此之外，还受到团队层次变量（如团队倾向、团队任务）以及组织层面变量（如组织战略、组织环境）的影响。同时，该模型还在个体、团队和组织三个不同层面上，解释了各种影响要素和情境要素之间的跨层次影响路径，构建了完整的创造力多层次概念模型。

综上所述，个体创造力为团队创造力提供了创造性活动的"素材"，而团队特征、团队互动、团队环境等要素则决定了这些"素材"能否最终转变为更高的团队创造力。已有学者指出：探讨"团队层次的变量是否影响个体创造力，以及如何影响个体及团队创造力水平的多层次机制，将是未来创造力领域新的研究方向"（Drazin et al.，1999）。

三、创造力的多层次测量

由于创造力的概念涉及个体、团队及组织层面，本书对创造力测量的文献总结也围绕不同研究层面分别展开。

（一）个体创造力的测量

目前，针对个体创造力测量的方法大致可分为三种，即产品分析法、测验法和主观评估法。

1. *产品分析法*

创造性产品分析法主要是通过对个体或群体所生产的产品的创造性水平，或通过他人对该产品的创造性水平的评价反映，以衡量其创造力。该方法的执行需要多位熟悉该领域的专家对产品进行独立的评价，并将专家评分的平均值作为创造性得分。例如，Besemer 和 Quin（1999）开发了一套三因素的创造性产品分析矩阵表（Besemer & Quin，1999）。尽管针对创造力的产品客观评价法较为客观（Oldman & Cummings，1996），但由于其评价标准过于简单而且可操作性不强，故在大多数领域中较难应用。

2. *测验法*

测验法是通过心理测验对个体的创造力进行评估的方法，通常采用标准化的测试题目，并遵循统一的测试程序以评定个体的创造力程度（陈尚云，刘彦奎，2001）。创造力测验方法通常可以分为两类：

(1) 人格测验。

人格测验方法的假设前提是：对于个体而言，其个性心理特征和行为方式通常是稳定的，两者构成了个体创造能力的底层结构；创造力高的人一般都具有良好的心理特征和优秀的行为方式，反之则不然。此类测量中最典型的代表是 Gough (1979)开发的创造力人格量表(Cps，Creative Personality Scale)；该量表以来自 12 个工作领域的 1 000 多位高创造力的被访者为样本，最终得到 30 个具有代表性的形容词来描绘高创造力个体的特征。此外，加利福尼亚心理量表(Helson，1965)和十六种人格因素测验(Cattell & Buteher，1968)也属于人格测验方法。

(2) 行为测验。

行为测验法通常要求被调查者在规定的时间内完成一些操作性任务，根据个体完成任务的情况，并参照一定的评分标准以测量个体的创造力(如灵活性、流畅性、逆向性)。在行为测量领域，比较有影响力的量表包括：Torrance (1972)编制的“托兰斯创造性思维测验(TTCT)”量表，Gullford 开发的“南加利福尼亚创造力测验”量表，以及由 Gulilford(1967)开发的测量个体发散思维能力的测验量表。由于创造力测验的主要目的是“挖掘个体稳定的创造力特征”，忽视了环境对于创造力的影响(张剑，王维才，2005)，因而此类测量方法在社会心理学及组织行为学领域的应用较少。

3. 主观评估法

主观评估法是通过个人或群体观察者对研究对象的个性品质和创造结果的主观判断来评估创造力的方法，也是目前测量个体创造力方法中获得最多认可的一类方法。此方法的理论假设是“个体创造力与个体的综合能力密切相关”，通常以经验作为评价的依据并没有客观的评分系统。最典型的主观评估法是美国心理学家 Amabile 提出的“一致评估法”，即 CAT(Consensus Assessment Technique)。

(二) 团队创造力的测量

尽管团队创造力理论最初源自人们对个体创造力的考察与测量，但两者无论在内涵方面还是在测量方面都存在一定程度的差异。通过梳理相关文献发现，团队创造力的测量大致可以归纳为两类观点，即“聚合观”和“过程观”。

1. 团队创造力测量的“聚合观”

持“聚合”观点的学者普遍认为，团队创造力取决于团队内个体成员的创造力平均(加权)水平。此类测量方法通常首先由个体自我报告创造力的情况，并经过一定的统计聚合处理，进而得出团队创造力的水平。常见的数据聚合方法包括：采用个体创造力的(加权)平均值或累计值作为团队创造力的整合值；将团队内成员创造力的极大/极小值等指标，作为团队创造力的评判值。

2. 团队创造力测量的“过程观”

相对于持有“聚合”观点的研究，另一些学者指出：团队创造力并不只是个体创造力的函数，团队创造力水平还取决于到团队创造过程的其他方面(如团队倾向、团队冲突等)(赵卓嘉，2009)。例如，Amabile(1996)等人从社会环境与团队创造力关系的研究视角出发，开发出团队倾向评估量表(KEYS)；该量共 66 个测量题目，包含组织激励、领导鼓励、团队支持等维度。Anderson & West (1998)分别从愿景、参与的安全性、任务导向和创新支持四个方面测量团队创造力，量表共包含 38 个测量条款。

综合以上分析认为：尽管个体创造力是团队创造力的来源，但团队创造力的测量不能仅由个体创造力数据简单加总而成，而需要从团队互动、解决问题方式、创意产生等多方面考察团队的创造力水平。

四、创造力的多层次影响因素

结合前文对创造力多层次模型的回顾，本书认为有必要分别从个体及团队层面归纳创造力的影响因素，其典型代表文献汇总见表 2.1。

表 2.1 有关创造力影响因素的代表文献汇总

影响因素		研究文献
个体层面	个体特征	知识技能(Feldhusen & Goh, 1995)；性格(Feist, 1998; Barron & Harrington, 1981; Gough, 1979; Oldham & Cummings, 1996; Shalley, Zhou & oldham, 2004)；认知风格(Woodman, Sawyer & Grimn, 1993; Amabile, 1996; Kirton, 1976; Shalley, Zhou & Oldham, 2004; Fagan, 2004)
	情绪	情绪智力(George & Zhou, 2002, 2007; Oldham & Cummings, 1996; Forgas, 1992, 2002; Grawitch, Munz, Elliot et al. , 2003)
	动机	动机(Amabile, 1988, 1997; Barron & Harrington, 1981; Fagan, 2004; Ford, 1996; Sommer & Pearson, 2007; Stemberg, 1988)；动机的交互中介(Shin & Zhou, 2003; Gong, 2007)
	其他因素	风险(Tesluk, Farr & Klein, 1997)；社会网络(Tsai, 2001; Hansen, 1999; Uzzi, 1996, 1997; Zhou et al. , 2009)

续表

影响因素		研究文献
团队层面	团队领导	变革型领导(Amabile, 1996; Zhang, Tsui & Wang, 2011; 汤超颖、朱月利和商继美,2011)
	团队特征	团队组成(Mannix & Neale, 2005; Somech & Drach-Zahavy, 2011; Bell, Villado & Lukasik 等, 2011; Schilpzand, Herold & Shalley, 2011) 任务冲突(Farh,Lee & Farh, 2010; Bowers, Pharmer & Salas, 2000; Sommer & Pearson, 2006) 团队倾向(Ekvall, 1996, 1997; Amabile, 1996; Isaksen, Lauer & Ekvall, 1999; Paulus, 2000; Isaksen, Lauer, Ekvall, et al. , 2001; Isaksen & Lauer, 2002; Isaksen & Lauer, 2002; Pirola-Merlo & Malm, 2004, Richards & Moger, 2006; Isaksen & Lauer, 2002; West, 2002; 张庆林, 2002; Paulus & Nijstad, 2003; 傅世侠和罗玲玲, 2005; 丁志华等, 2005; Hanke, 2006; Richards & Moger, 2006)
	团队互动	信任与冲突(Nemeth, Personnaz & Personnaz 等, 2004; 高鹏,张凌,汤超颖和李媛,2008; De Dreu, 2006; Pauluspb & Nijstad, 2003) 情绪(Barczak,Lassk & Mulki, 2010;汤超颖,艾树和龚增良, 2011;Tsai, Chi & Grandey, 2011);交互记忆系统(王端旭和薛会娟,2011) 社会网络(王端旭,国维潇和刘晓莉,2009;彭灿,2011) 共享心智模型(王黎萤和陈劲,2010) 其他(Kirt & Kent, 1988; Woodman, Sawyer & Griffin, 1993; Leonard & Swap, 1999; Barlow, 2000; Taggar, 2002; West, 2002; 王习胜,2002; Paul & Peter, 2007; 黄芹和陈劲,2006)
	文化情境	Jehn, 1999; Chatman et al. , 1998; Sternberg & Lubart, 1996; Zha, Walczyk & Griffith, 2006)

(一) 个体层面的影响因素

在创造力研究领域,Amabile(1988, 1996)提出的创造力成分模型,为系统地分析促进或阻碍个体创造力的影响因素提供了一个整体的理论框架。已有众多学者在此模型的基础上进行了定性或实证研究,其个体创造力的影响因素大致可以概括为四类:

1. 个体特征

与创造力相关的个体特征主要围绕知识技能、大五人格、认知风格等方面展开。例如,Feldhusen & Goh(1995)指出,战略培训可以提高个体创造性思维和解决问题的能力;Barron & Harrington(1981)和 Feist(1998)的研究则发现,具有创造力的个体拥有更广泛的兴趣;个体创造力与开放性的性格存在较为稳定的正相关关系，而与责任心在有些情况下却是负相关(Feist，1998)。

2. 情绪

已有研究表明，个体的情绪对创造力的表现起到显著作用。George & Zhou(2002)从情绪与创造力关系研究的视角出发，构建了“情绪—投入”模型，并指出“在不同的情境下，个体积极情绪和消极情绪既有可能促进个体创造力提升，也有可能阻碍创造力的发挥”。他们在2007年的进一步研究发现，如果员工在支持性的环境中工作，其负面情绪也可能有利于提高创造力(George & Zhou，2007)。

3. 动机

在动机与创造力关系研究方面，研究者们一般围绕内部动机、外部动机、自我效能等因素展开(Dewett，2007)。已有研究指出，个体创造力的内部动机是指源自工作本身的促进因素，而外部动机则包含来自工作以外的因素。Shin & Zhou(2003)从交互作用的视角出发，考察了员工的价值观因素与变革型领导的交互作用如何通过内部动机进而影响创造力的过程。Gong，Huang & Farh(2009)的研究则考察了自我效能因素在领导行为与个体创造力之间的中介作用。

4. 其他个体层面的因素

除了个性特征、情绪及动机因素以外，学者们还尝试从社会网络、风险态度、领导风格等方面探究影响创造力的个体层面因素。例如，Perry-Smith & Shalley(2003)突破创造力研究中“将个体视为孤立存在”的假设，从社会关系网络的研究视角出发，通过实证研究发现，弱关系网络可以促进认知结合以及不寻常的“连接”，进而获得创造力所需的丰富的信息和知识，并最终提升个体创造力。Tesluk，Farr & Klein(1997)的研究指出，创造过程通常伴随较高的风险性，管理者如果要激励员工的创造力，就必须确保员工承担风险与打破常规的行为是受到支持的。在领导风格与创造力方面，霍伟伟和罗瑾琏(2011)的跨层次研究表明，变革性领导和交易性领导通过组织公平、创新氛围、领导成员关系，进而跨层次影响员工创造力。

(二) 团队层面的影响因素

从团队层面来看，影响创造力的主要因素大致可以分为四类：团队领导、团队特征、团队互动与文化情境。

已有研究表明，团队领导通过明确团队目标、鼓励开放式沟通、支持开发等方式,可以促进创造力的产生和创意的实施。Zhang, Tsui & Wang(2011)以中国大陆的工作团队为样本,通过实证研究发现,变革性领导提升创造力,权威性领导阻碍创造力,集体效能和知识共享在这些关系间起到中介作用。

在团队特征影响创造力的研究方面,已有学者围绕团队组成、团队任务特征、团队内部倾向等因素进行了有益的探索。在团队组成方面,Bowers, Pharmer & Salas(2000)的研究指出,团队异质性对团队结果的影响取决于团队任务类型及其任务难度的不同情况;Mannix & Neale(2005)在前人研究的基础上发现,团队多样化一方面促进了分析问题视角和方法的多样化进而提升创造力,另一方面则也有可能引发意见分歧从而给创造力带来负面影响;Bell, Villado & Lukasik 等(2011)所进行的元分析也发现,职能和教育背景多样化都与团队创造力正相关。在任务特征方面,Farh, Lee & Farh(2010)针对华人项目团队的调查发现,任务冲突与团队创造力呈现倒 U 型的影响关系,而这种关系伴随团队所处的生命周期而发生改变。

与创造力相关的团队互动过程主要围绕知识共享、团队社会网络、共享心智模式等要素展开。Paul & Peter(2007)的研究显示,知识共享是团队合作与创造力之间的中介机制。王端旭等人(2009)考察了团队社会网络特征与团队创造力的关系,他们的研究结果表明,社会网络异质性与团队创造力正相关,网络联系强度与团队创造力负相关。在共享心智模式方面,王黎萤和陈劲(2010)的研究发现,任务式与协作式共享心智模型与团队创造力显著正相关,并且在领导信任、组织保障、角色期待、成员互动与团队创造力之间起到中介作用。

(三) 领导视角的创新研究

在激烈的市场竞争中,创新无疑成为企业培养核心竞争力的关键因素,而领导者作为企业创新活动的决策者与推动者,对创新活动具有直接而重大的影响。那么何种领导行为更有利于促进员工创新行为,不同的领导行为又是通过什么机制影响创新行为呢,这些将是本书所研究的重点所在。目前,关于领导行为与创新的关系研究已逐渐引起了学术界的关注,但是仍存在三个突出的问题:① 绝大多数研究都是从组织层面或者个人层面分别探究领导行为对创新的影响,缺少跨层次分析的研究,使得不同层面的交互作用不清晰,但员工创新行为必然受到来自组织和个人两个层面的交互影响,这使得未来跨层次分析成为必然;② 多数研究对领导行为、创新氛围与员工创新的关系进行了探讨,但对其他组织层面变量与创新行为关系的研究不足，如领导成员交换和组织公平等因素，因此，缺少一个整合的模型来探究这些变量间的关系；③ 虽然已有的研究表明领导行为能够影响员工创新行为，但并未采用跨层次中介变量和调节变量的分析方法，进而阐述影响的过程和机理，而这恰恰就是领导理论研究的黑箱。Anderson(2004)等也认为，为了克服组织创新研究中的重复积累倾向，必须在研究中采用多水平设计和多层次分析方法，以保证研究的科学性和创新性。

1. 领导行为对组织创新氛围、领导成员交换及组织公平的影响

Bass(1997)将领导行为分为七个因素：其中，魅力/激励性、智力激励、个性化考虑属于变革型领导行为的特征；权变奖励、主动例外则是交易性领导行为的特征。变革型领导通过激发下属的高层次需要，建立互相信任的氛围，促使下属为了组织的利益牺牲自己的利益，并达到超过原来期望的结果。交易型领导通过向下属明确其职责、任务、权力和报酬条件来行使职能并获得了行政性领导权威。但 Bass 也明确指出，在实际的工作中这两类领导行为并没有好坏的分别，只是在不同方面影响着组织特征。

创新气氛的研究开始于 20 世纪 80 年代末，至今关于创新气氛的定义仍较为混乱。这主要是由于研究人员对两种主要定义方法的认识不足，即认知图式法将创新氛围定义成个体关于创新性工作环境的结构性表征，反映了个体对周围工作环境的意义建构；而共享认知法则把创新氛围定义成“群体成员对组织政策、实践和程序等创新环境的共享认知”。实质上，认知图式法反映了创新氛围在个体层面的构念，而共享认知法则反映了其在组织层面上的构念。因此，在探讨创新氛围与其他变量的关系时，首先要清晰地确定创新氛围的构念层次。在探讨领导行为对组织创新氛围的影响时，选取共享认知法对于创新氛围的定义是较为合适的，即创新氛围是群体成员对创新环境的共享认知。同时，Martins(2003)指出，管理者在建立和营造组织创新氛围中扮演着关键角色，领导者通过其行为对创新氛围产生影响。Amabile(2004)的研究结果表明，魅力/激励性、智力激励等领导行为对组织创新氛围有显著的影响。Malin(2004)认为变革导向的领导风格与创新气氛之间具有很好的正向相关关系，而权变奖励、主动例外等因素的作用效果不明显。

领导—成员交换(Leader-member Exchange, LMX)是指领导与下属之间

基于交换行为形成的动态的二元关系，包括贡献、专业尊敬、支持和忠诚四个方面。Liden et al (1997)研究表明，领导比员工能够更多的控制的互动过程和LMX关系的发展，领导行为特征是预测领导成员交换关系的重要变量。张仁杰(2000)也认为，不同的领导行为是影响LMX的重要前因变量。Bass(1990)认为，变革型领导是通过领导魅力、个性化关怀等因素与员工形成一种超越交换关系的连接方式，并使员工最大限度地发掘自己的潜力。因此，与交易型领导相比变革型领导行为更倾向与形成高水平的LMX。

组织公平指的是员工对工作环境中组织内部管理实务与相关决策的公正程度的感知，目前，学者一般将其分为分配公平和互动公平。Podsakoff 和 Mackenzie(2001)研究了变革型领导行为与交易型领导行为与组织公民权行为之间的关系，其中间接提到领导行为与组织公平的关系。以前的其他文献中，也提出了领导行为对组织公平具有一定的影响，但是并没有给予足够的实证检验。由于交易型领导主要通过权变奖励和主动例外的方式形式领导权力，而变革型领导则更注重与下属之间的互动关系。Jung 和 Keller 对于领导风格和员工创新关系的研究显示：变革型领导与员工的创造性和工作绩效有正向相关关系。Amabile(2004)的研究还发现领导行为方式对员工的创造力有显著影响，但该研究并未深入探讨领导行为对员工创造力的影响机制。

2. 组织层面的创新氛围对创新行为的影响

在现有的创新氛围对创新行为影响的研究中，非常缺乏跨层次综合研究。大量的研究揭示了心理气氛与个体层次结果变量(如满意感、承诺、绩效和压力等)之间的关系。同样，大量的研究也揭示了组织气氛与组织结果变量之间的正向关系。这些研究要么倾向于心理气氛，要么倾向于组织气氛，而忽略了心理创新气氛和组织创新气氛对个体变量的相关影响。Christopher 指出，缺乏对创新氛围的跨层次分析是一个严重的疏忽，因为组织成员的态度和行为不可能只受到他们对工作环境的感知的影响，必然还要受到同事们的共同感知的影响。Baer 和 Cummings(2003)的研究也表明，组织中成员的创造力受其所在组织的创新气氛影响巨大。

在以往有关LMX理论的研究中，大都以个体为分析单位，并且得出高质量的LMX关系与下属的许多积极结果如个体绩效、组织公民行为、创新行为等成正相关。Graen 等指出，高质量的LMX将提高员工的工作舒适感和信任感，这些都是创新性工作所必需的,而处于低 LMX 的员工则表现出较少的创新。虽然最初对 LMX 理论概念的界定、检验以及该理论得到支持都是在对个体水平上,但这并不能排除在更高层次的组织层面上对其进行解释。Boies 和 Howell (2006)通过实证研究表明,团队内 LMX 的平均水平与团队潜力(team potency)成正相关,LMX 关系的差异性与团队冲突成正相关。同时,Schriesheim 等人(1999)对 LMX 研究中的分析水平提出了批评,认为大多数关于该理论的研究忽视了跨层次分析的重要性,这样可能会导致得出的某些结果没有意义。Cogliser 和 Schriesheim(2000)等人用组内—组间分析(within-and between-entities analysis, WABA)的方法初步探讨了 LMX 的多层现象。

3. 组织公平对创新行为的影响

组织公平是组织内人们对与个人利益有关的组织制度、政策和措施的公平感受。DeDreu 指出,在工作中体验到安全感以及在参与工作过程不会受到不公正的批评与嘲笑,对员工创新行为具有一定影响,但组织公平并不与创新行为具有直接的作用关系。同时,Mischel(1977)和 Barrick(1993)指出,员工认知方式与创新行为相关,但其相关程度的高低可能受到来自组织环境中的一些变量的调节影响,即认知方式与创新行为之间的关系,并不一定对所有情境中的员工都会相同。

第二节　中国文化情境视角的创造力研究

处于不同文化背景下的个体在认知、态度、价值观等方面存在诸多差异,而这些差异恰恰是引起个体乃至组织行为差异的重要因素之一。随着商业活动的日益国际化,探讨不同文化情境对个体及组织行为的作用关系已成为研究者关注的重要课题。

一、文化的定义与维度

“文化”这一概念由来已久,其界定亦是众说纷纭。Kroeber & Kluckhohn (1952)整理了 1871 年至 1951 年期间关于文化的定义,并将其概括为五类:

① 传承类定义，强调文化的历史传承和社会遗传属性；② 规范类定义，强调文化中所蕴含的价值判断、规范因素与特定生活方式；③ 描述类定义，将文化看作包罗万象的整体并试图通过列举的方式把文化所涵盖的内容全部包括在内；④ 结构类定义，认为文化是一个具有多层次结构的研究构念；⑤ 心理类定义，认为文化是解决问题、适应环境以及人际关系的制度。本书在 Kroeber & Klukhohn 总结的基础上，结合近年来的研究文献，整理关于文化的典型定义如表 2.2 所示。

表 2.2　关于文化的典型定义汇总

研究学者	年代	主　要　定　义
Hall	1977	沟通即文化：个体的沟通行为反映了其被文化特征潜移默化影响的诸多方面。
Hofstede	1980	文化是使一个群体区别于其他群体的心理程序，而不是一种个体特性；这种心理程序形成某一地区的人们以某种特殊的方式思考、感觉和行动的心理定式。
张岱年、程宜山	1990	文化主要包含两个方面：其一是思想、意识、观念等；其二是制度、风俗，是思想观点凝结而成的条例、规矩等。
Schein	1992	文化是群体内部形成的不为成员察觉的潜在基本假设，此类假设决定了特定文化环境中人们判断事物的标准，规定了特定规范是否可以被接受。
Triandis	1994	文化是指"隐含的对事物的假设，已经被认同并内化的标准运作程序和行事方式"。
宝贡敏	2004	文化是整体的行为系统，其内核由一系列传统观念，尤其是价值倾向所构成；文化决定何种行为是否可以被特定群体接受。
费孝通	2006	文化是指一个团体为了维护其现有处境所制下的一套生活方式与行为规范。

综合以上分析，本书将文化定义为：文化是使一个群体区别于其他群体的共享的价值观和认知倾向，这种倾向使某一地区的人们以某种特殊的方式思考、感觉和行动。

尽管有关文化的定义颇为丰富，但仅有少数学者将文化因素纳入实证研究的框架，其最为重要的原因就是文化维度难以确定和测量。Kluckhohn & Strdtheck(1961)针对不同文化中人们解决人类共同面对六大问题的核心观点，将文化分为不同维度。然而由于他们围绕的问题较为宽泛，目前对这六个维度的研究主要集中在理论探讨阶段，相关的经验研究非常缺乏。

在文化维度的相关研究中，荷兰学者 Hofstede(1980)提出的五维度文化分类已经成为有关跨文化研究的基本理论框架。他们在全球 70 个国家的 IBM 公司开展研究，将文化概念转化为可操作变量加以测量。通过对 116 000 份问卷的分析，Hofstede 将文化归类总结为五个维度：个人主义/集体主义，不确定性规避，权力距离，长期/短期导向，男性/女性气质，其含义分别是：

(1) 个人主义/集体主义(Individualism/Collectivism)，反映某一种文化倾向中人与人之间关系的紧密程度。在个人主义倾向高的群体中，人们之间的联系是松散的，强调个体主动性和个体成就，对群体外和群体内的人一视同仁；而在集体主义倾向高的倾向中，人们以"我们"为中心，强调集体归属感，关心群体内成员的意见和目标，对群体内和群体外的人区别对待。Hofstede(2001)进一步将个人主义和集体主义当成是一个文化维度连续体的两极，他认为个人主义和集体主义是对立存在的，一个有着较高个人主义倾向的社会必然有较低的集体主义倾向。

(2) 不确定性规避(Uncertainty Avoidance)，指某个特定社会倾向中的成员所感知的不确定情境的威胁程度，以及社会成员对待风险的态度。不同文化社会之间对不确定性的容忍程度不同(阿不力克木，2006)，在不确定性规避程度低的文化当中，人们具有较高的风险接受程度并更倾向于冒险。而在不确定性规避程度高的文化中，人们往往惧怕风险并选择放弃一些带有风险的行为。

(3) 权力距离(Power Distance)，反映社会成员对组织中权力不平等现象的容忍和接受程度。在权力距离小的文化情境中，社会成员之间应相互依赖，强调权力平等，对于权威的承认程度相对较低；在权力距离大的文化情境中，人们认为"不平等是现实存在的并且是合理的"，对于权威的认可程度也比较高。

(4) 长期/短期导向(Long-term Oriented/Short-term Oriented)，依据人们对待未来的态度区分不同类型的社会文化。长期导向重视未来收益，社会成员比较强调坚持，崇尚节俭；而短期导向的文化情境中，人们更重视过去与现在，社会成员更注重短期目标的达成。

(5) 男性/女性气质(Masculinity/Femininity)，反映了社会成员对男性和女性社会角色如何分配的看法。在男性化社会文化中，人们对两性的社会性别角色区分非常明晰，强调男性应表现得自信、注重物质成就，女性应关注生活品质；而在女性化社会文化中，人们对两性的社会性别角色认知互相重叠，可以接受男性女性在角色上的交错。Hofstede 认为，不同文化情境中的社会成员对性别角色的认识通常是不同的。

自 Hofstede(1980)提出五维度文化分类以来，学者们在此框架基础上展开了进一步研究。例如，Hampden-Turner & Trompenaar(1993)提出了七维度的文化分类模型，House(1999)依托"全球领导与组织行为有效性研究项目"分析得出九维度的文化框架，典型的文化维度分类模型汇总见表 2.3。

表 2.3　典型的文化维度模型比较

研究学者	维　度　结　构	优势或不足之处
Kluckhohn & Strdtheck	六维度：人类与自然的关系、人类的本性、人类活动的类型、人类生活的时间倾向、人类社会的空间概念、人际关系的类型	最早对文化维度进行了分类，但缺乏可供测量的工具。
Hofstede	五维度：个人主义/集体主义、不确定性规避、权力距离、长期导向、男性/女性气质	将文化的概念细化为可测量的操作性变量，但调查样本来自同一企业。
Hampden-Turner & Trompenaar	七维度：内在/外在取向、平等/等级、个人主义/集体主义、按时间顺序/仅注意某一时期、普遍性/特殊性、成就/归属、局部/整体主义	同 Hofstede 理论框架相似，研究方法不够严谨。
House	九维度：不确定性规避、权力差距、个人主义/集体主义、群体内集体主义、性别平等性、果断性、人性化导向、成就导向/未来导向	对 Hofstede 的 5 维度的细化，但新维度的可推广性有待考证。

资料来源：本书整理

以上研究分别从不同视角对文化进行了维度划分，为后续开展有关文化情境的研究提供了较为明确的分析框架。其中，Hofstede 的研究具有清晰的文化维度定义、标准化的问卷设计及实证检验分析，一直是众多学者进行文化研究的主要工具。因此，本书对文化维度的研究框架主要参考 Hofstede 的五维度理论。

二、文化研究的多层次视角

通过梳理与文化相关的文献发现，文化研究分为三个层次：国家层次、群体/

组织层次、个人层次。文化在三个层次上的作用都是有效的，而具体的研究层次则取决于研究的问题和群体间及群体内共性或差异性(Sivakumar & Nakata, 2001)。在组织行为研究领域，文化研究通常涉及个体和群体这两个层次。

(一) 文化在个体层次的研究

文化在个体层次的研究是指数据在个人层次上收集和分析，并考察个体文化特征对其态度、观念等个体层次变量的影响。近年来，已有众多学者将Hofstede的文化框架应用到个体层面的实证研究中，其主要归为两类：

1. 个体层次文化的预测作用

在个体层次上，将文化作为预测变量，其涉及的结果变量包括：工作满意度、组织公民行为、自我效能感、员工承诺、信息共享等。例如，Clugston, Howell & Dorfinan(2000)研究了个体层面的文化价值观与员工组织承诺之间的关系；Jackson et al. (2006)研究认为，集体主义与组织公民行为显著正相关，与反生产行为显著负相关。

2. 个体层次文化的调节作用

个体层次文化的调节效应主要体现在领导力、工作绩效、创造力等方面。例如，Patterson, Cowley & Prasongsukarn(2006)研究发现，权力差距、集体主义显著调节服务补救与顾客感知公平之间的正向关系。

(二) 文化的跨层次影响研究

在组织行为学领域中，研究者需要面对数据的多层级结构问题，有关文化的研究亦是如此。例如，个体层次上有关态度、观念、行为等变量不仅受到被访者个体文化特征的影响，同时，由于一定数量的个体都处于同一群里内，个体层次的变量同样受到不同群体内文化倾向的影响。如果研究的处理只在员工个体水平进行，会忽略员工的群体身份，致使观察到的效应既包括个体效应也包括组织效应，结果会低估估计的标准误；但如果将员工认知和创新行为作为群体变量来进行研究，又会放弃了大量的员工信息，有可能使原本显著的效应因为分组特性与研究变量无关而变得不再显著。

同时，Klein & Kozlowski(2000)的研究发现，在一个层级上得到的结论并不一定可以类推到另一个层级中，可能会出现“生态谬误(ecological fallacy)”或“微体谬误(atomistic fallacy)”。例如，在国家层次上被广泛应用的“个人主义/集体主义”概念，当涉及个体层次的研究时，其研究结论有可能发生变化。

以往对于具有层级结构的数据，学者们多数是在不同层级上分别各自进行分析。而近期出现的多层次分析(HLM)的方法不仅可以处理嵌套性质数据，有效地将群体水平的变异与个体水平的变异区分开来，而且可以在分析组织层面变量作用时剔除个体水平变量的影响，使研究结果更为准确。

三、与中国文化情境相关的研究

20世纪90年代以来，以黄光国、杨国枢等人为代表的一批研究学者，倡导从中国特有的文化入手，建构本土的研究理论以解释中国人和中国组织的行为。同时，近年来国际顶级期刊的评审标准也更为鼓励在不同文化情境下的独特研究，为中国本土文化现象的研究提供了良好的契机。学术界多数人赞成把儒家文化看成是中国文化的核心，以儒家学说的基本主张来描述中国文化的核心特征。例如，梁漱溟和任大援将中国文化概括为“伦理本位”、“天人合一”、“贵和尚中”等(万君宝，2001)。然而，中国文化博大精深且内涵丰富，如果想从总体上概括它的基本特征就必须首先确定其研究范围，否则将只能停留在空泛和定性描述的层面。由于本书关注的是组织与员工创造力，故通过梳理文献得出组织行为领域与中国文化相关的四个核心概念。

1. 人情倾向

“重人情”是中国人行为方式的重要特征之一，人情关系一直是规范华人社会性人际关系的重要法则。黄光国(1987)将涉及人情的社会规范分为两类：其一是在重要时刻人与人相处的社会规范；其二是平时人与人相处的社会规范，例如，通过拜会访问、馈赠礼物等方式维护社会关系网络。他还指出，这两类社会规范所依据的核心原则是“报”的关系，即得到别人的恩惠，应当想办法回报并还清“人情”。在黄国光的研究基础上，翟学伟(2001)的研究认为，“人情”指包含血缘关系和伦理思想而延伸的人际交换行为，此种人际交换具有“非等值性、长期性和连续性”，并循环往复使得人情法则不断发生作用。

综合以往研究发现，中国人的人情交换通常分为三种类型：其一，指一般性的礼尚往来，通过互相走动、请客或过节时的送礼行为实现；其二，指有目的“送人情”行为，以期在未来获得“反馈性的人情回报”；其三，指在关键时刻对他人“施以恩情”。这三类人情行为都具有典型的情感成分和回报义务。

2. 面子倾向

面子倾向是任何一个接触过中国文化的人都能感受到的一种文化心理现象。林语堂先生指出,"在中国'脸面'比命运和恩惠还有力量,它是中国人调节社会交往的最细腻的标准"。尽管多数学者都认为"面子现象对中国情境的研究至关重要",但有关面子的定义至今未达成统一的认识(Gong et al., 2003)。

通过梳理文献发现,已有的面子定义可以归纳为两类:一类定义关注面子的心理学意义,认为面子是根据他人评价而形成的自我意象;另一类则侧重面子的社会互动价值,将其视为一种社会尊重和声望(王轶楠,2006)。其中,基于心理过程角度研究面子的代表学者有陈之昭、Goffman、翟学伟等人,他们强调"面子是一种以被认可的社会属性加以描画的自我心像";而从社会互动价值角度定义面子的代表学者包括胡先晋、Stover、金耀基等人,他们认为"面子是个人由于地位或资源而从他人那里获取到的尊重和顺从"。关于面子的典型定义相见表 2.4。

表 2.4 关于面子的典型定义的比较

研究学者	主 要 观 点
Goffman (1967)	心理学视角:面子是在特定的社会交往中,个人成功地获得向他人声讨的社会正向价值。
陈之昭(1988)	心理学视角:面子是在自我或自我涉入的对象具有且为自我所重视的属性上,所形成之具有社会意义或人际意义的自我形象。
翟学伟(2006)	心理学视角:脸是个体为了迎合某一社会圈认同的形象,经过印象整饬后表现出的认同性的心理与行为。而面子是这一业已形成的心理及行为在他人心目中产生的序列地位,也就是心理地位。
胡先晋(1944)	社会学视角:面子是个体从社会成就而拥有的声望,是社会对个体看得见的成就的承认。
Stover(1962)	社会学视角:面子是"个人在社会体系中的位置",是用以维持森严的等级差异以及人际稳定性的社会意识,而并非一种个人属性。
朱瑞玲(1987)	社会学视角:面子至少包含两种社会赞许的价值,一个是个人成就,是符合外在社会要求的面子(包括个人拥有的身份地位、政治权力、成就等);一个是品德,是个人内化的道德行为,是来自自我要求的面子。
金耀基(1988)	社会学视角:面子是社会对人能看得见的成就的认同,它们可以是社会身份、政治权力和个人修养等。

资料来源:本书整理

同时需要强调的是，面子倾向和人情倾向既有相关联的一面，又存在不同之处。面子包含赋予交往关系的价值判断，人情则注重交换关系上的一对一的特性，因此它的回报方式不是正面评价，而是实惠和实质性的回报帮助；也就是说，"送人情、施以恩情"的行为会得到较大的面子，而单纯的面子互动未必可以带来实质性的反馈。

3. 和谐倾向

中国人最根深蒂固的愿望乃是追求和谐的倾向，无论是自我修养亦或人际关系的处世之道，和谐倾向可谓是中国人最显著的文化价值观。中国文化中所指的和谐包含：天人和谐，指人与自然的关系处于平衡与协调的状态，如"天人合一"的思想；人与社会的和谐，即人与社会的关系处于最佳状态，如"克明俊德，以亲九族"；人与自己的和谐，指人的身心和谐，如"喜怒哀乐之未发，谓之中，发而皆中节，谓之和"；人与人的和谐，即是人际和谐，人之所以"最为天下贵"是谓之人能"和"。

在人际和谐的维度方面，一些学者提出两维度的观点。Huang(1998)的研究指出，和谐分为表面和谐与真正和谐，前者指整体的真诚关系，而后者则指表面关系是平静的，却暗含"冲突"。在真正和谐的情况下，人们以积极的观点看待对方，在相互交流时表现得主动，体现出真诚、信任和支持。而在表面和谐情况下，则是用消极的观点看待对方之间的关系，通常采取谨慎、被动的行为。然而，席酉民和尚玉钒(2002)从和谐管理的角度分析认为，"和"是人及人群的观念、行为在组织中的"合意"的"嵌入"；而"谐"是一切物要素在组织中的"合理"的"投入"；和谐强调"和而不同"以及协调地生存和发展，而不是互相破坏的恶性竞争。本书认为，表面和谐并非真正的和谐倾向，在某种程度上，仅仅是人际交往中社会成员相互"给面子"的外在表现。因此，在考察和谐与创造力关系的研究中，笔者更赞同席酉民等人的观点，将和谐定义为"和而不同"及协调发展的状态。

4. 差序倾向

费孝通先生(1947)根据乡土社会人际关系的特征，首次提出了"差序格局"这一具有本土特色的概念。他认为，中国人以"己"为中心，像石子一般投入水中；与他人所联系成的社会关系像水的波纹一般，一圈圈推出去，群体内人员的关系并不在一个平面上；在这种富于伸缩性的网络里，随时随地是有一个"己"作为中心的，这并不是个人主义，而是自我主义。

近年来，差序格局的概念逐渐被引入组织管理研究领域。黄光国(1988)详尽分析了差序倾向下的人际应对与资源(利益)的交换法则。他认为，资源分配者会首先评估对方与自己的关系类型与质量，而后根据不同关系采取不同的交换与应对规则，例如“工具性”、“情感性”与“混合性”规则。郑伯埙(1995)在前人研究基础上，将差序格局在个体层面上进行了深度分析。他指出，差序格局倾向主要表现为对“亲”、“忠”、“才”三方面的判断，“亲”关注的是现存的关系，如个体之间是否具有血缘、亲缘关联，“忠”关注情感忠诚与服从，“才”则是指动机与胜任力。

四、中国文化核心概念与 Hofstede 框架的契合

尽管从西方文化情境下得出的各类文化研究框架与中国社会存在的文化现象具有一定的差异，但这并不意味着两者没有共同之处。同时，许多研究者也发现，一些西方的管理理论运用到中国组织后呈现“橘生淮北为枳”的现象。因此，结合西方经典的文化框架，并以中国文化特征为基础，寻找两者的契合点将为中国情境下组织行为学的本土化研究提供新的思路。

(一) 人情倾向、面倾向子、和谐倾向与 Hofstede 的长期导向

翟学伟(1994)指出，中国社会人际关系的概念由人缘、人情和人伦所构成，其中“人情”是其核心，而“人情”的实质则是人际交换规则。在富于人情的人际交换中，每当交换行为开始后，受惠的一方总是会加重分量去报答施惠的一方，造成施惠的人反欠人情，就又使得施惠的人再加重分量去还人情，如此循环往复，使得人情法则不断发生作用。李伟民(1996)综合前人分析指出，中国人在人情交换中较少考虑当下的得失，而更注重未来的人情回报；“人情”关系具有明显的“长期性”和“连续性”导向。

黄光国(2000)研究发现，中国社会文化中的个体会以需求法则、人情法则和公平法则以指导“面子”和“人情”的长期交换过程。当与他人交往时，人们首先会考量自己必须付出的“代价”和对方可能在未来做出的“回报”，并计算在未来自己可能获得的“收益”；华人社会中的面子交往和运作过程始终以“未来预期收益”作为行为选择的判断标准。

“和为贵”一直是中国人处理人际关系的基本原则。孔子曾在《论语·子路》中指出，“君子和而不同，小人同而不和”；“和而不同”是指君子善于协调，其在人

际交往中能够与他人保持和谐友善的关系，但在对具体问题的看法不一定与他人相同；“同而不和”则是指小人习惯于附和别人的言论，但内心并不是真正的赞同。可见，人际和谐倾向并不局限于回避冲突或没有冲突，更应包括建立长期与互利关系的行为倾向。

综上所述，中国社会中蕴含的“人情倾向”、“面子倾向”、“和谐倾向”的处事文化无疑都更关注于建立长期的、优质的人际关系，这些概念不仅与 Hofstede 文化框架中的长期导向相契合，更为深入探究中国文化情境对组织行为的影响奠定了理论基础。

（二）差序倾向与 Hofstede 的权力距离

Hofstede 文化框架中的权力距离维度指出，不同社会成员所拥有的权力和威望程度有所差别。在权力距离高的文化情境中，人们对这种差别的容忍程度较高，反之则较低。本书通过文献研究发现，Hofstede 所定义的权力距离仅限于描绘“阶梯式差别”。例如，相对于个体 A 而言，与之相对的个体 B、C、D 所拥有的权力要么高于 A，要么低于 A，他们的权力程度呈现阶梯状；而个体 A 最终依据“阶梯式差别”来判断和感知权力的差异程度（见图 2.2a）。同时，Hofstede 权力距离维度在个体层面的测量工具通常仅限于考察上下级垂直距离的情况，如“员工不应该抵触管理者做出的决定”“做出大多数决策时，经理应当不用与下属商量”等题目。

然而，在中国人的人际交往过程中，社会成员之间权力的分配往往呈现出“差序”现象。例如，对于个体 A 而言，他会首先将个体 B、C、D 分别归入“差序格局”的不同区域中，而后根据个体所处的“内圈”与“外圈”情况进而判断权力和资源的分布情况，并权衡自己是否可以接受这样的分布（见图 2.2b）。学者陈占江也指出，“差序格局”是更能反映中国特色关系、权力和资源运作的本土概念。一方面，“差序”具有等级性，“差序”中的“序”，即有等级之意；另一方面，“差序”是个立体的结构，既含有纵向的“阶梯式的序”，也包含横向的由“内圈”至“外圈”扩展。因此，中国文化所蕴含的差序倾向不仅与 Hofstede 文化框架中的权力距离维度相契合，更深刻反映了中国社会独特的“圈子”现象。

（三）有关中国人在个体层面是否为集体主义的探讨

自 Hofstede 提出集体主义/个体主义文化维度以来，已有不少学者采用这一维度来区别不同国家的文化特征。同时，一些学者将集体主义/个体主义维度

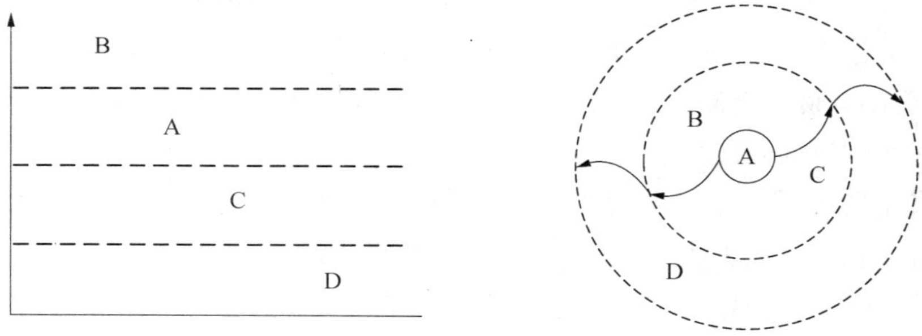

(a) 阶梯状差别　　(b) 差序格局

图 2.2　社会成员的权力分配在不同文化下的差异

由国家层面降低至个体层面的测量中,并以此来开展微观层面的跨文化研究工作。

然而,近年来以杨中芳为代表的一批本土学者对"集体主义/个体主义倾向在个体层面的研究"提出了批评。他们指出,有的研究者似乎以为"只要将中国文化划为'集体主义'的,就像是在每个中国人身上贴上了一个符咒;在做实验时,任何操纵及任何程序,受试者都会像戴了紧箍咒的孙悟空一样,凡事都按自己是集体主义成员去感受和反应;而这样的研究所常犯的就是对结果解释上的多层次错误",即"将国家层面的结果肆意推广到个体层面"(杨中芳,2009)。

在国际研究中,最近也有一些学者对"集体主义/个体主义在个体层面的研究"提出了严厉的批评。例如,Sampson(2000)的研究指出,在西方文化中,仅有基督教的教义强调了"个人主义"的构想;而代表西方宗教的另一大派别——犹太教则推崇以人际关系交流的"集体导向"为交往原则。因此,他认为,在解释西方人与非西方人的个体行动差异时,"集体主义/个体主义"已经不能成为一个信手拈来的借口了。Oyserman,Coon & Kemmelmeier(2001)综合了过去 30 年采用"集体主义/个体主义"为文化框架进行的研究,并用元分析的方法考察了"那些被认为是属于这两种不同文化的人们,在行为上是否真的存在显著差异";他们的元分析研究结果证实,这种差异是相当微弱的。

本书认为,在个体层面上沿用"集体主义/个体主义"这个维度考察中国特有的文化情境的确有失偏颇。其原因有二:其一,从跨文化的起源来看,西方或欧美的学者习惯将他们不熟悉的文化，统一总结为是具有异质性的“集体”行动，并在此基础之上作出对比性的结论；这样的研究逻辑所导致的是“在个体层面，集体主义就像‘保护伞’，几乎涵盖了所有个人行动之外的现象”。如果我们在个体层面依然采用集体主义这把“保护伞”进行研究，尽管可能得出我们所期望的结论（因为西方经典的集体主义量表本身就是为他们不熟悉的文化所量身定做的），但却无形中混淆了“集体主义”和“集体行动”两个概念，更无法解释中国文化中更深层次的特征。其二，文化在社会和国家层次的价值体系与个体自身的价值体系，并不存在“一一对应”的关系。简单地将国家层面的集体主义构念降低至个体层面进行研究，无疑会导致其研究结果的多层次错误。

综合以上分析可知，人情倾向、面子倾向、和谐倾向及差序倾向的特征不仅与 Hofstede 文化框架中的长期导向、权力距离等维度存在契合的条件，而且能从更深的层面反映中国文化情境的本质特征。因此，本书从 Hofstede 文化框架出发，以中国文化中蕴含的深层次特征为分析基础，并突破了以往跨文化研究中简单依靠“集体主义/个体主义倾向”的做法，以期从“人情、面子、和谐及差序倾向”等维度深入考察中国文化情境特征并形成整合的研究工具。

五、文化情境与创造力关系

伴随跨文化研究范式的发展，文化情境对创造力的影响过程也逐渐引起了研究者的关注。一些学者认为，文化是一种隐蔽的“潜规则”，这一“潜规则”不仅关系到“创造力是什么”的问题，而且决定了同样的措施在不同文化背景下“促进或是抑制创造力”的问题（Csiszentmihalyi，1999）。

在文化情境与创造力关系研究方面，以往多数学者采用西方经典的文化维度开展跨文化研究。例如，Jehnk，Northcraft & Neale（1999）的研究发现，在集体主义文化下，团队成员通常具有照顾“圈内人”的观念，同一个圈子内的成员之间存在较高的交流频率，彼此更容易讨论得出新颖的想法和措施。Zha，Walczyk & Griffith（2006）的研究也表明，个体或集体主义文化维度显著影响团队成员创造潜能的发挥，并最终影响团队整体的创造性表现。在跨文化情境的领导风格与创新关系方面，霍伟伟和罗瑾琏（2011）采用元分析方法，通过对国内外以往 10 年关于领导及创造力文献的实证分析指出，在不同的文化情境下变革型与交易型领导影响员工创新的程度有所不同，文化情境是领导行为与员工创新的重要调节因素。

目前，尽管专门探究中国文化情境对创造力影响的研究十分缺乏，但一些相关结论仍提供了解决问题的思路。例如，边燕杰(2002)的研究表明，在讲求“人情”与“面子”的群体中，个体通过强关系可以获得更多的“特殊的帮助”而不仅仅是信息资源，这将更有利于个体的发展。围绕和谐倾向与沟通方式的关系，Huang(1997)的研究指出，在高和谐倾向下，人们之间多采用合作性沟通方式；而合作性沟通往往又会促使问题的解决，并产生积极的效果。Leung(1997)的研究也发现，如果将人际关系和谐作为追求的目标，人们就会试图运用合作性和建设性的冲突处理方法来考虑不同的意见和争论，其结果会加强和密切人际关系并有利于提升整体绩效。此外，翟学伟(2009)从动态的视角对中国文化所特有的差序倾向进行了新的解释：当群体规范遵从差序规则时，拥有更强的社会关系的人通常更容易进入差序格局的“内圈”，从而获得更多的社会资源。也就是说，在高差序倾向环境下，强关系和紧密关系能够发挥更大的功效，使得拥有它的个体获得更多乃至更关键的信息和其他资源。彭泗清(2000)的研究从信任的角度也指出，在差序倾向浓重的环境下，团队成员彼此之间的权力与地位有明显差异，这会影响人际信任继而导致成员间合作受到影响。

因此，单纯采用西方经典的文化维度研究中国情境下创造力的相关问题，可能出现“橘生淮北为枳”的现象；结合西方经典的文化框架，并以中国文化特征为基础，寻找两者的契合点将为中国情境下创造力的研究提供新的思路。

第三节 知识分享与社会网络视角的创造力研究

翟学伟(1994)的研究指出，“面子”与“人情”是中国文化情境的典型特征，两者通过不同个体或群体之间的“人际关系互动”，进而影响其心理和行为过程。在创造力研究领域也有学者指出，以往“将个体视为孤立存在”的研究假设不利于创造力理论的深入拓展；从个体或群体之间的“社会关系网络”出发，考察他们之间存在的“不同寻常的连接”可以更好地解释创造力的形成及发展过程。与社会科学中传统的研究方法相比，社会关系网络（也称为社会网络分析）不仅可以同时进行多层次的研究，进而在微观与宏观之间建立连接；而且能够将定量资料与定性资料和图表数据相结合，突破传统分析中将个人视为“孤立存在”的缺陷（林聚任，2009）。

关于社会网络理论的研究，最早可以追溯到20世纪30年代英国人类学家R.布朗关于“人际关系网络”的研究。直至70年代后期，社会网络理论已经发展成为一种成熟的研究范式，并与理性选择学派、新制度论学派构成了美国社会学界三大研究范式。近20年来，一些学者将社会网络理论引入管理学、心理学、情报学等领域，引发了社会网络的跨学科研究趋势。

一、社会网络的定义与测量维度

社会网络的相关研究涉及人类学、社会学及管理学等多个领域，不同领域的学者依据自己的研究重点对其进行界定。直到1969年，Mitchell才对社会网络进行了比较完整的界定，他认为“社会网络是指在某一个特定的群体中，个体之间的联系，这种联系的整体结构可以用来解释个体的社会行为”。

随着社会网络理论的不断推广，怀特（White，1970）首次系统地运用社会网络理论来研究组织现象，考察社会结构对企业内员工社会行为的影响。在研究初期，学者们多数将社会网络定义为“社会成员个体之间的关系结构”。例如，Mitchell(1969)指出，社会网络是指特定群体内，不同成员/行动者之间所建立的独特的关系。而近期的研究者指出，社会网络中的行动者(social actors)不仅可以是个人，还可以是群体、组织乃至区域经济体。尽管不同学者所界定的社会网络内涵有所不同（详见表2.5），但多数定义中都包含以下三个要素：

表2.5　社会网络的代表性定义(社会科学领域)

研究者	主　要　观　点
Mitchell(1969)	社会网络是指特定群体内，不同成员之间所建立的独特的关系。
Laumann, Galaskiewicz & Marsden(1978)	社会网络是由行动者/节点透过特定的社会关系连带（如血缘关系、朋友关系、同事关系、上下级关系等）所形成的具有一定结构的连接结合。
Aldrich & Zimmer(1986)	社会网络是行动主体获取信息、资源、社会支持等以便识别与利用机会的联结结构。

续表

研究者	主　要　观　点
Coleman(1990)	社会网络是通过人际交往建立起来的，并能够增加个体人力资本的关系资源，是社会资本的重要组成部分。
Emithayer & Goodwin(1994)	社会网络的实质是社会关系的结构，它由一系列连接着个体、团体、事务的社会互动关系而构成。
Gulati(1999)	社会网络是一种网络结构，其中的联系“管道”中包含信息、情感、影响力等组成要素。
Adler & Kwon(2002)	社会网络的核心是一种社会结构，他是由行动者通过血缘、地缘、友谊等各种关系，而建立起来的关系结构。
Kilduff & Tsai (2003)	社会网络是由一组行动者以及行动者之间的关系所构成的集合，这种集合的结构特征通过对个体的行为产生影响。
刘军(2010)	社会网络是社会行动者及其间关系的集合，即社会网络是由多个点（社会行动者）和各点之间的连线（行动者之间的关系）组成的集合。

资料来源：本书整理

1. 行动者(Actor)

社会网络中最基本的要素就是行动者，研究者可以根据研究目的将行动者定义为个人、团体或更高层次的组织单元。在社会网络分析过程中，“点”即代表不同的行动者，“线”代表行动者之间所建立的相互关系（Haythorthwaite, 1996）；同一个行动者既可以在某个特定的范围内建构关系，又可以同时分属于多个不同的网络。

2. 关系(Relationship)

社会网络中的“关系”是指，行动者在互动过程中建立的不同种类的联结，包括朋友关系、同事关系、友谊关系、信任关系等。已有研究通过内容、方向、强度等指标来描述社会网络中“关系”的特征。根据“关系”中流通的内容不同，也可以将其分为情感性关系、交易性关系、沟通性关系、咨询性关系等。由于“关系”内容的流动是有方向性的，其表现为“点入、点出”的联结方式，因此依据“关系”方向的不同可以将其分为有向网络、无向网络等类型(Granovetter, 1982)。此外，行动者之间“关系”的交流频率和稳定情况也可能不同，双方之间频繁接触且稳定性较高的“关系”可以视为强关系，反之则为弱关系。

3. 结构(Ties)

社会网络中的"点"(行动者)和"线"(关系)是构成社会网络整体结构的两个基本元素。在某个特定的网络结构中,"点"和"线"的数量代表网络规模,他们的分布规律呈现出网络中心性、小世界性等特征。

在明晰了社会网络的基本要素(行动者、关系和结构)之后,如何测量社会网络便成为一个重要的问题。综合以往研究发现,社会网络的测量主要分为两大类:个体中心网络和整体网络。

第一,个体中心网(ego-network)。

个体中心网又被称为"自我中心网络",这种测量方法关注的是行动者个体的特征与联系,研究的重点是个体的行为如何受到其所在人际关系网络的影响(Mehra et al., 2001)。个体中心网分析数据的获得,通常有"提名生成法(name-generator)"和"位置生成法(position-generator)"两种。提名生成法是首先让个体被访者提供自己的社会关系成员的姓名(代号)、个人特征,而后提供这些成员之间的相互关系情况;这种方法操作简单,但网络边界不易确定,而且被调查者更可能提出与自己关系较强的名单并有可能遗漏弱关系。位置生成法的前提假设是,社会资源在不同成员之间呈现"金字塔"分布,社会成员所拥有的资源数量取决于其所处的社会地位;因此,这种方法更关注网络内成员所拥有的社会资源情况,其优点是可以了解网络中不同个体的资源情况,缺点是无法考察网络成员社会关系的构成情况。

第二,整体网(global-network)。

整体网分析方法又称为"社会中心网络分析",超越了以个人行动者为分析中心的范式,考察所有行动者之间的全部联结所构成的集合(Kilduff & Tsai, 2007)。在整体网调查中,研究者首先需要界定整体网络的边界,而后在确定的网络范围内调查不同个体之间的相互关系。常用的整体网分析指标包括:桥(bridges)、密度(density)、集中度(centralization)、结构洞(structural hole)、小集团(clique)等。

无论个体中心网还是整体网的测量,其测量重点通常关注以下几个方面的网络指标:

(1) 规模:考察社会网络中包含的行动者数量。个体网的网络规模通常由被调查者的提名情况确定,而整体网的网络边界通常是事先界定好的。

(2) 异质性：指社会网络中个体之间在某些特性方面的差别程度，包括教育程度、知识结构、性别、年龄等方面的差异(罗家德，2010)。在社会网络中，如果行动者的特性越相近，其同质性就越高；特性差别越明显，则其异质性就越高。

(3) 密度：指真实存在联结数占最大可能联结数的比例(Wasserman & Faust, 1994)，反映了行动者之间的互动渠道与互动程度。密度越大，表明网络成员之间联系越密切。

(4) 强度：指构成社会网络的成员关系紧密程度。Granovetter(1973)指出，可以从三个方面来测量网络强度：互动频率，互动频率高为强关系，反之则为弱关系；情感投入，情感投入深为强关系，反之则为弱关系；亲密及互换程度，关系密切且互换行为多为强关系，反之则为弱关系。

(5) 个体中心性：指行动者在网络中的相对位置，衡量个体控制范围大小。常见的个体中心度指标分为程度中心性(degree centrality)与中介中心性(betweenness centrality)；一个行动者的网络中心性越高，表明他在社会网络中与更多的行动者有关系。

(6) 群体中心性：指群体内部全体成员人际互动的结构分布状况，而不是以特定成员为中心的社会网络状况；较高的群体网络中心性意味着群体比较集权，群体内成员主要是与少数几个核心人物之间进行高强度互动，跟其他人员的互动反而减少。

此外，个体及团队两个不同层面的社会网络指标在一些方面存在细微的差异。

二、社会网络的主要理论

自从社会学家 Mitchell 将网络概念引入社会科学领域以来，不同学者的研究大致可以归为两个研究视角：关系视角和结构视角。基于关系视角的社会网络理论主要包括：弱/弱联系理论、嵌入性理论和社会资源理论；基于结构视角的典型代表是博尔特的结构洞理论。

1. 弱/强联系理论

Granovetter(1973)在《美国社会学杂志》首次提出“关系力量”的概念，并将关系力量分为强和弱两个相对概念。他认为，行动者之间由于交流和接触而实际存在一种联系纽带，这种联系在强度上是有区别的；根据行动者之间互动的亲密程度、互惠关系等因素，可以将关系分成弱联系(Weak Ties)和强联系(Strong Ties)两种类型；相比强联系而言，弱联系能提供一个更广泛的信息视野，充当着“信息桥”的作用。

边燕杰等人在中国情境下，尝试从强关系的视角分析社会网络特征对华人行为的影响。他们的研究认为，在中国转型的经济体制下，弱关系发挥作用的效果是非常有限的；即使个体通过弱关系获得大量信息，如果没有强关系行动者给予“特殊的帮助”，个体也不太可能获得关键性的资源。

2. 嵌入性理论

Granovetter(1985)围绕经济行为特征，在“弱联系”理论的基础上，进一步提出了“嵌入性”社会网络理论。他们的核心观点包括：① 经济交换行为发生的基础是双方必须建立一定程度的相互信任，而信任的获得和巩固需要交易双方长期的接触、交流与共事；② 经济行为嵌入在社会结构中，特别是与信任相关的网络结构。

3. 社会资本理论

著名华裔社会学家林南在 Granovetter 的弱联系理论的基础上提出了社会资源理论。他认为，社会资源嵌于社会网络之中，社会关系是摄取社会资源的有效途径，并提出了三个经典假设：① 人们的社会地位越高，摄取社会资源的机会越多；② 个人社会网络的异质性越大，通过弱关系摄取社会资源的概率越高；③ 个体的社会资源越丰富，其行动的结果越理想。该理论还指出，身处不同结构的个体可以通过对弱关系的构建和利用，完成社会资源的交换和借用。

4. 结构洞理论

结构洞理论源自 Burt(1992)发表的《结构洞》一文。他在文中指出：如果网络中的任何一个节点都与其他每一个节点发生联系，无任何关系间断现象，那么就称整个网络为“无洞”结构；如果某个单独节点与其他网络节点无直接联系或完全无联系，呈现出“有洞”现象，则称之为“空洞”结构；当某个节点处于网络结构洞位置时，个体能够获得更多的资源。

综合以上分析可知：基于关系视角的网络理论所关注的是，行动者与其他个体节点之间的相互关系以及彼此之间交换资源的情况；而结构视角的网络理论则强调，节点之间关系的分布情况以及节点在网络中所处的位置。姚小涛和席酉民整合前人的研究发现：单从结构主义视角出发，不能揭示网络中流通的资源特性；而仅从关系主义角度出发，往往又难以发现网络的整体特征(姚小涛，席酉民，2003；姚小涛，席酉民，2008)。本书认为，在社会网络的测量方面，应该将两种研究视角相结合，从“网络关系及结构的二维视角”展开研究。

三、知识分享、社会网络与创造力的多层次关系研究

关于创造力影响因素的早期研究文献多数都集中在个人特质、情绪等方面，认为个体创造力是独立存在的。近十年来的研究则发现，个体之间的联系结构通过影响不同成员之间的社会交互过程，进而促进或抑制其创造力的发挥(Borgatti，2003)。社会网络理论是基于社会互动的视角，摒弃了以往研究仅关注“孤立个体”的观点，并将个体视为嵌入在一定社会关系之中的“联系点”的研究理论。

(一) 社会网络与个体创造力的关系研究

在社会网络与个体创造力关系研究方面，已有文献围绕个体网络强度、网络密度、网络中心性和网络异质性等要素展开。

1. 网络强度与个体创造力

Granovetter(1973)最早考察了弱关系和知识创新的关系，他认为：通过弱关系得来的信息，可能源自两个独立社交圈，因而信息重叠和冗余性较低。而后也有研究者认为，非冗余的信息不仅可以丰富专业知识，更有利于个体从多角度分析问题，进而产生“不同寻常的联结”并激发创造力(Simonnin，1999)。在探讨弱关系优势的同时，也有学者考察了强关系与创造性之间的关系。例如，Hansen(1999)的研究发现，相比弱关系，强关系更有利于传递复杂知识或隐性知识。Kang，Morris & Snell(2003)进一步指出，强联结增进了成员之间知识编码与知识解码的效率，更有利于主体间分享精细化和深层次的知识，进而提升研发团队的创新能力。

2. 网络中心度与个体创造力

中心度是分析社会网络结构的一个重要指标，相对于其他成员而言，处在网络中心位置的成员具有更多的资源、更大的权力和影响力。Sparrowe(2001)的

问卷调查发现：在咨询网络中，具有较高中心性的员工能够积累更多的知识，进而有利于他们提高自身的绩效水平。已有研究表明：相对于其他成员，处在网络中心位置的成员具有更大的权力和影响力，拥有更多获得信息和知识的网络渠道(Staber，2004)。同时，某些有价值和稀缺性的资源在通过社会网络渠道进行传递、借用和转移的过程中，占据有利位置的个体成员可以通过其优势位置，对这些资源的流转进行控制甚至阻断；这些对于资源或者信息的掌控，为中心位置成员创造力的形成提供了有利的资源保障。

3. 网络异质性与个体创造力

异质性指社会网络中个体之间在教育程度、知识结构、性别、年龄等方面的差异程度。West(2002)的研究指出，由不同专业背景、知识结构的成员所组成的异质性网络比同质性网络更具创造性。Leonard & Swap(1999)的研究也表明，群体内部的多元化和异质性能够激发成员的灵感，实现信息、认知、观点和价值观的碰撞与摩擦，并产生发散和创造性的思考过程。在网络异质性与创造力的动态研究方面，Choi & Thompson(2005)的结论指出，当一个新成员进入或者一个老成员退出后又重新进入时，网络内部的异性程度被提高，而整体网络的创造力水平也得到了提升。

4. 个体网络密度与个体创造力

网络密度反映的是网络成员与其他节点彼此互动的联系程度。在网络关系图中，点与点之间的连线越多说明点之间的联系越频繁，密度就越大(网络越紧密)，反之则越稀疏。Burt(1999)的研究表明，稀疏的网络可以给创新者带来异质的、非冗余知识，而这些多样化的知识对创造性的发挥具有积极的影响。然而，Sparrowe(2001)等人的研究对Burt的结论提出了质疑，他们认为，网络密度与创新绩效的关系并非简单的正相关，其结论需要进一步检验。沿着Sparrowe提出的质疑思路，Oh，Chung & Labianca(2004)通过实证研究得出：网络密度与团队产出呈倒U型关系，团队产出在适合的密度水平上达到最大值，过高或者过低的网络密度都会降低团队效率。

(二) 团队社会网络与团队创造力的关系研究

在社会网络与创造力相关领域，早期的研究多数是围绕个体视角展开，而专门探讨社会网络与团队创造力关系的研究文献比较鲜见。

团队网络强度是指团队成员之间互动行为的强度，即团队内所有成员之间互动强弱的平均程度。已有研究表明，团队内所包含的强连带数目与团队创新绩效正相关(Kurtzberg & Amabile, 2001)。与此研究结论不同，Hansen(1999)针对新产品开发项目的研究则发现，尽管强连带有利于复杂知识和隐性知识的传递，但强连带需要花费更多的时间、精力和成本；过多的强连带关系可能会增加社会网络关系的维护成本，进而降低其团队成员对创造性工作的平均投入水平。Granovetter 等人基于"弱联结"优势的研究也指出，当信息在封闭系统中流动时，拥有过多强联结的网络会导致行动者之间信息的冗余和同质化。因此，团队网络强度与团队创造力之间可能并非只是简单的正向或负向的线性关系，二者之间很有可能存在更为复杂的关系。

团队网络密度是指团队成员间彼此互动的联系程度，即团队内所有成员之间彼此互动的平均程度。高网络密度意味着网络中的任何一个成员与其他成员的联结关系较多，低网络密度则相反。Balkundi & Harrison(2006)的研究发现，有着高网络密度的团队可以更好地完成既定目标，同时它们也比网络稀疏的团队更容易形成团队凝聚力。与之不同，Leenders, Van Engelen & Kratzer (2003)的研究则指出，过于紧密的非正式联系会降低团队绩效。在整合以上两种观点的基础上，Hernandez & Reyes(2007)通过对科研团队的调查发现，有着高科研绩效的团队往往表现出适中的内部密度。沿着这一思路，Oh, Chung & Labianca(2004)通过实证分析表明，团队网络密度与团队效率呈倒 U 型关系，过高或者过低的团队网络密度都会降低团队的整体效率水平。因此，过于稠密的网络可能导致成员之间的观点与想法趋于一致，缺少差异化的观点不利于培育创造性想法；而过于稀疏的网络也不利于信息沟通和凝聚力的形成，并可能降低团队绩效。

团队网络中心性代表团队内部全体成员人际互动的结构分布状况，而不是以特定成员为中心的社会网络状况。较高的团队网络中心性意味着团队比较集权，团队内的人主要是跟少数几个核心人物做高度互动，跟其他人员的互动反而减少。Sparrowe et al. (2001)针对团队网络结构与团队绩效的研究发现，团队的中心性与团队绩效呈现负相关关系。Leenders, Van Engelen & Kratzer (2003)的研究也指出，较高的群体网络中心性不利于团队成员互动交流进而产生创新的想法，过于中心化的网络结构也有可能导致创新想法在关键人物之间传递时被刻意地控制或者过滤掉。因此，与个体网络中心性对创造力的促进作用相反，团队网络中心性可能负向影响团队创造力。

团队网络异质性也可称之为团队多样性，是指团队成员之间在年龄、性别、职业、教育程度等方面的差异性。Kurtzberg(2005)的研究发现，成员之间认知能力的多样化有利于提升团队的创新绩效。由于团队创新是一个多种思维碰撞的过程，因而团队构成的多元化不仅能够使不同专长的成员互相交流想法，更有利于实现信息和观点的创造性整合，并有利于提升团队整体的创造力水平。因此，多样化的团队不仅可以产生更广的信息网络与交流网络(Sawyer, 2006)，还可以使团队获得丰富而异质性的知识、技术与能力。

(三) 社会网络影响创造力的中介机制研究

随着研究的不断深入，在创造力研究领域，一些学者开始围绕知识共享和知识创造等因素，探讨社会网络影响创造力的中介机制。

1. 知识共享的中介作用研究

关于知识的研究涉及哲学、心理学、信息学、管理学等多个学科。在管理科学领域，学者们通常认为“知识是个人的能力，应当被看作是信息、经验、技能和态度的共同产物”，并将其划分为显性知识和隐性知识两大类。在对知识分类的基础上，研究者们将知识分享定义为“在特定的环境下，个人将私有知识有意识地贡献给他人，以达到知识被他人所拥有并被利用的目标”。例如，Hendrik(1999)的研究认为，知识分享是一种沟通过程，当组织成员向他人取得知识时，同时也是在分享他人的知识，而且知识接收者有重建的行为。

在社会网络推动知识共享并作用于创造力的研究方面，已有学者得出了有益的研究结论。例如，Badrinarayanan & Arnett(2008)的研究指出，社会网络促进了信息交流、知识获取、知识共享与知识整合，这将显著提高创新能力和新产品开发的速度。Taylor & Greve(2004)从社会网络异质性的视角出发，考察了知识共享在网络结构与创造力关系之间的中介作用。他们认为，异质性的网络结构可以产生更多不同的解决办法和思路；对于具有多样化知识的个体而言，也可以通过与网络中其他成员的互动，进而获得更加多样化的知识，并有助于其创造力的提升。

因此，通过知识分享过程，可以使不同成员的观点都能进入网络进行讨论，这就为个体及团队提供了更多接触异质知识和多种解决办法的良好机会，这很可能实现不同知识的“连接”与“碰撞”，进而最终促使个体及团队变得更富有创造性。

2. 组织认同的中介作用初探

组织认同(Organizational Identification)是在社会认同理论的基础上发展起来的概念。组织认同指组织/群体成员在心理与行为方面与所在的组织/群体具有一致性,既包括内隐性的心理也包括外显性的行为。

组织认同理论源自三个方面的观点,即差异论、信息论和资源论。其中,持信息论观点的学者认为,组织和自我的信息是组织认同的最初起源,这些信息通过人际关系过程,将接收者的价值观和目标同组织的价值观与目标联系起来。依据组织认同信息论的观点,Cheney & Christensen(2001)的研究发现,员工组织认同主要通过沟通来实现;沟通是员工接受组织基本价值观和目标,并作为自己的基本价值观和目标的主要原因。由于沟通必须通过人与人之间的社会互动才能发生,也就是说沟通必须依赖于一定的社会网络关系;因而,社会关系网络是产生和传递组织认同信息的重要"渠道",两者之间可能存在相关关系。

在组织认同与创造力关系方面,Fuller et al. (2006)的研究指出,组织成员对组织的认同程度越高,他们越可能在工作中提出自己的见解和建议;而提建议的过程有利于员工产生创新性想法。Lipponen et al. (2008)的研究也表明,员工对组织的认同程度越高,越容易产生一些创造性的想法。综合前人的研究成果,Hirst et al. (2009)强调指出,员工对组织的认同感一方面激发了个体参与创新活动的积极性,更重要的是还能培养个体对从事创新性活动的潜在兴趣。在团队层面,Nonaka & Takeuchi(1995)的研究指出,组织认同有利于形成较高的团队凝聚力,并最终提升整个团队的创新绩效。

因此,社会关系网络结构是组织认同信息产生和传递的重要渠道,而组织认同水平的提升不仅有利于增强员工的创新意识,而且能够增进整个团队的凝聚力。

(四) 社会网络影响创造力的调节机制

在社会网络与创造力的关系研究中,不仅需要探讨两者关系的中介机制,也需要进一步考察影响两者关系的调节机制(中介和调节机制的相关文献汇总见表 2.6)。通过梳理相关文献发现,知识性质、组织特征、文化倾向等因素对社会网络与创造力的关系起到一定的调节作用。

表 2.6　社会网络影响创造力的中介及调节作用的典型研究总结

变量类型	变量名称	代表性研究
中介机制	知识共享	异质性(Taylor & Greve，2004；Cummings，2004)；强度(Marsden，1990；Hansen，1999；Reagans & McEvily，2003；Levin & Cross，2004；Suarez，2005)；中心化程度(Sparrowe，Liden，Wayne & Kraimer，2001；Leenders，Van Engelen & Kratzer，2003)；密度(Tsai & Ghoshal，1998；Burt，1992；Gargiulo& Benassi，1999；Patrashkova & Mc Comb，2004；Leenders，Van Engelen & Kratzer，2007)
	其他因素	组织认同(Cheney & Christensen，2001；Lipponen J，Bardi A，et al.，Nonaka，I. & H. Takeuchi.)
调节机制	网络内容	成员背景(Perry-smith，2006；Obstfeld，2005) 异质知识(Fleming，Mingo & Chen，2007；Burt，1992；Reagans & Zuckerman，2001；Cummings，2004)
	组织特征	组织倾向(Edmonson，2003)；组织规范(Jansen，Van & Volberda，2006；Gupta，Smith & Shalley，2006)
	文化倾向	Zha，Walczyk & Griffith，2006；Zhou，Shin，Brass，Choi & Zhang，2009；杜旌，王丹妮，2009

资料来源：本书整理

1. 知识性质

知识的性质将会影响知识收集的效率，知识存储的效果以及知识扩散的程度。Rodan(2004)的研究指出：创新的本质是知识的整合与重组；网络稀疏性与紧密性对于创造力的影响效果，最终取决于流动其间的异质性知识的情况。Perry-Smith(2006)也关注到了网络内容对于网络结构与创造力关系的调节作用。他认为，社会网络结构仅仅为个体获取信息提供一个“管道”，网络内容(如非冗余信息、知识等)才是“管道”中有用的资源，两者的交互作用最终影响创造力的水平。

2. 组织特征

群体/组织是创造力产生与发展的场域，因而个体或群体创造力水平的高低必然受到其所在场域特征的影响。例如，Jansen，Van & Volberda(2006)的研究指出：在不同的组织情境特征下，个体创新所关注的重点不同；当组织面临相对稳定的外部环境时，组织规范往往鼓励和提倡个体进行改进型创新；当面临剧烈变化的环境时，组织规范通常会激发个体成员的探索性型创新。从群体任务的视角出发，West(2002)的研究表明，团队多样性对创造力的影响程度受到团队任务特征的调节影响；当团队任务易于协调时，更有利发挥多样性对团队创造力的促进效应，反之则会削弱团队多样性带来的积极效应。

3. 文化倾向

目前，探讨文化倾向在社会网络与创造力关系中调节作用的相关研究比较鲜见。在为数不多的研究中，Zhou(2009)等人的实证分析指出，对于具有高水平遵从性价值观的个体而言，其弱连带数目与创造力正相关；对于具有低水平遵从性价值观的个体而言，弱连带数目与创造力呈倒U型关系。Concalo & Staw (2006)的研究表明，个体主义价值观会间接促进创造力的提升，集体主义价值观则起到相反作用。此外，杜旌和王丹妮(2009)从个体—组织匹配的视角出发，通过实证研究发现，当员工与组织环境相匹配时，集体主义价值观对创造力具有间接的积极作用，反之则效果不显著。

综上可知，社会网络对创造力的影响是一个复杂的作用过程，不仅涉及知识共享、组织认同等中介过程因素，还受到组织特征、知识性质、文化倾向等因素的调节影响。因此，考察社会网络影响创造力的多重中介及调节作用是深入探究两者关系的必要前提。

第四节　创造力的动态研究

在组织行为学研究领域，自20世纪60年代以来，研究者们一直遵循"I-P-O"(input-process-output)的静态研究范式。随着研究的不断深入，已经有学者意识到，个体与环境因素之间的交互作用并非简单的"单次因果"关系，而可能存在"循环"和"动态演化"规律(Marks et al., 2001)。沿着这一思路，Ilgen et al. (2005)将因果环形回路加入传统的I-P-O模型中，提出了I-M-O-I (Input-Mediator-Output-Input)研究范式，即"输入—中介传导—输出—再输入"的循环路径。借鉴I-M-O-I的动态研究范式，Tasa, Taggar & Seijts (2007)深入分析了群体效能的演化过程，将前一阶段的绩效作为随后阶段的前因变量，并获得了更具解释力的结论。

目前在创造力相关领域，多数学者都是基于静态研究视角，考察创造力的前因及结果变量，这就使得研究结论无法准确描绘创造力的动态变化规律。Perry-Smith，Shalley 和 Zhou 等多位学者强调指出，采用追踪方法探索创造力与相关要素的动态演化关系，将是未来深化创造力理论研究的关键步骤。

尽管目前针对社会网络与创造力动态关系演化的研究还非常缺乏，但一些为数不多的相关研究结论仍具有一定的启发作用。在社会网络动态演化方面，一些学者从产业集群网络演化的角度，考察了网络结构的动态演化规律，为研究微观层面社会网络演化奠定了理论基础。例如，Carbonara(2002)通过对产业集群网络的追踪研究发现：在集群网络形成初期，主要成员由小企业构成，其网络联系主要是社会联系；在集群的成长期，开始有中等规模企业加入，网络联系类型包括经济和社会关系两类；在集群的成熟期，出现了“明星企业”，集群网络的结构出现聚合趋势，并呈现出经济关系、社会关系和跨产业关系等多种联系类型。张宝建，胡海青和张道宏(2011)最新的研究指出，企业创新网络的进化依据网络租金以及结构洞的变化规律划分为组建、成长、成熟、衰退四个阶段，网络进化的过程体现出功能与结构的协同演变。

在考察社会网络与创造力的动态关系方面，已有研究表明：个体由网络边缘到网络中心的动态过程伴随着创造力的变化(Shalley et al.，2004)。Perry-Smith & Shalley(2003)的研究发现，在个体创造过程的初期，处在网络边缘位置的人与外界的联系较多，更容易获得丰富的异质性知识，拥有更高的创造性体验；然而，一旦处于边缘位置的个体意识到自己拥有高水平创造力以后，他们将认为自己的位置更具有中心性，此时，创造力与个体位置中心性相互促进；当个体最终稳固地处于中心位置时，个体必须要为维护中心位置而付出更多的精力，这将会阻碍对创造性活动的投入。

由前人的研究可知，在研究社会网络与创造力的关系过程中，静态研究视角仅能验证两者之间是否存在相关关系，并不能深入考察其因果关系以及相互作用的动态演化规律；而只有从动态研究视角，分析社会网络和创造力关系在不同阶段所呈现的特殊规律，才能从本质上完整地阐释两者的动态关系，也才能为管理实践提供更具操作性的建议。

综上：本章总结了与研究密切相关的创造力理论、社会网络理论和中国文化因素的研究，阐明了研究问题的理论背景和贡献，不仅有助于研究问题的进一步明晰，以及中国文化情境的主要研究维度的系统梳理，而且为多层次研究模型的构建奠定理论基础。此外，本章还梳理了社会网络与创造力动态研究的相关文献，为提出“中国文化情境下社会网络与创造力的动态分析框架”提供了理论依据。

第三章

团队创造力追踪研究的概念模型

本章之目的在于明确研究的理论基础，设计研究的总体框架，以及推演不同的研究层次上相关核心变量之间的假设关系。其主体内容包括：① 基于文献综述部分对创造力、社会网络与文化情境的回顾，发掘以往研究中遗漏的“盲点”，并以此为切入点展开本书理论模型的建构工作；② 从静态关系视角，通过理论推演，建构“中国文化情境下社会网络与创造力的多层次理论模型”；③ 依据ASD理论的动态演化视角，提出“中国文化情境下社会网络与创造力的动态分析框架”。

第一节　以往研究述评

一、以往相关研究取得的进展

中国文化要素、社会网络与创造力理论是本书所关注的重点。通过第二章对相关领域研究文献的系统回顾发现，这三个领域已经取得了一定的研究进展，为本书理论模型的建构提供了较为扎实的文献基础。在这些领域中，与本书相关的研究进展主要体现在以下四个方面。

(1) 在考察创造力的影响因素方面，已经取得了较为丰硕的研究成果。现有研究分别从个体层面(知识技能、认知风格、情绪、动机等)、团队层面(团队倾向、团队冲突、团队学习等)、组织层面(组织战略、组织环境、组织资源)考察了创造力的影响因素，并形成了较为完整的创造力研究的理论框架。

（2）在社会网络与创造力关系研究领域，也取得了一定的研究成果。近十年来，一些学者从社会网络的研究视角出发，考察了网络密度、网络异质性、网络中心性等网络结构变量对个体创造力的影响。这些研究成果，为进一步研究社会网络影响创造力的过程“黑箱”提供了理论基础。

（3）有关创造力研究的跨文化现象，开始受到部分学者的关注。在创造力研究初期，来自不同国家的研究者致力于开发统一的创造力研究模型，致使关键的文化情境要素被忽略。近些年来，一些从事跨文化研究的学者指出：在不同的文化情境下，人们对于创造力内涵的认识有所不同，这就导致创造力的影响因素所发挥作用的程度大小也可能不同。沿着这一思路，以徐淑英、周京教授为代表的海外华人研究者，开始从事并大力倡导中国文化情境与创造力关系方面的研究工作。

（4）已经存在几种较为成熟的文化维度研究框架，为考察文化因素与创造力的关系研究提供了前提条件。目前关于文化维度的研究框架主要包括：Schowartz 的三维度模型，Kluckhohn & Strdtheck 的六维度模型，以及 Hofstede 的五维度模型。其中，Hofstede 的理论框架更为完整且影响力更大。已有一些学者借助于此模型框架，展开了跨文化的研究工作。

二、以往相关研究存在的不足

关于文化情境、社会网络与创造力的已有研究成果在提供未来研究依据的同时，也遗漏了一些未涉及的“盲点”，需要后续研究进行补充。

（1）社会网络影响创造力的中介机制研究不足，绝大多数研究仅考察了知识共享的中介作用。基于信息论的社会网络研究视角指出，网络结构中流动的主要资源是信息和知识，而知识的分享和交互行为是提升创造力的重要因素。以往多数学者依据此观点，考察了知识分享在社会网络与创造力关系中的中介作用。然而，这样的研究趋势导致研究者对其他中介要素的关注不足，并影响了他们对社会网络影响创造力“过程黑箱”的深入研究。同时，社会认同领域的近期研究发现：员工组织认同主要通过沟通来实现，而沟通的主要渠道就是社会关系网络，组织认同很可能是社会网络与创造力关系之间的中间要素。

（2）以往绝大多数文献仅从单一层面研究创造力，没有意识到影响创造力的各层次因素之间的复杂性和跨层次交互性。由于组织本身存在嵌套结构，即个体存在于团队中，团队又分散于组织中，这就要求研究者必须构建多层次的研究模型，进而理清不同层次的研究变量对创造力的多层次影响。

(3) 目前致力于考察中国本土文化情境的研究较为零散，且多数是围绕传统哲学及古典文化视角展开的，缺少一个既能体现中国文化情境特征又与创造力相关的整体文化维度框架，尤其缺少一个兼具可操作性的测量模型。这样的研究现状也是导致中国文化情境领域内实证研究较少的直接原因。

(4) 关于中国文化情境的实证研究较少，尤其是中国文化、社会网络与创造力关系的研究非常缺乏。尽管已经有为数不多的学者意识到，中国文化情境可能是影响创造力产生及发展的关键情境因素，但关于中国文化情境影响创造力的相关研究仍是凤毛麟角。

(5) 以往绝大多数研究都是基于静态研究视角，构建创造力及其相关要素的静态关系模型，缺少动态研究设计。通过文献分析可知：在考察社会网络与创造力关系的过程当中，静态研究视角仅能验证两者之间是否存在相关关系，并不能深入考察其因果关系以及相互作用的动态演化规律。

第二节　概念模型的理论基础

通过对以往研究取得的进展和研究"盲点"的总结，本书采用多层次设计框架，从静态及动态视角考察中国文化情境下社会网路与创造力的多层次作用关系，拟解决的理论问题包括以下五个方面：

(1) 与创造力相关的中国文化情境特征模型的结构探索。

在以往文化维度框架的基础上，结合中国本土文化中的"人情、面子、和谐、差序"等倾向，拟通过个人访谈和焦点小组访谈收集素材，并采用内容分析法，以明确中国文化情境特征的内涵。而后，在深入分析中国文化情境特征的基础上，根据访谈资料开发量表，并采用预调研和正式调研数据对中国文化情境特征模型的测量量表进行实证检验。

(2) 社会网络影响创造力的多重中介作用。

目前，在社会网络影响创造力过程的相关研究中，绝大多学者仅关注知识共享的中介作用，缺乏对其他因素的探讨。由于组织研究经常涉及多层次的研究变量，在个体层面的研究结论不一定可以直接推广到群体层次。因此，本书基于多层次的研究视角，建构并验证“中国文化情境下社会网络与创造力的多层次模型”，以探究社会网络影响创造力的多重中介机制。其主要研究思路包括：从基于信息论的社会网络研究视角出发，验证“社会网络→知识共享→个体/团队创造力”的中介路径；从基于认同论的社会网络视角出发，尝试建构并验证“社会网络→认同→个体/团队创造力”的作用路径；对比分析中介路径在个体及团队层面的研究结论是否存在差异。预期研究结论将有助于从多重视角描述社会网络与创造力关系研究中的“过程黑箱”。

（3）中国文化情境下社会网络与创造力的多层次模型探索。

由于以往研究多数都仅从单一层面考察创造力的影响因素，这就导致不同层面影响因素之间的跨层次交互作用难以被发现，并最终影响到研究结论的准确性。本书拟采用多层次建模方法，分别从个体层面、团队层面、个体及团队交互层面进行多层次模型的建构及验证。其研究问题包括：① 分别在个体及团队层面，考察“社会网络→知识共享→个体/团队创造力”的中介路径，并对比关系差异；② 分别在个体及团队层面，考察中国文化特征倾向对社会网络与个体/团队创造力间关系的调节作用，并对比作用关系的差异。

（4）个体创造力与团队创造力的关系探究。

团队创造力并不只是个体创造力的函数，其水平还取决于团队创造过程的其他方面。本书拟采用实证研究方法，试图探究个体创造力与团队创造力的关系。其主要内容包括：团队创造力与团队中个体成员创造力的平均值之间是否存在相关关系；团队创造力与个体成员创造力的方差值（即分布情况）之间是否存在相关关系；中国文化情境特征是否影响到个体创造力向团队创造力的转化。

（5）中国文化情境下社会网络与创造力的动态模型探索。

已有的经验研究表明，中国文化情境下社会网络与创造力之间存在静态的相关关系，但仅从静态分析视角出发，无法准确描述两者之间相互关系的动态演化规律。本书拟从 ASD 理论的动态演化视角出发，通过对主分析单元（团队）的追踪调查，考察中国文化情境下社会网络与创造力关系在不同阶段的变化状态；通过对次分析单元（个体）深入访谈，探究造成两者关系在第二次循环阶段发生效果反转的深层次原因。

为了给研究模型的构建工作提供基础理论支撑，本书对研究模型的理论基础进行了系统梳理，并分析了不同基础理论之间的相互联系，具体如下：

第一，社会交换理论。

社会交换理论主要是指人们在社会交换过程中呈现的基本心理过程，以及其与交换行为之间关系的理论。社会交换理论的核心假设是，在社会互动的过程中，人们通常理性地选择能使其利益最大化的行动过程，并遵循“互惠、理性、群体利益”等交换规则(时蓉华，1998)。在中国文化情境下，社会交换理论的思想历来就有，如“投我以桃，报之以李”(《诗经·大雅·抑》)、“往而不来，非礼也；来而不往，亦非礼也”(《礼记·曲礼上》)等。同时，中国社会中的“面子、人情”运作规则与社会交换理论中的“互惠”原则比较接近。此外，社会交换过程需要交换通道，人与人之间的社会关系网络正是“面子、人情”和信息等因素的交换通道。因此，社会网络结构(社会交换通道)与人情、面子、和谐等文化倾向(社会交换情境)，很可能通过相互之间的交互作用，进而共同影响个体或群体的心理和行为表现。

第二，社会认同理论。

社会认同理论是指，个体知晓他/她归属于特定的社会群体，而且他/她所获得的群体资格会赋予其某种情感和价值的意义(Taifel, 1972)。在个体层面，社会认同理论侧重研究个体对自我与他人关系的认知情况，重视人的主观认知，认为个体对“自我与他人关系的认知”情况决定其行为取向。借鉴社会认同理论的基本原则，已有学者指出，组织认同是社会认同的一种，是组织/群体成员在心理与行为方面与所在的组织/群体所具有的一致性。组织认同理论源自三个方面的观点，即差异论、信息论和资源论。依据组织认同信息论的观点，员工对组织的认同主要通过沟通来实现，而沟通的“管道”正是个体之间所建立的社会关系网络。

第三，多层次理论。

以往在组织研究领域，多数学者的研究都是分别沿着两条思路展开：其一，从社会学的视角出发，以企业、团队等群体单位作为研究对象，考察群体输入、运作过程及产出结果的相关问题；其二，基于心理学的研究视角，探究个体特征、主观感知及行为倾向等方面的问题。然而，组织本质上是一个多层次的嵌套系统。微观个体的认知和行为嵌入在团队或更高层次的群体互动当中，并受到高层次群体环境的影响；而群体特征常常通过较低层次的元素特征聚集而成，群体互动过程也可能受到较低层次中关键个体行动的影响。因此，如果研究学者仅采用微观或宏观的单一观点通常无法准确、全面地解释问题。持有微观观点的学者关注于个体层次，而忽略了不同的组织（团队）情境对个体行为的影响差异；而持有宏观观点的学者围绕组织特征形成理论模型，却忽略了个体的行动，多层次理论恰恰融合了这两类观点。

第四，I－M－O－I 研究范式。

20 世纪 60 年代，McGrath 最早提出了研究群体行为过程的“I－P－O”(input-process-output)模型。然而，越来越多的研究者发现，群体过程不仅是复杂的、动态的，更具有自适应性。Marks，Mathieu & Zaccaro 强调，I－P－O 的静态研究范式难以描绘群体行为的动态演化过程。

Ilgen et al. (2005)的研究将因果环形回路的构想加入传统的 I－P－O 模型，建议采用 I－M－O－I(Input-Mediator-Output-Input)研究范式来研究群体的行为过程，即“输入—中介传导—输出—再输入”。在此之后，一些学者采用I－M－O－I 的动态研究范式开展了相关工作。例如，Tasa 等(2007)在分析团队群体效能的演化过程中，采用 IMOI 研究范式，将前一阶段的团队绩效作为随后阶段的前因变量，并获得了更具解释力的研究结论。在本书中，社会网络即 Input（输入），知识共享和认同是 Mediator（中介传导），创造力是 Output（输出）；创造力的输出影响下一阶段的社会网络，即 Output 到 Input 的循环路径。

第五，本书基础理论之间的关系。

本书认为，在进行模型建构之前，围绕研究内容一进步厘清基础理论之间的联系，将有利于更好地解释各变量之间的内在关系。在本书中，四种理论关注于研究问题的不同侧面，他们之间并非互相排斥，而是相互补充及相互印证的关系，共同支撑本书的主体框架（见图 3.1）。

基于本书的研究思路，各基础理论之间的相互关系包括：① 社会认同理论联系了“社会网络→认同→创造力”之间的关系；② 社会交换理论联系了“社会网络→知识共享→创造力”之间的关系；③ 多层次理论联系了“中国文化情境与社会网络交互→知识共享/认同→个体/团队创造力”的多层次研究思路；④ I－M－O－I 研究范式联系了“社会网络→中介要素→创造力→下一阶段”的动态演化关系。此外，跨文化研究以及中国情境方面的相关研究成果，为考察“中国文化情境下社会网与创造力的多层次关系”提供了理论依据。

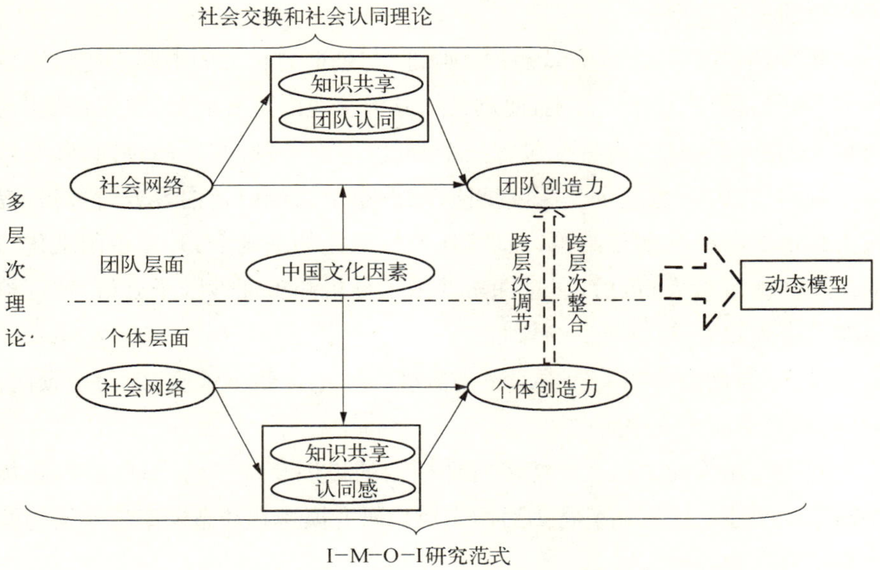

图 3.1　本书基础理论之间的关系

第三节　概念模型的提出

依据研究侧重点的不同，本书的研究内容可以分解为三个问题：① 与创造力相关的中国文化情境特征的内涵是什么，以及如何测量？② 在个体及团队层次，社会网络和中国文化情境特征影响个体/团队创造力的过程机制如何，不同层次的作用关系是否存在差异？③ 中国文化情境下社会网络与创造力关系如何动态演变？依据以上问题，本书展开整体研究模型的设计工作。

一、与创造力相关的中国文化情境特征模型的建构

从第二章的文献回顾可知，人情倾向、面子倾向、和谐倾向与差序倾向构成了中国文化情境的典型特征。然而，依据这些文化特征在中国情境下展开的本土研究却十分有限。究其原因，主要是由于目前致力于考察中国本土文化情境的研究较为零散，且多数是围绕传统哲学及古典文化视角展开的，缺少一个既能体现中国文化情境特征又与创造力相关的整体文化维度框架，尤其缺少一个兼

具可操作的测量模型。

因此，本书的第四章将尝试建构并验证“与创造力相关的中国文化情境特征模型”。其研究思路包括：首先，通过文献分析及理论拓展环节，提出命题“与创造力相关的中国文化情境特征包含四个维度，即面子倾向、人情倾向、和谐倾向与差序倾向”；其次，通过个体深度访谈、焦点小组访谈以及内容分析过程，提出中国文化情境特征的初步结构；而后，在质性研究的基础上，开发中国文化情境特征模型的测量量表；最后，通过探索性因子分析和验证性因子分析，实证检验量表的信度和效度，以保证其科学性。

假设 1：与创造力相关的中国文化情境特征包含四个维度，即面子倾向、人情倾向、和谐倾向与差序倾向。

与创造力相关的中国文化情境特征模型的提炼及详细的推理过程，将集中在第四章中阐述。以上环节将为后续多层次研究模型和动态模型的建构与验证工作提供有利的理论支撑。

二、中国文化情境下社会网络、知识分享与创造力的多层次模型建构

在明晰了与创造力相关的中国文化情境特征的维度之后，本书需要解决的问题是“中国文化情境下社会网络通过何种路径影响个体及团队创造力”。多层次研究理论指出：组织研究经常涉及多层次的研究变量，在个体层面的研究结论不一定可以直接推广到群体层次。因此，本部分将在分析相关文献的基础上进行理论拓展，理清中国文化情境特征、社会网络与创造力之间的关系，并详细探讨多层次研究框架的构建。

具体而言，将分别从个体层面、团队层面、个体及团队的跨层面进行多层次模型的建构。其主要关系包括：① 在个体层面，首先从基于信息论的社会网络研究视角出发，建构“社会网络→知识共享→个体创造力”的中介路径，其次从基于认同论的社会网络视角出发，探究“社会网络→认同→个体创造力”的作用路径；② 在团队层面，建构“团队社会网络→知识共享/团队认同→团队创造力”的多重中介路径；③ 在中国文化情境特征方面，本书试图通过在团队层面的中国文化特征倾向(即团队内多数成员所共享的关于中国文化特征的整体倾向趋势)来考察中国文化情境下社会网络对个体及团队创造力的多层次调节影响。

(一) 社会网络与个体创造力关系(个体层面)

由文献回顾发现,社会网络的主要测量指标包括:网络强度、网络密度、网络中心性、网络异质性、网络规模等指标。由于本书的目的是考察团队内部既定成员之间的社会网络结构与创造力的关系,因而不适宜做网络规模指标的分析。因此,本书围绕团队内部社会网络的网络强度、网络密度、网络中心性和网络异质性维度,详细探讨其与创造力的关系进而提出模型假设。

1. 网络强度与个体创造力关系

对于个体所建构的社会网络关系而言,网络强度指构成社会网络的成员关系的紧密程度,通常采用互动频率,情感投入,亲密程度等指标以区分强连带或弱连带(Granovetter, 1973)。在社会网络强度与创造力关系领域,主要存在两类不同的观点。持弱连带观点的学者们认为,通过弱连带得来的信息可能源自两个独立社交圈,其信息重叠和冗余性较低,更有利于个体从多角度分析问题,进而产生"不同寻常的联结"并激发创造力(Kang, Morris & Snell, 2003)。与弱连带优势理论相反,一部分学者则关注了强连带关系对创造力的促进作用。例如,Zheng(2010)的研究发现,当创新目标需要依靠密切互动的合作关系而达成时,强连带对创造力的促进作用尤为明显。我国学者边燕杰等人以中国转型的经济体制为研究背景,考察了强关系对中国人行为的影响。他们认为,在中国文化情境和现有经济体制下,强关系可以获得更多的"特殊帮助"而不仅仅是信息资源,这些"特殊帮助"将更有利于个体能力和职业的发展。

由以上两种表面看似矛盾的观点可知:网络强度与个体创造力之间可能并非只是简单正向或负向的线性关系,两者之间有可能存在更为复杂的非线性关系。在这方面,Zhou(2009)等人的研究指出:对于具有高水平遵从性价值观的个体而言,其弱连带数目与创造力正相关;对于具有低水平遵从性价值观的个体而言,弱连带数目与创造力呈倒 U 型关系,过高或者过低的网络强度都不利于个体创造力的发挥。结合已有文献发现:① 在"讲人情""好面子"的中国文化情境下,强联系的作用可能更为突出(边燕杰,2008);② 由于强联系更有利于传递复杂性知识,更有利于成员之间对彼此的认同,因而,过低的网络强度则会削弱复杂知识和成员认同对创造力的促进作用;③ 过高的网络强度又可能会导致网络内部出现大量的冗余性和重复性的信息,并最终阻碍创造力的提升。因此,过高或过低的网络强度都不利于创造力,只有在适度的网络强度下,个体的创造力才能被更好地激发出来。基于以上分析，提出如下研究假设：

假设 2a：网络强度与个体创造力之间存在非线性的倒 U 型关系。

2. 网络密度与个体创造力关系

在个体层面，网络密度反映的是网络成员与其他节点彼此互动的联系程度。在网络关系图中，点与点之间的连线越多，说明点之间的联系越频繁，密度就越大（网络越紧密），反之则越稀疏。

已有研究表明，稀疏的网络可以给创新者带来异质和非冗余的信息，而这些多样化的知识对创造力的发挥具有积极的影响。然而，Sparrowe et al.（2001）等人的研究对 Burt 提出的"稀疏性网络有利于创新"的观点提出了质疑。他们认为，网络密度与创新绩效的关系并非只是简单的线性正相关，其结论需要在不同情境下开展进一步的对比分析。沿着 Sparrowe 提出的质疑性思路，一些学者针对网络密度与创造力的关系问题进行了深入研究，其研究结论可以大致归为两类。其中，一部分学者认为，较高的网络密度会降低创造力水平。例如，Leenders，Van Engelen & Kratzer（2003）的研究表明，在密度较高的网络中，成员因维持这些互动关系而分散了从事创造活动所必需的时间和精力，这将会最终降低其创造力水平。与之相反，以 Krackhardt（1994）为代表的学者提出了不同的观点。他们通过实验研究发现，在过于稀疏的网络结构中，由于缺少足够的互动机会而导致创造性的想法难以扩散和互相交流。Hansen（1999）的研究也指出，过于稀疏的网络导致彼此之间缺乏联系且互动较少，将不利于不同思想和信息的交流与碰撞，这就降低了产生创造性想法的可能性。在综合以上两类观点的基础上，Oh，Chung & Labianca（2004）的研究结论指出，网络内成员的平均产出水平与网络密度呈倒 U 型关系，过高或过低的网络密度都不利于整体的产出效率。结合已有研究发现：过于稀疏或紧密的网络结构都不利于创造力，只有适度的网络密度才能为创造力提供良好的结构环境。基于以上分析，提出如下研究假设：

假设 2b：网络密度与个体创造力之间存在非线性的倒 U 型关系。

3. 网络中心性与个体创造力关系

个体网络中心性是指行动者在网络中的相对位置。中心性作为分析社会网络结构的一个重要变量，它反映的是网络中与某个成员相联系的其他成员的数量；成员联系的数量越多就说明该成员所处节点的中心性越强，反之则中心性越弱。对于个体而言，中心性是个体结构位置的一个重要指标，它可以评价一个人重要与否，并衡量他在网络中地位的优越性或特权性。

通过文献分析可知：相对于其他成员，处在网络中心位置的个体具有更大的权力和影响力，拥有更多获得信息和知识等资源的网络渠道。同时，某些稀缺性的资源在通过社会网络渠道进行传递、借用、转移的过程中，占据有利位置的个体成员可以通过其优势位置，对这些资源的流转进行控制甚至阻断。这些对资源或者信息的掌控能力，为中心位置成员创造力的发展提供了有利的资源保障。Sparrowe et al. (2001)通过对 190 位员工的抽样调查发现：在咨询网络中，具有较高中心性的员工能够积累更多的异质性知识，进而有利于他们提高自身的绩效水平。因此，中心位置的成员不仅可以利用位置优势摄取更多和质量更好的信息，而且可以控制更多关键资源的传递，这为创造力的提升提供了有利条件。基于以上分析，提出如下研究假设：

假设 2c：网络中心性对个体创造力具有显著正向影响。

4. 网络异质性与个体创造力关系

异质性是指社会网络中个体之间在年龄、性别、职业、教育程度等方面的差异性。Granovetter(1973)的研究认为，在个体所建立的网络关系中，其异质性越高，将越有助于获得独特的信息和资源。沿着 Granovetter 提出的主张，已有众多研究围绕网络异质性与创造力的关系开展了相关工作。例如，Pelled et al. (1999)研究表明：当个体处在异质性较高的社会网络内，即网络内成员的年龄、性别、职业等要素差异性较大时，成员之间所拥有的多样化和互补性的知识、技能、专长等要素将为个体创造力提供有利条件。

结合已有研究发现：个体的网络结构越异质，其信息来源的渠道越广，所获得信息的异质性和非冗余性也越高，这就为创造力的产生提供了良好的环境。Choi & Thompson(2005)动态研究的结果也为以上推论提供了实证依据。他们认为：当有新成员进入，或者老成员退出后又重新进入网络时，网络的异性提高，整体网络的创造力也随之得到了提升。基于以上分析，提出如下研究假设：

假设 2d：网络异质性对个体创造力具有显著正向影响。

(二) 社会网络与团队创造力关系(团队层面)

随着社会网路与创造力关系研究的不断深入，一些学者指出，团队社会网络与团队创造力之间存在相关关系，但作用效果可能与个体层面有所不同。

1. 团队网络强度与团队创造力

团队网络强度反映团队成员间互动行为的强度，即团队内所有成员之间互动强弱的平均程度。一部分学者认为，团队网络强度有利于整体创造力的提升。例如，Kurtzberg & Amabile(2001)研究指出，团队内所含有的强连带数目与创新绩效正相关。Zheng(2010)的研究也表明，当团队合作是影响团队产出结果的重要因素时，较多的强联系更有利于形成良好的人际互动环境，进而提升整体的团队绩效。然而，Granovetter 等人基于“弱联结优势”的视角指出，当信息在封闭的系统中传递时，拥有过多强联结的网络会导致行动者之间信息的冗余和同质化。Hansen(1999)通过对新产品研发项目的研究发现，强连带有利于隐性知识和复杂知识的传递，但强连带也需要花费更多的时间和精力等成本来维护。过多的强连带关系可能会增加团队成员对网络关系的维护成本，进而降低其对创造性工作的投入。因此，团队网络强度与团队创造力之间可能并非只是简单的正向或负向的线性关系，两者之间很有可能存在更为复杂的非线性关系。

2. 团队网络密度与团队创造力

团队网络密度反映的是团队成员间彼此互动的联系程度，即团队内所有成员之间彼此互动的平均程度。高密度代表网络中的任何一个成员和其他成员的联结关系多，低密度则表示团队内每一个成员间的相互联结较少。Balkundi & Harrison(2006)研究发现，有着高密度网络的团队可以更好地完成既定目标，同时它们也比网络稀疏的团队更容易形成凝聚力。与之不同，另一些学者指出，过于紧密的非正式网络联系有可能导致网络中信息和知识的同质化，以及维护紧密网络的时间成本上升，进而损害团队绩效。在整合以上两类观点的基础上，Hernandez & Reyes(2007)通过对多个科研团队的调查发现，有着高科研绩效的团队往往表现出适中的团队网络密度。在密度过高的团队网络中，多数成员需要投入大量的时间和精力去维持人际关系，使之很难兼顾团队目标。Oh, Chung & Labianca(2004)通过对 60 个团队的数据分析表明，团队网络密度与团队效率呈现出倒 U 型关系，过高或者过低的团队网络密度都会降低整体的团队效率水平。因此，过于稠密的网络可能导致团队成员之间的观点和想法呈现趋同化，而缺少差异化的观点不利于培育创造性想法；同时，过于稀疏的网络也不利于信息沟通和凝聚力的形成，并最终降低团队绩效。

3. 团队网络中心性与团队创造力

团队网络中心性是指团队内部全体成员人际互动的结构分布状况，而不是以特定成员为中心的社会网络结构。较高的团队网络中心性意味着团队比较集权，团队内成员主要与少数几个核心人物进行高强度互动，而跟其他人员的互动反而减少。Leenders，Van Engelen & Kratzer(2003)的研究指出，较高的群体网络中心性不利于团队成员互动交流进而产生创新的想法。同时，过于中心化的网络结构也有可能导致创新的想法在关键人物之间传递时被刻意地过滤掉，无法在整个团队内进行充分的讨论和交流。在 Sparrowe et al. 和 Shaw 针对团队网络结构与团队绩效的研究中也发现，团队的集中性与团队绩效负相关。因此，与网络中心性对个体创造力的促进作用相反，团队网络中心性负向影响团队创造力。

4. 团队网络异质性与团队创造力

团队网络异质性是指团队成员之间在年龄、性别、职业、教育程度等方面的差异性，也被称为团队多样化。由于团队创新是一个多种思维碰撞的过程，因而团队构成的多元化不仅能够使不同专长的成员互相交流想法，更有利于实现信息和观点的创造性整合，并有利于提升整体团队的创造力水平。Kurtzberg (2005)结合实验研究和问卷调查方法发现，成员之间认知能力的多样化有利于提升团队的创新绩效。多样化的团队构成一方面可以产生更为广泛的信息网络与交流网络，另一方面还可以使团队获得独特的且与任务相关的知识、技术与能力。

在借鉴网络结构与创造力相关研究成果的基础上，本书提出如下假设：

假设 3a：团队网络强度与团队创造力之间存在非线性的倒 U 型关系。

假设 3b：团队网络密度与团队创造力之间存在非线性的倒 U 型关系。

假设 3c：团队网络中心性对团队创造力具有显著负向影响。

假设 3d：团队网络异质性对团队创造力具有显著正向影响。

(三) 社会网络与知识共享及创造力关系

在社会网络影响创造力的相关研究中，多数学者围绕社会网络与知识共享、知识共享与创造力的关系展开研究，他们的研究成果为考察知识共享在社会网络与创造力之间的中介作用提供了理论支撑。

1. 社会网络与创造力的关系

已有的研究多数都仅仅关注社会网络的某一类指标(结构指标或内容指标),并没有深入考察社会网络的不同类型指标与知识共享和创造力的相关关系。本书拟从网络强度(结构指标)、网络密度(结构指标)、网络中心性(结构指标)、网络异质性(内容指标)四个维度,将网络结构指标与内容指标相结合,构建相对完整的"社会网络→知识共享→创造力"中介研究路径。

(1) 网络强度与知识共享。

在网络强度与知识共享关系研究领域,已有的研究结论大致可以分为两类。持第一类观点的学者认为,弱联系有利于创造力。例如,Levin & Cross(2004)的研究指出,弱关系提供了更多接触新颖和异质知识的渠道,为知识共享提供了很好的结构情境,在某些特定情况下,甚至比强关系更能促进知识的共享。与第一类研究相反,持强关系观点的学者则认为:在弱关系网络中,成员间的信任度较低,尤其在合作过程中会具有较强的自我保护意识,这种保护行为会阻碍个体从网络中获得更多的知识。Krackhardt(1992)的研究也指出,相对于弱联系,强关系更有利于隐性知识分享,即在交流频繁的个体间或有强烈情感依赖的个体间更容易发生知识分享行为。

随着研究的深入,一些学者提出:过多或者过少的弱联系数目都不利于创造力;当网络强度过高时,成员之间互动过于频繁且情感性依赖较强,进而导致网络内知识的同质化和冗余性提高,这将大大降低知识分享的正面效果;当网络强度过低时,弱连带仅能作为一般知识和信息的交换渠道,而不能促进复杂知识的分享。在团队研究层面,王端旭等人(2009)的研究也指出,知识共享在网络连带强度与团队创造力间起到中介作用。然而,无论持以上哪类观点的学者,他们都强调了社会网络强度与知识共享之间存在相关关系。

(2) 网络密度与知识共享。

网络密度反映了主体间的互动广度,即通过第三方联结的程度。已有研究表明,紧密的网络结构便于人们形成与任务问题或工作目标相关的共同认知,并共享重要的信息。Obstfeld(2005)的研究也指出,稠密性的网络更有利于成员之间讨论和分享信息,因为他们在频繁的互动中往往能够形成共同的知识基础,并能够更好地理解对方的想法。

然而,Krackhardt(1996)却提出了质疑的观点。他以特定组织中创新的传播过程为例指出,有点黏又不太黏的网络结构更有利于快速地传播新知识和新观点,也就是说"适中的网络密度是较好的"。Sparrowe et al. (2001)的研究也指出,在工作咨询网络中群体密度越高,并不是越有利于整体绩效的表现。此外,Hernandez & Reyes(2007)通过对科研团队的调查发现,联结过于紧密的网络中充满了同质和冗余的信息,加之成员需要投入大量的时间、精力维持这些关系,因而有着高科研绩效的团队往往表现出适中的团队网络密度。

(3) 网络中心性与知识共享。

综合以往研究发现,相对于其他成员,处在网络中心位置的成员具有两个方面的优势以完成知识共享的过程。其一,网络中心位置的个体具有信息优势。由于网络中心位置不仅是信息的交流和集散地,也是知识分享的必经地,因而处于该节点上的个体可以更方便地与其他人发生知识共享行为。其二,网络中心位置的个体具有控制优势。中心位置的个体往往占据知识分享的关键路径,成为联结异质性信息流的"桥",因而在获取和传递知识的时机上具有优势,并且知识的传递过程通常不受外来节点的限制。Sparrowe et al. (2001)的研究表明,在咨询网络中,具有较高中心性的员工能够积累更多的异质知识;员工将自己的知识与其他同事进行交换,并将知识视为有价值的资源。因而,在个体层面,处在中心位置的成员可以获得信息优势和控制优势,进而摄取更多和更有用的信息与知识。

与个体层面的研究结论不同,当团队网络中心性过高时,表明团队中的人际关系和资源分配状况很不均衡,知识共享更多地发生在少数几个关键人物之间,这就导致其他成员很难及时获得创新活动所需的多样性信息和知识。Leenders, Van Engelen & Kratzer(2003)的研究也表明,较高的群体网络中心性不利于团队成员互动交流进而产生创新的想法,过于中心化的网络结构也有可能导致创新想法在关键人物之间传递时被刻意地控制或者过滤掉。

(4) 网络异质性与知识共享。

在网络异质性与知识共享研究领域,已有学者指出:网络中各行动者之间的背景越相同,越有利于形成情感联系,且彼此间的相互支持越明显;但是对个人获取重要信息或知识分享方面,却未必有相同的效果。Dawes(1999)等学者的研究表明,当网络异质性增加时,个体对非正式信息的控制度将会降低,这在一定程度上会促进知识分享行为的发生。国内学者陈心田(2003)围绕网络异质性、工作成就感和知识分享关系的研究也发现,网络异质性愈强,个人获取的信息也就越丰富,工作成就感越高;而个人的高工作成就感与彼此间知识分享行为的产生有着密切的关系。在团队研究层面,王端旭等人(2009)的研究表明,知识共享在网络异质性与团队创造力间起到部分中介作用。Cummings(2004)的研究也指出,当团队成员在专长领域具有较高的异质性时,他们可以共享更多的异质性知识,进而有助于形成不同的工作思路。因此,本书认为网络异质性的增加对知识共享行为存在一定程度的影响。

2. 知识共享与创造力的关系

综合以往研究发现,知识共享是提升创造力的重要途径之一。其原因在于,丰富的知识是创造力的来源,创造性过程在一定程度上就是创造新知识的过程。Quinn, Anderson, & Finkelstein(1996)的研究发现,知识分享程度越高,成员间越有机会将问题反馈、引申,这有利于信息与知识的增长。而信息与知识的增长以及在知识分享过程中所获得的"碰撞火花",将促进创造力水平的进一步提升。Nonaka & Takeuchi(1995)的研究也指出,组织知识的创造来源于组织成员间相互分享隐性知识;与不同的人进行设想和信息的交流沟通可以带来高水平的创造力。

与此同时,在知识分享过程中,个体之间不仅交流信息与知识还对任务目标和责任进行沟通与分享。Amabile & Gryskiewicz(1987)认为,明确目标的管理是高创造性的关键影响因素。团队成员之间通过知识分享的过程,互相分享有关工作目标的信息,共同明确努力方向,进而促进自身工作效率的提高。因此,通过知识分享过程,可以使不同成员的观点都能进入网络进行讨论,这就为个体及团队提供了更多接触异质知识和多种解决办法的良好机会,这很可能实现不同知识的"连接"与"碰撞",进而最终促使团队变得更富有创造性(Amabile et al., 1996)。

基于以上分析,本书提出如下假设:

假设 4a:知识共享在网络强度与个体创造力关系间起到中介作用。

假设 4b:知识共享在网络密度与个体创造力关系间起到中介作用。

假设 4c:知识共享在网络中心性与个体创造力关系间起到中介作用。

假设 4d：知识共享在网络异质性与个体创造力关系间起到中介作用。

假设 6a：知识共享在团队网络强度与团队创造力关系间起到中介作用。

假设 6b：知识共享在团队网络密度与团队创造力关系间起到中介作用。

假设 6c：知识共享在团队网络中心性与团队创造力关系间起到中介作用。

假设 6d：知识共享在团队网络异质性与团队创造力关系间起到中介作用。

（四）社会网络与认同及创造力关系

在社会网络影响创造力过程的研究中，目前绝大多学者都从知识共享的视角出发，探讨社会网络、知识共享与创造力的关系。然而，本书通过文献研究发现，在社会网络与创造力之间也可能存在其他中介因素。例如，起源于社会认同的组织认同理论就为本书的设计提供了可供借鉴的思路。

1. 社会网络与组织认同

以往研究指出，组织和自我的信息是组织认同的最初起源，而这些信息通过人际关系渠道进行交换和传递，并形成组织认同感知。Cheney & Christensen (2001)的研究指出，组织认同主要通过沟通来实现，沟通是员工接受组织基本价值观和目标，并作为自己的基本价值观和目标的主要渠道。由于沟通必须通过人与人之间的社会互动才能发生，也就是说沟通必须依赖于一定的社会关系网络；因而，社会关系网络是产生和传递组织认同信息的重要“渠道”，两者之间可能存在内在的联系。刘军(2009)的研究也认为，社会网络理论关注的恰恰是网络中关系的双向沟通作用，这种倡导关系论思维方式的分析方法是一种不同于“因果性”分析的理论研究，它提供了“交互沟通”的研究视角。

(1) 网络强度与组织认同。

已有研究表明：组织认同由相似性、忠诚度和成员感构成。成员感是指员工对于群体产生的附属感与依赖感，以及彼此之间在情感上的相互吸引(Patchen, 1970)。在社会网络研究方面，互动频繁、情感投入深且亲密程度高的联系则为强联系，反之为弱联系。由两者的定义可以看出：个体之间的强联系可以通过情感互动、信息交换、亲密行为等建立起彼此之间稳固的社会关系，从而使自身的情感与归属需要得到满足。而在团队活动中，成员归属感正是其团队认同感知的重要组成要素。Mael & Ashforth(1992)的研究指出，个体在组织中拥有关系亲近的导师和本人的工作满意度，将会显著提升其对组织的认同感。Hwang(1999)研究也表明，华人文化背景下的组织认同受到广泛家族主义的影响，人们通常把自我看成是他人关系中的自我，并且更注重和谐关系及强关系的作用。因此，相比弱联系而言，强联系更利于个体之间进行情感交流和亲密互动，这将有利于组织认同感的形成。

(2) 网络密度与组织认同。

网络密度是指网络成员与其他节点之间彼此互动的联系程度；在网络结构中，不同成员之间的联系越多说明网络密度越高(网络越紧密)，反之则越稀疏。已有研究表明，网络密度越高意味着信息和资源的流通越通畅；与之相反，关系较为疏远的网络结构常伴有信息不通、缺乏情感支持等现象。从社会信息认同理论的角度来看，信息的传递特别是和组织认同相关的信息传递，必须通过一定的"交流渠道"，而社会网络正是各种各样的社会联系"渠道"在结构方面的外在表征(Thomas & Griffin, 1983)。Krackhardt & Kliduff(1990)的研究发现，组织中朋友之间的联系较为紧密，而紧密的朋友关系之间会对组织特征有类似的认同感。Morgan(2004)的调查研究进一步指出，对于员工之间或员工与领导之间的关系而言，在彼此之间联系越多且依赖性较强的环境下，员工组织认同感越高。本书认为，相对于稀疏的网络结构而言，紧密的网络拥有更多的信息和沟通"渠道"，更有利于成员之间组织认同相关信息的交流与沟通。

(3) 网络中心性与组织认同。

由网络中心性的定义可知，网络中心性高的个体通常会占据"桥"的关键位置，进而获得丰富且有价值的信息和其他资源。由于中心性高的个体与网络中其他节点的沟通频率较高，因而较容易与他人在组织目标、组织荣誉等方面达成共识；同时，通过优势位置所获得的丰富资源，使得高中心性个体具有较高的成就感、责任感以及自我感知的"组织代言人"的角色认知，这将促使他们更认同组织的既定目标并具有组织荣誉感，进而获得产生较高的组织认同水平。Haslam(2004)的研究指出，处在中心位置的个体占据着信息和资源流通关键位置，这就使得其他成员对中心位置成员产生信息和资源的依赖性，而这种依赖性会强化中心位置成员对组织中"我们感(Sense of We-ness)"的认知。Podsakoff, MacKenzie, Paine(2000)的研究也认为，咨询网络中心性越突出的员工，工作和角色的认知程度越高，自我发展的积极性和主动性越高，这就使得其组织的认同感更强，更有可能积极主动地投入到工作的技术创新和管理改革当中。因而，在个体层面，处在中心位置的成员由于占据关键位置，更容易被其他成员所依赖，从而对组织拥有更高的归属感、契约感和责任感，而这些都是组织认同的重要内涵。与个体层面的研究结论不同，当团队网络中心性过高时，表明团队中的人际关系分配状况很不均衡，大多数成员缺乏沟通和互动的渠道，这将不利于团队成员之间形成对组织的归属感(Krackhardt & Kilduff, 1990)。

(4) 网络异质性与组织认同。

尽管目前还没有学者对网络异质性与组织认同的关系展开研究，但一些相关文献仍为我们提供了逻辑推理的依据。Patchen(1970)的研究指出，组织认同由成员感、忠诚度及相似性构成。其中，相似性是指：个体成员对组织共同特征的一致性理解，成员遵从共同价值观和目标，并能够用共同特征来表达认知的相似性。由 Patchen 的定义可知：当网络中各行动者的教育、年龄、职业等背景的相似度较高时，他们越有可能形成相似的价值观；而这些相似的价值观有利于组织成员更好地理解组织特征，并在组织目标及组织价值观方面达成一致。与之相反，如果网络结构中不同个体在价值观、教育、年龄、职业等背景相差过大，将不利于他们形成归属感和对组织的统一认识，并降低其在组织中的"我们"感。也就是说，网络异质性可能不利于个体成员形成对组织中的归属感和依赖感，进而降低其组织认同的程度。

本书综合以上分析认为，社会认同信息理论能够将社会关系网络与组织认同相结合，并很好地解释组织认同的形成过程。社会信息认同理论认为：个人的态度和行为在一定程度上是个人在适应社会情境的过程中形成的，社会关系环境给个人提供了构造和解释事件的信息(Salancik & Pfeffer, 1978)。在组织社会化的过程中，有许多社会信息，包括和组织认同相关的信息，通过社会互动关系在组织成员之间沟通和流动，这就为社会认同提供了天然的"土壤"。王彦斌(2004)通过实证研究也发现，组织内部的成员关系、组织文化都是组织认同的重要影响因素。因此，社会关系网络是组织认同产生和传递的必要环境，网络结构的不同(也就是社会环境的不同)很可能影响组织认同的形成与发展。

2. 组织认同与创造力

目前，关于组织认同与创造力的研究较少，但研究者还是可以从一些相关的研究中推断出二者的关系。

从组织认同的内涵来看，员工的组织认同反映的是个体如何看待自己与组织的关系，以及个体对待组织的态度，而这些态度必然会对个体的心理和行为产生影响。已有研究表明，对组织的认同感强的个体，更容易对组织产生积极的态度；组织认同对员工的关联绩效有显著的正向预测效果。围绕组织认同与创新的关系问题，Fuller et al.（2006）的研究指出，组织成员对组织的认同程度越高，他们越可能在工作中提出自己的见解和建议；而提建议的过程有利于员工产生创新性想法。Lipponen et al.（2008）的研究也表明，员工对组织的认同程度越高，越容易产生一些创造性的想法。综合前人的研究成果，Hirst et al.（2009）强调指出，员工对组织的认同感一方面激发了个体参与创新活动的积极性，更重要的是还能培养个体对从事创新性活动的潜在兴趣。在团队层面，组织认同有利于形成高质量的员工关系，以及较高团队凝聚力，并最终提升整个团队的创新绩效。

基于以上分析可知，社会关系网络结构是组织认同信息产生和传递的重要渠道，而组织认同水平的提升不仅有利于增强员工的创新意识，而且能够增进整个团队的凝聚力。基于此，本书提出如下研究假设：

假设 5a：组织认同在网络强度与个体创造力关系间起到中介作用。
假设 5b：组织认同在网络密度与个体创造力关系间起到中介作用。
假设 5c：组织认同在网络中心性与个体创造力关系间起到中介作用。
假设 5d：组织认同在网络异质性与个体创造力关系间起到中介作用。
假设 7a：组织认同在团队网络强度与团队创造力关系间起到中介作用。
假设 7b：组织认同在团队网络密度与团队创造力关系间起到中介作用。
假设 7c：组织认同在团队网络中心性与团队创造力关系间起到中介作用。
假设 7d：组织认同在团队网络异质性与团队创造力关系间起到中介作用。

（五）与创造力相关的中国文化倾向的跨层次调节影响（个体与团队交互层面）

伴随跨文化研究的深入，一些学者开始关注不同文化情境与创造力之间的交互关系。例如，Hornsey，Jetten，McAuliffe & Hogg（2006）和 Kwang Ng（2003）的研究指出，集体主义文化特征通常会妨碍创造力的产生和发展。然而，杜旌和王丹妮（2009）以中国文化为背景的研究则发现，当员工与组织环境相匹配时，集体主义价值观对创造力具有间接的积极作用。

通过文献梳理发现，有关中国文化情境与创造力的研究呈现如下特征：① 以往关于中国本土文化情境的研究较为零散且缺少一个整体的文化研究框架，这就导致有关中国文化情境特征与创造力关系的研究多数都停留在理论探讨和质性分析层面；② 在为数不多的探讨两者关系的实证研究中，多数学者仅选取“集体主义/个人主义”单一维度来测量中国文化情境，未能全面涵盖中国文化情境的整体特征；③ 以往研究集中于考察中国文化情境和创造力的直接关系，而忽视了文化情境与个体特征的交互作用，尤其缺少跨层次的交互影响模型。因而，采用实证研究方法，探讨中国文化情境对创造力的影响路径非常必要。

关于文化情境对个体创造力的作用方式，Woodman 等人提出的创造力交互作用模型为本书提供了逻辑思路。他们的研究指出，个人创造力同时受到个性特征和情境因素的影响，两者的交互作用促进或抑制创造力的产生。沿着这一思路，越来越多的学者开始关注个体与情境交互作用对创造力的影响(George & Zhou，2001；Hirst et al.，2009)。Csikxzentmihalyi(1999)的研究更明确指出，文化是一种隐蔽的“潜规则”，这一“潜规则”可能通过与个体特质的互动而促进或抑制创造性的发挥。

因此，本书试图通过在团队层面的中国文化倾向特征(即团队内多数成员所共享的关于中国文化的整体倾向趋势)来考察中国文化情境下社会网络对个体及团队创造力的多层次影响。在个体层面，主要考察中国文化倾向(团队层次)对社会网络与个体创造力(个体层次)之间关系的跨层次调节作用；在团队层面，考察团队层次的中国文化倾向是否会在同一层次调节团队社会网络与团队创造力间的关系。本书第四章(与创造力相关的中国文化倾向特征模型建构及验证)的研究结论表明，中国文化倾向特征包括面子倾向、人情倾向、和谐倾向及差序倾向。

1. 面子倾向在社会网络结构与个体创造力之间的跨层次调节作用

最早提出华人脸面观之文化根源的是德国传教士卫礼贤。他认为，儒家思想是中国人性格的文化根源，孔子重视和谐的思想，促使中国人在社会秩序中争取他们所应得的，放弃他们得不到的，因此产生了“爱面子”“给面子”等现象。已有研究表明：在中国的社会群体中，面子的产生和运作通常是群体规范的重要组成部分；群体成员之间是否普遍存在“讲面子”“互送面子”“碍于面子”等现象，在一定程度可以认为是群体规范和群体文化的表现。金耀基(2006)的研究指出，中国人的面子是与“上下关系”及“亲近他人”紧密联结的，而且人们对面子的感知情况会影响其个人的心理和行为过程。黄光国(2010)的研究更一针见血地指出,群体规范中是否存在明显的面子文化和面子运作,对个体成员的心理和行为过程具有潜在的影响。

尽管目前探讨面子倾向、社会网络与创造力关系的研究较少,一些相关的研究还是为我们提供了逻辑启发。例如,翟学伟(2010)的研究表明,面子运作离不开社会关系网络,二者彼此联系且相互作用,共同影响着中国人的社会互动行为。边燕杰(2011)的研究也指出,在讲求"人情"与"面子"的群体中,个体通过强关系可以获得更多的"特殊帮助"而不仅仅是信息资源,这将更有利于个体的发展。围绕网络中心性与个体行为之间的作用关系,Sparrowe(2001)的研究发现,处在咨询网络中心位置的员工能够积累更多的知识,进而有利于他们提高绩效水平。在富于面子倾向的中国文化情境下,由于面子具有"互赠"性,处于中心位置的人能获得更多的"面子"以及由"面子"带来的利益(如他人"碍于面子"不得不分享一些关键信息给关键人物),这将更有利于个体提升自己的能力和绩效水平。此外,Cummings(2004)的研究强调,异质性的网络结构能够促进信息整合以及"彼此间的相互挑战",从而激发创造性的思考过程。然而,在"维护面子"与"怕丢面子"的文化情境下,过高的异质性往往会导致意见冲突。基于"看面子"的目的,个体成员可能会为了避免冲突而隐藏真实想法,从而降低产生"思想碰撞"的可能性,并最终影响创造性想法的产生。

在笔者对个体员工的访谈以及焦点小组访谈中,也有员工表示:面子倾向的强弱,以及自己拥有的社会关系结构会影响创造力的水平。

"我们同事之间比较在乎'面子',我在同事之间有比较多的'铁关系',大家会更多地'给面子',将一些新知识和信息告诉我,这有利于我开展工作。"

"我在研发项目组待的时间比较长,有比较多的关系,但维护这些关系需要花费大量的时间和精力,这让我有时候不能专注于本职工作。"

"在我们团队中,同事之间都会互相照顾对方的面子;由于我是大家联系的'桥梁',平时大家有什么新想法通常都会和我交流;即使有一些对方不愿意公开的知识,他们碍于'面子'也会和我分享,这些给我提供了很多的创新思路。"

“我们同事之间在知识结构、能力、性格等方面有较大的不同，如此‘多元化’的组成本应有利于大家之间取长补短；但是，大家往往碍于‘面子’，怕‘丢面子’，彼此之间充分讨论且‘不耻下问’的机会并不是很多。”

基于以上分析，本书认为，面子倾向是影响社会网络结构与个体创造力之间关系的重要情境变量，故提出以下假设：

假设 8a：面子倾向在网络强度与个体创造力之间起到调节作用；在高面子倾向情境下，网络强度与个体创造力正向相关；在低面子倾向情境下，网络强度与个体创造力呈现倒 U 型关系。

假设 8b：面子倾向在网络密度与个体创造力之间起到调节作用；在高面子倾向情境下，网络密度与个体创造力正向相关；在低面子倾向情境下，网络密度与个体创造力呈现倒 U 型关系。

假设 8c：面子倾向正向调节网络中心性与个体创造力之间的关系。

假设 8d：面子倾向负向调节网络异质性与个体创造力之间的关系。

2. 人情倾向在社会网络结构与个体创造力之间的跨层次调节作用

社会交换理论认为，人际互动本身就是一种交换行为，其目的是通过交换获得自己需要的价值。台湾学者金耀基(2006)从两个方面解释了人情的内涵。首先，“人情”是指人与人进行社会交换时，可以用来馈赠对方一种资源。在华人社会中，别人有难时给予帮助叫做“送人情”，对方接受帮助叫做“欠人情”。其次，人情是指中国社会中人与人应该如何相处的社会规范，包括“互送人情”、“施以恩情”、“回报人情”等。

由以上定义可知，“人情”作为一种社会资源在社会成员之间传递。同时，资源流动过程必须要有传递的“渠道”，而社会关系网络就是人情交换的天然渠道。翟学伟(1994)的研究表明，在血缘关系、朋友关系等紧密的联系中，“人情交换”规则可能发挥更为重要的作用。黄光国(2010)的研究进一步指出，在讲求“人情”的环境中，交流频繁且富于情感依赖的强关系更符合人情倾向的交互规则。同时，从个体与环境匹配的角度来看，富于强联系的个体特征与人情倾向较强的组织环境更容易达到相互匹配的状态，并最终促进个体与组织的共同发展。有关网络中心性的研究指出，信息和知识等资源通过社会网络渠道进行传递、借用和转移，占据中心位置的个体可以获得更多的资源。在中国文化情境下，处于中心位置的个体不仅能够获得信息和知识等普通资源，而且能够通过优势位置获得更多的“人情”资源；而这些“人情”资源往往能在面临困难的关键时刻起到更重要的作用。在网络异质性与创造力关系方面，Pelled et al. (1999)的研究表明，当个体处在异质性较高的社会网络内，成员之间所拥有的多样化和互补性的知识、技能、专长等要素，将为其提升创造力提供有利条件。在讲求“互送人情”的文化倾向中，个体成员会因为“还人情”“回报恩情”等原因给予对方更多的多样化和互补性的知识，这将更有利于对方获得异质性信息进而产生创造性想法。

在笔者对个体员工的访谈以及焦点小组访谈中，也有员工表示：人情倾向的强弱，以及自己拥有的社会关系结构会影响创造力的水平。

“我们同事之间比较在乎‘人情互报’，如果在同事之间有比较多的‘深交情’，将方便获得更多和更关键的资源；尤其是在关键时刻，别人‘还我人情’往往可以帮助我突破技术难题。”

“我在单位的关系网比较广，在同事中属于‘核心’人物，加之我们单位的‘人情味’比较浓；因此，我有更多的机会接触到不同的信息；同事有时候为了还我‘人情’，会把他们私人的‘独门秘笈’告诉我，这对我工作的帮助很大。”

“我们同事之间比较‘随意’，没有那么多‘人情’的束缚；因此，即使你的关系网络比较广，大家也未必就买你的账；相比投入过多精力去搞关系，还不如多学习提高自己的业务和创新能力。”

“我们团队的人情气氛不是很浓，彼此之间交情都不够深；所以，虽然我在同事中间算是活跃的‘中间分子’，但从同事那里获得的与工作相关的关键信息和知识并不多，对我工作的帮助也不太明显。”

“我们同事之间在能力和性格方面的差别较大，这可能会引发一些不同的意见；但大家平时‘投桃报李’‘讲人情’的倾向还是能够使彼此‘互通有无’并共同发展。”

基于以上分析，本书认为，人情倾向是影响社会网络结构与个体创造力之间关系的重要情境变量，故提出以下假设：

假设 9a：人情倾向在网络强度与个体创造力之间起到调节作用；在高人情倾向情境下，网络强度与个体创造力正向相关；在低人情倾向情境下，网络强度与个体创造力呈现倒 U 型关系。

假设 9b：人情倾向在网络密度与个体创造力之间起到调节作用；在高人情倾向情境下，网络密度与个体创造力正向相关；在低人情倾向情境下，网络密度与个体创造力呈现倒 U 型关系。

假设 9c：人情倾向正向调节网络中心性与个体创造力之间的关系。

假设 9d：人情倾向正向调节网络异质性与个体创造力之间的关系。

3. 和谐倾向在社会网络结构与个体创造力之间的跨层次调节作用

席酉民和尚玉钒(2002)的研究指出，“和”是人及人群的观念、行为在组织中的“合意”的“嵌入”；而“谐”是指一切物要素在组织中的“合理”的“投入”。“和谐”并不仅仅是表面的一团和气，而是更强调“和而不同”，更关注“协调发展”。

Huang(1997)的研究指出，在真正和谐的情况下，人们以积极的观点看待对方，在相互交流时表现得主动，体现出更多的信任与支持。也就是说，在真正和谐的倾向下，人们倾向于“彼此畅所欲言，无所顾忌，不需防卫且能深入沟通”。已有研究指出：在高和谐倾向下，人们之间多采用合作性沟通方式；而合作性沟通往往又会促使问题的解决，产生积极的效果并激发创造力。Lovelace，Shapiro & Weingart(2001)的研究也指出：个体间合作性沟通越强，对他人需求的反映就越积极，信息的交换就越多，越能够刺激创意的产生。由以上分析可知：当个体身处高度“和谐”的倾向下，人际关系网络所起到的正面效应就越明显；如果个体拥有更多的关系渠道，占据更关键的网络位置，往往能带来“借力打力”的效果，获得更多的信息和知识资源。同时，和谐所强调的“和而不同”以及“真诚相待”的处事理念，可以在一定程度上缓解由于背景差异、性格不同、意见不合等所带来的负面影响，使得沟通更为顺畅和有效。

在笔者对个体员工的访谈以及焦点小组访谈中，也有员工表示：和谐倾向的强弱，以及自己拥有的社会关系结构会影响创造力的水平。

“我们同事之间的关系比较紧张或者说‘不太和谐’，因此，如果一个人过于热衷于搞关系，往往会引起大家的反感，被认为是‘不务正业’或‘马屁精’。”

“在平时工作中，轻松‘和谐’的人际环境能让我有更高的工作效率；同时，由于我比较善于和别人建立关系，因而更能‘如鱼得水’，从人际交往中获得更多有价值的信息和资源。”

“我们团队的人际关系比较‘和谐’，同时，由于我私下人际关系中算是‘灵魂’人物，所以更能够吸收大家的优势‘博采众长’，提高自己的业务水平。”

“尽管我们同事之间的性格和背景有差别，但大家本着‘和而不同’的观念，彼此真诚地讨论和协调，这对大家提出新想法非常有帮助。”

基于以上分析，本书认为，和谐倾向是影响社会网络结构与个体创造力之间关系的重要情境变量，故提出以下假设：

假设 10a：和谐倾向在网络强度与个体创造力之间起到调节作用；在高和谐倾向情境下，网络强度与个体创造力正向相关；在低和谐倾向情境下，网络强度与个体创造力呈现倒 U 型关系。

假设 10b：和谐倾向在网络密度与个体创造力之间起到调节作用；在高和谐倾向情境下，网络密度与个体创造力正向相关；在低和谐倾向情境下，网络密度与个体创造力呈现倒 U 型关系。

假设 10c：和谐倾向正向调节网络中心性与个体创造力之间的关系。

假设 10d：和谐倾向正向调节网络异质性与个体创造力之间的关系。

4. 差序倾向在社会网络结构与个体创造力之间的跨层次调节作用

黄光国(1988)的研究指出：差序格局实际上是以某个特定的个体为中心，并在此基础上形成的一种“亲疏有别”的人际关系结构，具有排他性和“圈子”特征。在差序格局与资源分配方面，黄光国(1988)则进一步指出，资源分配者会首先评估对方与自己的关系类型与质量，而后根据不同关系采取不同的交换与应对规则；差序格局通常会形成利益上“公”、“私”不分，行为上内外有别，对圈内人讲仁义、尽义务，对无关的圈外人，则循礼而讲利。

以往研究表明，差序倾向对个体行为、人际互动规则以及工作团队的绩效有着显著的影响（刘军等，2009；刘增合，2000）。尽管目前还没有专门探讨差序倾向、社会网络与创造力的研究，但一些相关成果还是为研究者的逻辑推理提供了重要依据。例如，郑伯埙（1995）的研究表明，差序格局是“由内而外”“由强至弱”“由亲至疏”的关系结构，越靠近中心，彼此之间关系越强，密度越高；越远离中心，关系越弱，联系越稀疏。Dawes，Lee & Dowling（1998）的研究指出：居于中心位置的关键人物往往拥有更高的资源控制权力。在以往研究的基础上，翟学伟（2009）从动态的视角对差序倾向进行了新的解释：当群体规范遵从差序规则时，拥有更强的社会关系的个体通常更容易进入差序格局的“内圈”，从而获得更多的社会资源；也就是说，在高差序倾向环境下，强关系和紧密的关系能够发挥更大的功效，使得拥有它的个体获得更多乃至更关键的社会资源。因而，当群体成员越是认同“亲疏有别”的差序观念时，占据中心位置的个体越能够凭借其位置优势而获得更多的资源和权力。在异质性与创造力关系方面，Granovetter（1973）的研究认为，对于个体所建立的网络关系而言，其异质性越高将越有助于获得独特的信息和资源。然而，在较高的差序倾向下，资源与权力往往集中于少数核心人手中（通常是领导）；个体如果与核心人物的差异性过大，则不利于获得核心人物的认同或进入领导“圈子”，进而失去一些资源和机会。此外，在较高的差序环境下，不同“圈子”成员之间的利益阻碍会带来较多的“意见摩擦”，这往往会降低网络异质性所带来的正面效果。

在笔者对个体员工的访谈以及焦点小组访谈中，也有员工表示：差序倾向的强弱，以及自己拥有的社会关系结构会影响创造力的水平。

> “我们同事在晋升、培训等方面有相对公平的标准，因此，投入过多的精力去‘拉关系’可能会分散精力，得不偿失；但是，适度地和同事搞好关系，方便大家彼此之间交流想法，有助于创新想法的产生。”
>
> “在我们团队中，一些人拼命往‘领导私人圈子’里面挤；尽管我对这种行为不太赞同，但是他们确实凭借和核心人物的关系，获得了更多业务培训机会，这使他们变得更优秀。”

> “我们同事当中，一些人为了和领导有共同的话题，特意去学习领导喜欢的桥牌；由于我对桥牌不感兴趣，经常被领导视为‘另类’，当有晋升和培训机会时，领导往往会首先想到和他有类似爱好的人。”

基于以上分析，本书认为，差序倾向是影响社会网络结构与个体创造力之间关系的重要情境变量，故提出以下假设：

假设 11a：差序倾向在网络强度与个体创造力之间起到调节作用；在高差序倾向情境下，网络强度与个体创造力正向相关；在低差序倾向情境下，网络强度与个体创造力呈现倒 U 型关系。

假设 11b：差序倾向在网络密度与个体创造力之间起到调节作用；在高差序倾向情境下，网络密度与个体创造力正向相关；在低差序倾向情境下，网络密度与个体创造力呈现倒 U 型关系。

假设 11c：差序倾向正向调节网络中心性与个体创造力之间的关系。

假设 11d：差序倾向负向调节网络异质性与个体创造力之间的关系。

（六）与创造力相关的中国文化倾向在团队层次的调节影响

多层次研究理论指出，组织包含多个彼此镶嵌的子系统，一个层次的现象会受到其他层次因素的影响。如果研究者忽视不同层次因素的作用，既会削弱理论的解释力，又会降低研究结果的外部效度。由于本书涉及团队及个体两个层面的创造力，因而在探究了中国文化倾向（团队层次）对社会网络与个体创造力间关系的跨层次调节作用之后，需要进一步考察团队层次的中国文化倾向（即团队内多数成员所共享的关于中国文化的整体倾向趋势）是否会在同一层次调节团队社会网络与团队创造力之间的关系。

1. 面子倾向在团队层次的调节作用

林语堂先生指出“在中国，‘脸面’比命运和恩惠还有力量，它是中国人调节社会交往的最细腻的标准”。对中国人而言，面子不仅是个人由于地位或资源而从他人那里获取到的尊重；更代表一种被社会认可的社会属性。Chow et al.(1999)对台湾和澳大利亚中层经理的访谈研究表明，“害怕丢面子”的顾虑会负向影响整个团队的信息共享，这将不利于团队内各种思想“碰撞火花”，进而产生新的想法。也就是说，在高面子倾向的团队中，当团队成员之间联系越密集（网络密度越高）或者强联系越多（网络强度越高）时，彼此之间的“面子顾虑”现象就越频繁，这不利于团队内部的信息交流以及充分的意见讨论，并最终损害整个团队的创新能力。此外，与个体层次的研究结论不同，团队网络中心性较高意味着团队比较集权，团队内的人主要是跟少数几个核心人物进行高强度互动，这将不利于团队整体创造力的提升。特别是在面子倾向比较凸显的团队环境中，处在边缘位置的成员基于“怕丢面子”的顾虑而不愿意向中心成员请教，故网络中心性的负向作用更为明显。

在笔者针对中国文化倾向特征与团队创造力的访谈中，也有被访者表示：整个团队面子倾向的强弱，以及团队成员之间的相互关系都会影响到团队创造力。

“我们团队的‘面子感觉’整体比较重，尽管有时候同事会因为‘给面子’而将一些信息分享给我，对我个人来说比较舒服；但是，换个角度，我感觉如果整个团队都太过顾虑面子的话，很难激发出‘讨论的面红耳赤’的深度交流机会，尤其是在大家都是很好的关系的情况下，‘互相给面子’的情况更为严重，这对于整体而言可能不是好现象。”

“在我们团队中，少数几个人交流很多，他们的专业能力也很强；作为边缘的多数人而言，我们感觉自己‘怕丢面子’，不愿意向他们请教；这样久而久之，我们大多数人都会丧失创新的积极性，认为自己被边缘化了。”

“虽然我们同事之间在教育背景、能力方面存在互补的可能性，但是，整个团队的风气不是很好；大家都害怕‘被别人笑话’，所以一般不愿意向同事请教问题。”

基于以上分析，本书认为，面子倾向是影响社会网络结构与团队创造力之间关系的重要情境变量，故提出以下假设：

假设 12a：面子倾向在团队网络强度与团队创造力之间起到调节作用；高面子倾向下，网络强度与团队创造力负向相关；低面子倾向下，网络强度与团队创造力呈现倒U型关系。

假设12b：面子倾向在团队网络密度与团队创造力之间起到调节作用；高面子倾向情境下，网络密度与创造力负向相关；低面子倾向情境下，网络密度与团队创造力呈现倒U型关系。

假设12c：面子倾向正向调节团队网络中心性与团队创造力之间的关系。

假设12d：面子倾向负向调节团队网络异质性与团队创造力之间的关系。

2. 人情倾向在团队层次的调节作用

金耀基(1988)的研究指出，人情首先作为一种社会资源在个体成员之间传递。社会资源流动过程必须要有传递的途径，而社会关系网络就是人情交换的天然“渠道”。从另一个角度来看，人情也是人与人之间相处的社会规范，其核心的内容是关于“报”的规范，即受了别人的恩惠，就是欠了别人的人情，应当想办回报。因而，在富于人情的团队环境中，团队成员之间联系越紧密(网络密度越高)或者强联系越多(网络强度越高)，人情资源在人际关系网络之间的传递也越频繁，成员之间彼此“回报人情”的现象也越凸显，这更有易于形成良好的群体关系以及高水平的群体凝聚力，进而促进团队整体绩效的提升。此外，与个体层次的研究结论不同，团队网络中心性与团队创造力负相关。当团队中人情倾向较高时，即使处在边缘位置的成员也有可能因为“互赠人情”而与中心位置的核心人物发生联系，这就有利于团队成员之间的彼此交流，进而削弱网络中心性给团队创造力带来的负面影响。同时，较高的人情倾向以及“互相回报”的人情规范，能够减弱由于背景、学历等个体差异所带来的沟通摩擦，进而增强网络异质性对创造力的正向关系。

在笔者针对中国文化倾向特征与团队创造力的访谈中，也有被访者表示：整个团队人情倾向的强弱，以及团队成员之间的相互关系都会影响到团队创造力。

“我们团队整体上是有‘人情味’的，大家互相帮忙；特别是在碰到攻坚任务时，大家能够凝成一股绳，共同完成任务。”

“我们团队同事之间联系比较紧密，也比较讲‘人情’；这样不但能使我获得更多的业务帮助，也能使大家心情愉快，更好地投入工作。”

"虽然我不在团队的核心圈子里，但有时候核心圈子的人也会为了'还我人情'，而给我讲解一些技术知识；总体上说，对于我们这些边缘的人而言，大家彼此之间讲求个'投桃报李'，让我们感觉还没有被彻底边缘化。"

"虽然我们同事之间背景差别较大，这可能导致一些小摩擦；但大家也会考虑到'人情'的关系，尽量地求同存异，发挥多元化的优势。"

基于以上分析，本书认为，人情倾向是影响社会网络结构与团队创造力之间关系的重要情境变量，故提出以下假设：

假设 13a：人情倾向在团队网络强度与团队创造力之间起到调节作用；高人情倾向情境下，网络强度与团队创造力正向相关；低人情倾向情境下，网络强度与团队创造力呈现倒 U 型关系。

假设 13b：人情倾向在团队网络密度与团队创造力之间起到调节作用；高人情倾向情境下，网络密度与团队创造力正向相关；低人情倾向情境下，网络密度与团队创造力呈现倒 U 型关系。

假设 13c：人情倾向负向调节团队网络中心性与团队创造力之间的关系。

假设 13d：人情倾向正向调节团队网络异质性与团队创造力之间的关系。

3. 和谐倾向在团队层次的调节作用

Huang(1997)的研究指出，在真正和谐的情况下，人们倾向于无所顾忌、不需防卫的深入沟通，且合作性的沟通方式占据主导地位。Leung(1997)的研究也发现，如果将人际关系和谐作为追求的目标，人们就会试图运用合作性和建设性的冲突处理方法来考虑不同的意见和争论，其结果会加强和密切人际关系并有利于提升整体绩效。因而，在追求和谐的团队倾向下，紧密的网络结构以及较多的强联系不但可以提供更多的信息和知识的交流"渠道"，而且能够通过合作性的沟通方式建立更为密切且充满信任的团队关系，这将更有利于团队创造力的提升。在网络异质性与团队创造力关系方面，Kurtzber(2005)的研究指出，团队成员之间认知能力的多样化有利于提升团队的创新绩效；但异质性也可能提高“不同意见摩擦”的可能性。有研究表明，和谐所强调合作性沟通方式，可以在一定程度上缓解由意见不合所带来的负面影响，使得沟通更为顺畅和有效。此外，由于和谐倾向强调“和而不同”与“真诚相待”的处事理念，即使身处边缘位置的成员也不会感受到强烈的“被边缘感”，这就有利于增进整个团队的交流效果，进而削弱网络中心性给团队创造力带来的负面影响。

在笔者针对中国文化倾向特征与团队创造力的访谈中，也有被访者表示：整个团队和谐倾向的强弱，以及团队成员之间的相互关系都会影响到团队创造力。

“我们团队的整体感觉不是很‘和谐’，加之大家专业背景等方面所引起的意见不同，导致我们很难‘和谐’的沟通；因而，整体团队项目的推进效率不高。”

“我们团队算是比较‘和谐’，大家之间的关系也比较紧密，经常互相讨论；我们感觉，同事之间紧密的联系不但能沟通消息和知识，更能在关键时刻‘汇聚力量’，帮助团队冲破技术难关。”

“我们整体的感觉比较舒服，大家能真诚沟通，算是真正意义上的一团和气；所以，尽管我不是团队的少数几个核心人物，但是也没有感觉自己很孤单。”

“虽然我们团队同事来自不同的专业，有时候可能意见不同；但是，整个团队气氛比较好，‘和而不同’嘛；所以，一些意见不合的小摩擦算不上什么。”

基于以上分析，本书认为，和谐倾向是影响社会网络结构与团队创造力之间关系的重要情境变量，故提出以下假设：

假设 14a：和谐倾向在团队网络强度与团队创造力之间起到调节作用；高和谐倾向情境下，网络强度与团队创造力正向相关；低和谐倾向情境下，网络强度与团队创造力呈现倒 U 型关系。

假设 14b：和谐倾向在团队网络密度与团队创造力之间起到调节作用；高和谐倾向情境下，网络密度与团队创造力正向相关；低和谐倾向情境下，网络密度与团队创造力呈现倒U型关系。

假设14c：和谐倾向负向调节团队网络中心性与团队创造力之间的关系。

假设14d：和谐倾向正向调节团队网络异质性与团队创造力之间的关系。

4. 差序倾向在团队层次的调节作用

已有研究指出，差序倾向很容易导致“圈子现象”的出现，这一现象对群体行为、团队互动及团队绩效都产生负向影响（刘军等，2009）。在团队层面，差序倾向是指团队成员围绕团队中心者（即资源掌控者）所形成的关系疏密的差异程度。差序倾向较高的团队环境，意味着不同成员从团队中心者那里得到的各类资源存在较大差异；而在差序倾向较低的团队中，这种差异则较小（赵红丹，2011）。在差序倾向较高的团队环境中，仅有少数几个人能够接近权力中心并属于“圈内人”，而多数人都有被边缘化的感觉；这种差别对待的情况，虽然能够带动团队中个别力量的工作积极性，但对大多数成员的影响效应可能是非常消极的（徐文忠，2005）。Duffy & Shaw（2000）的研究也表明，对于那些感知到差序倾向浓重的团队成员而言，彼此之间的合作会受到抑制，团队凝聚力也较弱。同时，远离权力核心的员工会对核心员工产生妒忌心理，容易产生被边缘化的感觉和对抗情绪，并最终影响团队整体绩效。彭泗清（2000）的研究从信任的角度指出，在差序倾向浓重的环境下，团队成员彼此之间的权力与地位有明显差异，这会影响人际信任，继而导致成员间的合作受到影响。因此，当面临较高的差序倾向时，尽管团队成员之间紧密的联系为信息传递提供了渠道，但同时也传递着更多的“圈子”信息，这就导致大多数非核心成员的“被边缘化感”越明显，进而降低他们的合作意向以及工作积极性。

在网络异质性与团队创造力关系方面，多元化的团队构成导致不同背景的成员之间提出更多的不同意见，进而导致出现团队摩擦的可能性增大。当面临较高的差序倾向时，团队凝聚力和合作性水平被降低，由于多元化带来的“意见摩擦”则会产生更为明显的负向效果。此外，与个体层次的研究结论不同，团队网络中心性与团队创造力负相关；在差序倾向浓厚的团队中，非核心成员往往具有强烈的“边缘感”，而差序倾向则增大了不同“圈子”之间资源分配的差距，进而加剧网络中心性对团队创造力的负向影响。

在笔者针对中国文化倾向特征与团队创造力的访谈中，也有被访者表示：

整个团队差序倾向的强弱，以及团队成员之间的相互关系都会影响到团队创造力。

> “我们团队的‘圈子’现象很明显，大家之间联系越紧密、亲密关系越多，就越容易形成不同的‘圈子’；这样大大小小的圈子，使整个团队的合作与沟通受到了阻碍，不同圈子的人似乎很难合作。”
>
> “我们领导特别关注自己‘圈子’的人，即使我表现得再好，也不一定能得到重用；所以，对于我们多数的‘圈外人’来说，对于突破技术难题或创新技术的积极性不太高。”
>
> “本来我们团队里大家的背景不同就产生了一些意见分歧，再加上有一些人属于不同的‘圈子’，所以这种分歧很难被化解，这就影响了大家之间的合作与团结。”

基于以上分析，本书认为，差序倾向是影响社会网络结构与团队创造力之间关系的重要情境变量，故提出以下假设：

假设 15a：差序倾向在网络强度与团队创造力之间起到调节作用；高差序倾向情境下，网络强度与团队创造力负向相关；低差序倾向情境下，网络强度与团队创造力呈现倒 U 型关系。

假设 15b：差序倾向在网络密度与团队创造力之间起到调节作用；高差序倾向情境下，网络密度与团队创造力负向相关；低差序倾向情境下，网络密度与团队创造力呈现倒 U 型关系。

假设 15c：差序倾向正向调节团队网络中心性与团队创造力之间的关系。

假设 15d：差序倾向负向调节团队网络异质性与团队创造力之间的关系。

第四节　中国文化情境下社会网络与创造力的动态分析框架

自 20 世纪 60 年代以来，研究组织行为的学者一直遵循“I－P－O”（input-process-output)的静态研究范式。随着研究的不断深入，已经有学者意识到，个体与环境因素之间的交互作用并非简单的“单次因果”关系，而可能存在“循环”和动态演化规律。

Ilgen et al. (2005)的研究表明，I－P－O的静态研究范式难以描绘个体与环境的动态交互过程。他们的研究将因果环形回路的构想加入传统的I－P－O模型中，提出了I－M－O－I(Input-Mediator-Output-Input)研究范式，即“输入—中介传导—输出—再输入”的循环路径。沿着这一思路，已有研究者开展了有益的探索工作。Tasa, Taggar & Seijts(2007)在分析群体效能的演化过程中，采用I－M－O－I研究范式，将前一阶段的绩效作为随后阶段的前因变量，并获得了更具解释力的结论。莫申江和谢小云(2009)基于I－M－O－I范式的研究也指出，团队学习是一种动态演进的组织行为过程，采用I－M－O－I范式来替代传统的I－P－O模型能够更好地剖析其动态属性。在创造力相关领域，Shalley & Zhou等多位学者也强调，探索创造力与相关要素的动态演化关系，将是未来深化创造力理论研究的关键步骤。

基于动态视角的ASD(adaptation-selection-development)分析框架是指，将组织行为过程分为适应(adaptation)、选择(seleetion)、发展(development)三个阶段；适应、选择和发展是行动主体与环境之间互动作用的结果，相关要素之间的作用关系在不同的阶段可能有所不同。

本书遵循I－M－O－I的动态研究范式，并借鉴ASD的演化思路，以建构“中国文化情境下社会网络与创造力的动态分析框架”(如图3.2)。其主要逻辑主线是：S(选择人际关系策略以形成社会网络结构)→D(通过知识分享和组织认同水平的提升进而形成创造力发展的条件)→A(实现更高水平的创造力)。需要说明的是，为了使整个文章的结构安排更为紧凑，关于“中国文化情境下社会网络与创造力的动态分析框架”的详细逻辑推理过程主要安排在第六章。

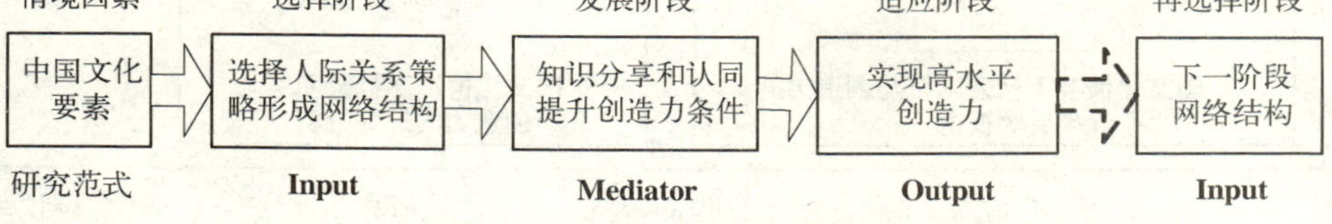

图3.2　中国文化情境下社会网络与创造力的动态分析框架

第五节 研究模型的整体框架

在快速变化的外部环境中，创造力是推动个人和团队持续发展的重要因素。跨文化的研究表明，不同的文化背景下，影响创造力的因素和作用机制可能存在差异。一些顶尖的学者也指出，由于创造力和外部环境是动态交互的，探索创造力与相关要素的动态演化关系将是未来深化创造力理论研究的关键步骤。

概括而言，本书拟解决的主要问题包括：其一，与创造力相关的中国文化情境特征的内涵及测量模型如何；其二，在个体及团队层次，社会网络影响创造力的过程机制如何，不同层次的作用路径是否存在差异；其三，中国文化情境特征对创造力的调节作用如何，不同层次之间是否存在差异；其四，中国文化情境下社会网络与创造力关系如何动态演变。针对以上问题，本书拟定的研究框架如图 3.3 所示。整体研究框架主要分为三个模块：

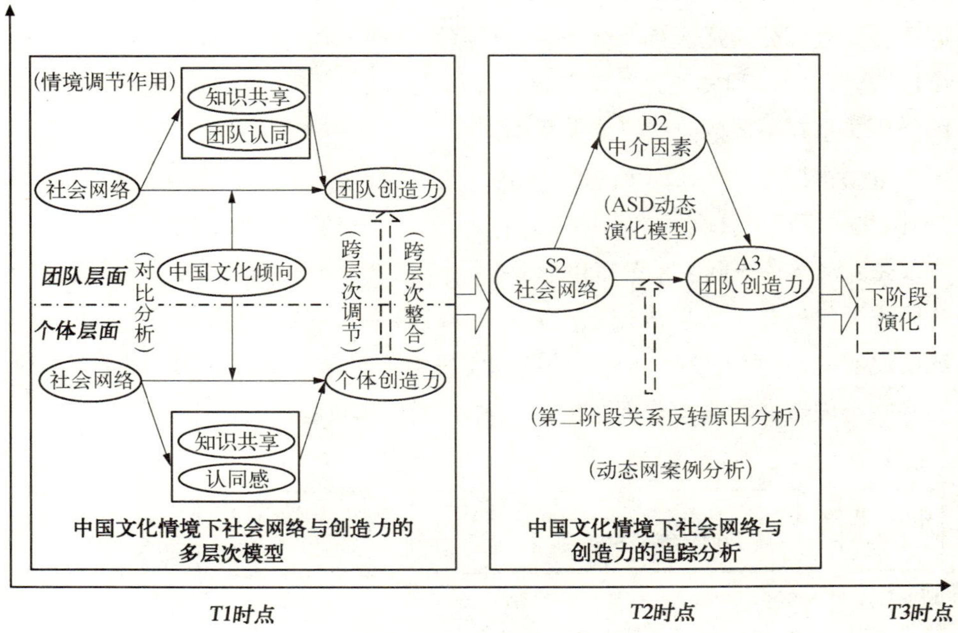

图 3.3 整体研究框架

(1) 与创造力相关的中国文化情境特征模型的结构探索。

在以往文化维度框架的基础上，结合中国本土文化中的“人情、面子、和谐、差序”等倾向，拟通过个人访谈和焦点小组访谈收集素材，并采用内容分析法以明确中国文化情境特征的内涵。而后，在深入分析中国文化情境特征的基础上，根据访谈资料开发量表，并采用预调研和正式调研数据对中国文化情境特征模型的测量量表进行实证检验。

(2) 中国文化情境下社会网络与创造力的多层次模型。

由于以往研究多数都仅从单一层面考察创造力的影响因素，这就导致不同层面影响因素之间的跨层次交互作用难以被发现，并最终影响到研究结论的准确性。本书拟采用多层次建模方法，分别从个体层面、团队层面、个体及团队交互层面开展多层次模型的建构及验证工作。其主要研究问题包括：① 分别在个体及团队层面，考察“社会网络→知识共享→个体/团队创造力”的中介路径，并对比差异；② 分别在个体及团队层面，考察中国文化特征倾向对社会网络与个体/团队创造力间关系的调节作用，并对比作用关系的差异；③ 考察个体创造力与团队创造力的关系。

(3) 中国文化情境下社会网络与创造力的追踪分析。

已有的经验研究表明，中国文化情境下社会网络与创造力之间存在静态的相关关系，但仅从静态分析视角出发，无法准确描述两者之间相互关系的动态演化规律。本书拟从 ASD 的动态演化视角出发，通过对主分析单元(团队)的追踪调查，考察中国文化情境下社会网络与创造力关系在不同阶段的变化状态；通过对次分析单元(个体)深入访谈，探究造成两者关系在第二次循环阶段发生效果反转的深层次原因。

通过对中国文化情境下社会网络与创造力动态关系的深入探讨，本书的创新之处主要体现在如下几个方面：

第一，本书在文献分析和深度访谈的基础上，通过内容分析和探索性因子分析方法开发了与创造力相关的中国文化情境测量量表，而后运用两个阶段的大样本调查数据验证了研究量表的信度和效度。其研究结论不仅丰富了创造力的跨文化研究内容，更为今后有关中国文化情境下的相关实证研究提供了可供操作的测量工具。

第二，研究者将组织认同作为中介变量引入社会网络与创造力关系的分析过程之中，突破了以往仅从知识共享视角探讨两者关系的局限。其研究结论不仅揭示了组织认同影响创造力的中介机制，更为探究创造力影响因素的“作用黑箱”提供了新的研究视角。

第三，围绕创造力研究领域的“多层次”问题，本书建构并验证了“中国文化情境下社会网络与创造力关系的多层次模型”。研究结论发现：社会网络与创造力关系在个体层次及团队层次上存在差异，与创造力相关的中国文化情境特征对两者在不同层次的调节作用也有所不同。其研究结论不仅有助于解释“为什么不同文化情境下会出现相互矛盾的研究结论”的问题，更为中国文化情境下的创造力研究提供了可供参考的多层次研究模型。

第四，在个体创造力与团队创造力关系方面，本书发现：团队创造力不单只是个体创造力的“加总平均”，其水平还与个体创造力的方差值(即个体成员创造力水平的高低差异情况)正向相关；团队内人情及和谐倾向有利于个体创造力向团队创造力的转化，而面子和差序倾向的作用效果则相反。其研究结论为理清个体与团队创造力之间的关系提供实证依据，并为探讨两者之间的转化过程提供了新的视角，即“文化情境有可能影响个体创造力向团队创造力的转化过程”。

第五，以往关于创造力的研究多数都秉承静态观点，其研究结论的稳定性难免受到质疑。本书采用多案例追踪研究和网络演化分析方法发现：社会网络与创造力关系呈现 ASD 模式的动态演化规律，但在不同的程度的中国文化倾向环境下，两者关系的演化趋势有所不同。其结论不仅有助于深入了解社会网络与创造力的动态变化规律，而且为今后创造力的相关研究提供了可供参考的动态研究框架。

综上：在对相关文献进行系统梳理的基础上，本章归纳了以往研究取得的进展和存在的不足，并以此为切入点展开本书理论模型的建构工作。具体而言：从静态关系视角，通过理论推演建构了“中国文化情境下社会网络与创造力的多层次理论模型”；基于动态研究视角，借鉴 ASD 演化思路，提出了“中国文化情境下社会网络与创造力的动态分析框架”。本章通过推演不同研究层次上相关核心变量之间的假设关系发现：社会网络与创造力关系在个体层次及团队层次可能有所差异，而中国文化倾向特征对两者在不同层次的调节作用也可能有所不同。本书的第五章和第六章将分别从静态及动态视角，围绕以上问题展开研究工作，深入探讨中国文化情境特征下社会网络与个体/团队创造力的多层次动态变化规律。

第四章

与创造力相关的中国文化情境特征模型建构及验证

从文献分析中可知，人情倾向、面子倾向、和谐倾向与差序倾向构成了中国文化情境的典型特征。然而，依据这些文化特征在中国情境下展开的创造力相关研究却十分有限。究其原因，主要是由于中国文化情境特征没有一个整体的研究框架，尤其缺少可供操作且与创造力相关的测量模型。本书试图在组织行为学领域，通过质性研究方法对（与创造力相关的）中国文化情境特征的内容和维度结构展开研究，形成研究工具并进行实证检验。

综合以往的研究发现，人情倾向、面子倾向、和谐倾向及差序倾向的文化特征不仅与 Hofstede 文化框架中的长期导向、权力距离等维度存在契合的条件，而且能够从更深的层面反映出中国文化情境的本质特征。因此，本部分目的在于：通过质性研究方法探究"人情倾向、面子倾向、和谐倾向及差序倾向"等中国文化情境特征的内涵，而后采用内容分析方法提炼其关键要素和维度，并开发出与创造力相关的中国文化情境特征的测量量表，为后续的本土研究提供支持条件。

第一节　与创造力相关的中国文化情境特征模型建构

已有学者指出，文化具有"区域相对性"，西方理论框架下的文化维度还不能直接解释中国文化所具有的特性。目前，针对中国文化情境建构特征模型的研究工作中，多数都停留定性分析的阶段，而相关的实证研究工作更为缺乏。本书拟在借鉴国外成熟文化框架的基础上，以中国文化情境作为研究对象，提炼并形成与创造力相关的中国文化情境特征模型。

一、理论拓展

回顾以往文献发现，一些学者针对中国文化情境特征提出了自己的观点，但至今仍没有达成共识(杨国枢等，2008)。林语堂先生把“人情”、“面子”与“命运”看作统治中国社会的三位女神；金耀基(1992)的研究指出，“关系、人情、面子”是分析中国社会结构的关键性的社会文化概念。台湾学者郑伯埙(1999)依据人际关系理论，编制出中国社会文化测量的量表，并提炼出恩义取向、家族主义、权威取向、人情取向、他人取向五个维度。王霄等人(2005)在前人基础上强调，华人文化结构呈现三个突出特征，即和谐观、群体观与等级观。

以往关于中国文化情境特征的论述中，要么从互动规则的角度，强调“人情倾向和面子倾向”的重要性；要么从互动目标的角度强调追求“和谐”的重要性。然而，这些观点通常仅关注了中国文化情境的某个方面的特征，缺乏整体的研究思路。然而，中国文化博大精深且内涵丰富，如果想从总体上概括它的基本特征就必须首先确定其研究范围，否则将只能停留在空泛和定性描述的层面。由于本书关注的焦点是个体及团队创造力，故而通过梳理与创造力相关的中国文化情境的研究文献发现，重面子、讲人情、追求和谐及差序倾向分别从互动规则、互动目标这两个方面综合反映了中国文化情境的基本特征。

“人情”指包含血缘关系和伦理思想而延伸的人际交换行为，此种人际交换具有“非等值性、长期性和连续性”，并循环往复使得人情法则不断发生作用。中国人的人情交换通常分为三种类型：其一，指一般性的礼尚往来，通过互相走动、请客或过节时的送礼行为实现；其二，指有目的“送人情”行为，以期在未来获得“反馈性的人情回报”；其三，指在关键时刻对他人“施以恩情”，这三类人情行为都具有典型的情感成分和回报义务。已有的面子定义可以归纳为两类：一类定义关注面子的心理学意义，认为面子是根据他人评价而形成的自我意象；另一类则侧重面子的社会互动价值，将其视为一种社会尊重和声望。其中，基于心理过程角度研究面子的学者们认为，面子是一种以被认可的社会属性加以描画的自我心像；而从社会互动价值角度定义面子的学者们则认为，面子是个人由于地位或资源而从他人那里获取到的尊重和顺从。在人际和谐的维度方面，一些学者提出两维度的观点。Huang(1998)的研究指出，和谐分为表面和谐与真正和谐，前者指整体的真诚关系，而后者则指表面关系是平静的，却暗含“冲突”。在真正和谐的情况下，人们以积极的观点看待对方，在相互交流时表现得主动，体现出真诚、信任和支持。而在表面和谐情况下，则是用消极的观点看待对方之间的关系，通常采取谨慎、被动的行为。本书认为，表面和谐并非真正的和谐倾向，在某种程度上，仅仅是人际交往中社会成员相互“给面子”的外在表现。差序格局是指：中国人以“己”为中心，像石子一般投入水中；与他人所联系成的社会关系像水的波纹一般，一圈圈推出去，群体内人员的关系并不在一个平面上；在这种富于伸缩性的网络里，随时随地是有一个“己”作为中心的，这并不是个人主义，而是自我主义。在团队层面，差序倾向是指团队成员围绕团队中心者(即资源掌控者)所形成的关系疏密的差异程度；差序倾向较高的团队环境意味着，不同成员从团队中心者那里得到的各类资源存在较大差异；而在差序倾向较低的团队中这种差异则较小。

此外，关于人情、面子、和谐及差序倾向的内涵以及与中国文化情境相关的详细研究总结，请参见第二章。为了更准确地探究与创造力相关的中国文化情境特征，本书的深度访谈和焦点小组访谈提纲也都围绕与创造力相关的文化情境特征展开，并尽量避免空泛地访谈中国文化的宏观内涵。基于上述分析，本书提出如下命题：

与创造力相关的中国文化情境特征包含四个维度，即面子倾向、人情倾向、和谐倾向与差序倾向。

二、研究方法

1. 半结构化访谈

本部分的主要目的是探索中国文化情境的基本特征，这就需要对中国文化情境进行深度剖析，因而适合采用深度访谈方法开展探索性的质性研究。董奇(1992)的研究也指出，深度访谈方法(in-depth interview method)是从访谈获得的经验资料中挖掘关系，从而得出构思和理论。深度访谈通常分为结构化、半结构化、非结构化三类(陈向明，2000)，其中，半结构化访谈是一种按照笼统的提纲进行的访谈。半结构化访谈既有一定的结构性，可以保证访谈议题相对集中；又具有灵活性，可以加深对问题的了解和认识或发现潜在性问题。

2. 焦点小组访谈(focus group methodology)

由于与创造力相关的中国文化情境特征不仅涉及单独个体的认知，更涉及人与人之间的互动情况，故有必要观察不同个体间的相互对话和互动行为。为了深度剖析中国文化情境特征，本书在深度访谈的基础上，辅之以焦点访谈的方法，对提炼出的信息加以确认。焦点小组方法也可以称之为小组深度访谈，是一种充分利用群体情景的访谈技术(Fontana & Frey, 1994)。Hartman(2004)强调，焦点小组通过鼓励被访者之间进行互动讨论和信息共享，激发了小组成员的潜在认知和内隐知识，从而使研究者能够获得比个体访谈更为丰富、新颖和具有深度的研究数据(Morgan, 1998)。

3. 内容分析法(content analysis)

在半结构化访谈和焦点小组访谈的基础上，本书采用内容分析法对访谈材料进行了更加细致深入的分析与提炼(邱均平，邹菲，2003)。内容分析技术是通过定量的方法来分析定性问题，以材料内容“量”的变化来推论“质”的变化(杨国枢等，2006)。内容分析通常分为质性内容分析、量化内容分析和计算机辅助内容分析三类。而在实际操作时一般会结合各种分析方法的优势综合使用。在研究流程方面，内容分析一般遵循以下步骤，即资料获取、编码过程、信效度检验和数据分析等(Bos & Trnai, 1999)。

三、研究流程

(一) 访谈对象

第一阶段访谈于 2010 年 6 月开始，接受访谈的个体样本来自上海的两家企业，参与半结构化深度访谈的人数共计 9 人，其中有部分成员也参与了焦点问题小组访谈。在焦点小组访谈阶段，共开展了 3 次小组访谈，每次时长约为 1.2 小时，平均参与人数为 5 人。同时，为了让被访者减少思想负担，每次访谈开始之前，研究者都会说明访谈的研究性目的。在征得受访者同意后，我们对访谈内容进行了文字记录和录音记录。访谈样本情况详见表 4.1。

表 4.1　访谈样本基本情况

编　号	性　别	年　龄	学　历	工作部门	本单位工作时间
1	女	47	大专	中层管理	3 年
2	男	35	本科	生产部门	2 年
3	女	33	大专	行政部门	1 年
4	男	36	硕士	研发部门	2 年
5	女	31	本科	研发部门	1 年
6	男	28	本科	生产部门	2 年
7	男	34	硕士	研发部门	2 年
8	男	46	中专	中层管理	4 年
9	男	25	本科	生产部门	1 年

注：工作时间以四舍五入计入

（二）研究过程

在文献分析及理论推导的基础上，初步确认了与创造力相关的中国文化情境特征的四维度，即人情倾向、面子倾向、和谐与差序倾向。因此，半结构访谈提纲主要围绕这四个方面展开，但并不排除其他方面的信息。主要研究过程如下：

（1）依据半结构化访谈提纲的设计要求，初步访谈提纲的主要内容如下：

- 请您用 10 个以内的词来形容一下您对中国文化的理解。
  （重点描述您认为与创造力相关的中国文化特征）
- 在需要创新能力的工作中，您认为您提到的中国文化特征是否会影响您的创新能力，或者您与同事之间的人际关系？
  （请您适当举出 1—2 个例子）
- 请谈一下您对人情倾向、面子倾向与和谐倾向的理解。
  （如果被访者不理解概念，可以适当介绍）
- 您所在的团队中，领导在对待不同下属的待遇、升迁方面其标准是否有所差异；领导与特定成员是否存在“圈子”现象；是否有少数下属能在公事上充当领导的左右手而获得领导的特殊关照？还存在其他类似的现象吗？
  （由于差序格局的概念不容易理解，所以将概念的内涵拆开来提问）

- 在您所在的团队中，人情、面子、和谐与差序等（可以结合第一题中出现频率高的其他词汇补充）的倾向是大家公认的处事原则吗？为什么？（请您适当举出1—2个例子）
- 如果您的主管让您负责一项具有开创性的工作，并且您可以从多个团队中选择。您是否愿意选择富于人情、面子、和谐倾向的团队？为什么？

为了更准确地探究与创造力相关的中国文化情境特征，本书的深度访谈和焦点小组访谈提纲都围绕与创造力相关的文化情境特征展开，尽量避免使被访者空泛地谈中国文化的宏观内涵。第一个问题的目的是使访谈对象进入访谈主题，让他们从与创造力相关的中国文化倾向的角度去谈自己的理解。通过第一个问题，研究者可以大致了解被访者对中国文化情境特征的理解，并可以归纳整理出可以代表与创造力相关的中国文化特征的多个关键维度。基于前一个问题，第二个问题旨在了解中国文化倾向在企业中，是否属于普遍存在的现象，是否影响到员工的创新能力。第三至五个问题的目的是，挖掘被访者对于人情倾向、面子倾向、和谐倾向、差序倾向等中国文化情境特征的更深层次、更丰富的理解，为建立编码表提供丰富的依据。第六个提问属于引申性的问题，关注被访者对中国文化潜在影响创新行为的积极或消极看法，这将为我们探究“中国文化倾向特征与创造力关系”提供最为前端和丰富的访谈信息。

（2）针对个体半结构化访谈资料，采用内容分析方法提取初步的特征类目。

（3）整理汇总个体访谈中提取的中国文化情境要素特征类目，并放入焦点小组访谈中加以充分讨论和验证。

（4）将个体访谈和焦点小组访谈的信息综合分析，最终完成与创造力相关的中国文化情境特征模型的建构工作。

第二节　质性资料分析

由于本部分的目的在于提取与创造力相关的中国文化情境特征的条目，故采用量化内容分析方法。依据 Morris(1994)提出的量化性内容分析流程,遵循以下几个步骤展开对质性资料的分析,即提出研究问题,确定研究范围,选择分析单元,建立分析的类目,建立量化系统,进行内容编码,分析数据资料,解释结论,信度和效度检验。

一、构建编码表

在量化性内容分析中,构建和编制编码表是整个分析过程的重要环节。本部分选用理论驱动的编码方法,在基于研究问题和相关理论的基础上,并结合访谈结果,构建了与创造力相关的中国文化情境特征的初步编码类目。而后,通过部分访谈材料的预编码对编码分类系统进行了调整和修正,并形成最终的编码分类系统。最终编码分类系统包含四个类目,即面子倾向、人情倾向、和谐倾向、差序倾向,各个特征倾向类别的基本语义详见表 4.2。

表 4.2 与创造力相关的中国文化情境特征编码表

特征倾向	语义特征描述
面子倾向	面子就是别人对自己能力等方面的认可
	为了有面子,一些人会不自量力甚至“打肿脸充胖子”
	面子可以看作别人对自己的尊重
	大多数人都担心自己没面子
人情倾向	同事送我人情,我也会还他一个人情
	我给了别人方便,我希望对方将来也回报我人情
	关键时候送人情给别人,也是一种长期投资
	我和同事之间是礼尚往来,大家互相帮忙
和谐倾向	和他人和谐交往,能防止他们将来给我制造麻烦
	为了避免将来遇到尴尬,一般不应该破坏和他人的和谐关系
	为了保持和谐,在处理问题时可能需要放弃自己的观点
	与他人和谐相处是一个成功者必须具备的素质
	耐性和愿意忍让是有修养的表现
	家和万事兴,维持大家的和谐非常重要
	维持和睦的人际关系可以使身心愉快

续表

特征倾向	语义特征描述
和谐倾向	凡事都维持人际和谐可能造成掩盖问题,并得不到妥善解决
	追求和谐的人有时候可能变得很虚伪
	大家都追求和谐经常会使错误得不到改正
差序倾向	有个别下属与领导接触频繁
	领导有特别信任的下属
	领导和我不是一个圈子的人
	同事之间在升迁、待遇方面有潜在的不同的判断标准
	有一些下属会越权处理一些领导的事务
	有一些下属特别能够帮上领导的忙,替领导完成不少工作

二、编码的信度和效度检验

以往研究认为,定量的内容分析技术需要选择大于或等于 2 人进行编码(Kolbe & Bumett, 1991)。本书共有三位编码人员,包括管理学博士 1 名,信息科学博士 1 名,工商管理学教师 1 名(此人具有 6 年企业工作经历)。在编码前,编码人员熟悉了编码方法的相关流程。整个编码过程分为两个阶段:第一阶段,三位编码人员在一起工作,本书作者对编码中的技术问题和概念界定进行解释与回答;第二阶段,各自分别编码,以保证互不干扰且独立的编码过程。

1. 信度检验

通常在数据分析之前需要考察信度,而内容分析的信度是指不同的编码员利用类目与分析单元将内容归入相同类目中,其所得结果的一致性程度(Weber, 1985)。一致性越高,内容分析的信度越高,分析越精确客观(Chan, 1998)。为了提高内容分析的信度,在对数据进行编码分析以前,需要先在样本中选取部分数据作前测信度的检验(李本乾,2000)。本书从所有资料中随机抽取 7 份资料作为前测样本,由三位编码员按照编码说明依次进行编码。将三位编码员所得的前测编码结果,依据 Holsti 提出的内容分析法相互同意度及信度公式进行计算,公式如下所示:

$$R=\frac{n\times\overline{K}}{1+(n-1)\times\overline{K}} \tag{4.1}$$

$$K_{ij}=\frac{2M}{N_i+N_j} \tag{4.2}$$

其中，R 为分析者信度；n 为参与编码人员的数量；$\overline{K}$ 为编码人员平均相互同意度；K_{ij} 为编码人员 i 与 j 的相互同意度；M 为编码人员 i 与 j 意见一致的项数；N_i 为编码人员 i 做出分析的总项数；N_i 为编码人员 j 做出分析的总项数。依据以上公式计算得出内容分析的一致性信度，如表 4.3 所示：

$$\overline{K}=\frac{2\sum_{i=1}^{n}\sum_{j=1}^{n}K_{ij}}{n\times(n-1)}(i\neq j), \tag{4.3}$$

表 4.3　编码一致性系数表

维　　度	人情倾向	面子倾向	和谐倾向	差序倾向	其他特征
一致性系数	0.83	0.87	0.91	0.89	0.00

多数学者认为，内容分析编码一致性系数在 0.8 以上为可接受水平（颜士梅，2008）。本书编码的各维度一致性系数均达到可以接受水平，平均的 $\overline{K}$ 也大于 0.83。因此，本书后续的研究分析以三名编码者的共同编码结果作为数据来源，编码者针对每一份数据资料进行分析，在编码表上对应类目字段进行标记。当编码员意见有歧义时，必须进行讨论，以三人共同意见作为编码结果。

2. *效度检验*

编码效度反映的是编码子条目在多大程度上代表了对象的真实含义。在内容分析中，通常运用内容效度（Conient Validity），以评价由概念到指标的推演是否符合逻辑（袁方，1997）；即内容效度反映了某个内容类别的编码单元能够表达该类别内涵的程度（孟晓斌，2008）。本部分通过计算内容效度比（Conient Validity Ratio，CVR）来检验编码结果的效度。其计算公式如下：

$$CVR=\frac{ne-N/2}{N/2} \tag{4.4}$$

在公式中，ne 表示认为某个编码项目能够很好地反映内容分类内涵的编码者人数；N 表示编码者总人数。当 CVR 值为正时则表示认为归类适当的人数超过一半；当 CVR 值为负时，则认为该项目归类适当的编码者未超过半数；当 CVR 为零时，表示认为归类适当和不适当的人数相等（王重鸣，1990）。根据上述方法，本书计算了三位编码者独立编码的 CVR 值。其中，有 91%编码单元的 CVR 值在 0.8 至 1 之间，有 5%编码单元的 CVR 值在 0.5 至 0.8 之间，表明编码结果的内容效度较为理想。此外，笔者邀请了其他研究团队的研究人员对类目构建和编码过程进行了评审和改进，使得编码结果具有比较合理的表面效度和内容效度。

三、结果讨论

与创造力相关的中国文化情境特征的编码统计结果如表 4.4 所示。访谈材料中，提及率最高的特征维度是人情倾向和面子倾向，两者出现的频率都超过 30%，总出现频率近 70%；例如，典型的表述是“同事之间互相给面子是常有的事情”；“在工作当中，如果欠了别人人情，无论早晚都是要还的”。此外，和谐与差序维度的出现频率也都超过 15%；其典型的表述是“为了和同事保持和谐及和睦的关系，我会尽量避免冲突”，“领导特别偏爱某位成员，有机会总是给他”，“领导和某些人一看就是一个圈子的人”。

表 4.4　与创造力相关的中国文化情境特征类目出现的相对比例

类　目	频　次	频　率
和谐倾向	32	18.7%
差序倾向	27	15.8%
人情倾向	59	34.5%
面子倾向	53	31.0%

因此，本部分在总结相关文献和理论观点的基础上，通过一对一的半结构化深度访谈以及焦点小组访谈两种形式，获得了与创造力相关的中国文化情境特征的一手资料。而后，采用内容分析方法对访谈资料进行了定量和定性的深入分析。研究结果表明：与创造力相关的中国文化情境特征集中体现在人情倾向、面子倾向、和谐倾向与差序倾向这四个维度；这一结论使得本书初步建构起了中国文化情境特征模型的结构框架。

第三节　与创造力相关的中国文化情境特征模型验证

通过文献梳理发现：尽管已有一些学者围绕中国文化情境特征开展了相关研究，但这些研究多数围绕中国文化情境的某个方面，缺少统一的研究框架；而且相互之间存在较大差异，不能满足本书实证研究的需要。通过上一节的工作，本书已经从质性研究着手，初步构建了与创造力相关的中国文化情境特征模型的结构框架。然而，仅依靠访谈和内容分析方法，难免会使得研究结论过于主观化，且不能直接用于大样本的测量。因此，以下研究将根据上述的研究结果，采用实证研究方法进一步验证与创造力相关的中国文化情境的特征模型。

一、研究目的

通过理论推导以及对个体和焦点小组访谈结果的内容分析，本书初步明确了与创造力相关的中国文化情境特征的结构维度，对中国文化情境的理论内涵有了更为清晰的认识，但仍需要通过大样本的定量研究数据开展进一步的交叉验证。因此，本部分在访谈研究结果的基础上，进一步开发与创造力相关的中国文化情境特征的测量工具，并通过大样本数据对多维度构思进行信度与效度检验，以保证量表的准确性和稳健性，为后续的实证研究提供工具支持。

二、研究过程

调查量表是社会科学研究中最常见，也是较为有效的测量手段之一，它可以用于验证模型的稳健性和正确性。在量表的开发方面，已有研究者强调需要注意两点：其一，测量问卷的题项应当尽量避免有社会称许性的提法，仅对客观行为进行描述；其二，测量题项应当涵盖整个理论概念的构思领域(张岩，2008)。

(一) 量表设计

为了开发出准确的研究量表，并保证特征模型的结构维度完全涵盖中国文化情境特征的理论边界，本书的量表问项主要来自两个方面。其一，总结前一节对与创造力相关的中国文化情境特征的描述以及从访谈结果所提取的结构维度，得出有关的初始问题；其二，系统梳理国际上已有的相关实证研究文献，借鉴已有的测量工具形成初步的调查题项。初始问题汇总见表 4.5。

表 4.5 与创造力相关的中国文化情境特征初始问题

序号	问　　题
MZ1	当别人拒绝我的帮助时，我会感到难堪[a]
MZ2	为了有面子，我有时候会“打肿脸充胖子”[c]
MZ3	我在乎同事对我的看法[a]
RQ1	同事送我人情，我也会还他一个人情[a,b]
RQ2	我给了别人方便，我希望对方将来也回报我人情[a,b]
RQ3	“钱债好还，人情债难还”，因此最好不要欠别人的人情[a,b]
HX1	和他人和谐交往，能防止他们将来给我制造麻烦[a]
HX2	为了避免将来遇到尴尬，一般不应该破坏和他人的和谐关系[a,b]
HX3	为了保持和谐，在处理问题时可能需要放弃自己的观点[c]
HX4	与同事和谐相处会给工作带来很多便利[c]
HX5	家和万事兴，维持大家的和谐非常重要[a]
HX6	维持和睦的人际关系可以使身心愉快[c]
HX7	凡事都维持人际和谐可能造成掩盖问题，造成后患[c]
HX8	追求和谐的人有时候可能变得很虚伪的表现[a,b]
CX1	有一些下属和领导是一个“圈子”里的人[c]
CX2	领导有特别信任的下属[a,b]
CX3	同事之间在升迁、待遇方面有潜在的不同的标准[a,b]
CX4	领导对待自己的“圈内人”和“圈外人”有不同的标准[c]
CX5	有一些下属会越权执行领导的一些职能[c]
CX6	有一些下属把替领导干私事排在本职工作之上[c]

来源：a 为已有研究；b 为访谈修订；c 为访谈提炼

由于目前已有研究中缺少一个整合中国文化情境特征的量表供“修订”；同时，完全由自己开发的量表在“与西方经典文化理论契合”方面，可能会有所欠缺，故本书采用了“整合多种研究方法和题目”的思路。在形成初步问题之后，笔者又邀请了两位工商管理专业的博士对问项的表达、语义、概念内涵等方面进行审查，以保证问项尽可能的清晰、简洁。

（二）调查过程

本次调查主要采用两种方式收集数据：一是通过电子邮件的方式，由答卷者完成后发回；二是发放纸质问卷，当场收回或以邮寄的方式收回。由于本部分关注的焦点是与创造力相关的中国文化情境特征，因而所调查的个体样本应该在对中国文化情境的感知方面有一定的差异，这样才能保证调研数据达到统计方差的相关要求。基于以上考虑，在选择抽样对象时，不仅在企业性质方面涉及国有企业、外资企业、民营企业及事业单位，而且在行业方面也涉及传统制造业、信息通信、生物医药等不同行业。调查样本情况见表 4.6。

表 4.6　两阶段调查样本信息

		第一阶段预试样本		第二阶段样本	
学历	高中及以下	16	8.0%	56	26.8%
	大专及本科	101	50.8%	124	59.3%
	硕士研究生	76	38.2%	28	13.4%
	博士及以上	5	2.5%	1	0.5%
	缺　失	1	0.5%	0	0.0%
任职时间	半年以下	25	12.6%	21	10.0%
	半年至 1 年	45	22.6%	45	21.5%
	1 年至 3 年	86	43.2%	51	24.4%
	3 年至 5 年	27	13.6%	54	25.8%
	5 年以上	15	7.5%	38	18.3%
	缺　失	1	0.5%	0	0.0%
年龄	≤25 岁	22	11.2%	22	10.5%
	26—30 岁	72	36.2%	45	21.5%
	31—35 岁	51	25.6%	69	33.0%
	36—40 岁	29	14.6%	38	18.2%
	41—45 岁	16	8.0%	21	10.0%
	46 岁以上	9	4.5%	12	5.7%
	缺　失	0	0.0%	2	1.0%
性别	男	131	65.8%	115	55.0%
	女	68	34.2%	91	43.5%
	缺失	0	0.0%	3	1.5%
企业性质	国有企业	23	11.5%	85	40.7%
	外资企业	63	31.7%	35	16.7%
	民营企业	78	39.2%	52	24.9%
	事业单位	35	17.6%	35	16.7%
	缺　失	0	0.0%	2	1.0%

本部分的调研工作主要分为两个阶段：

(1) 预试样本调研(2010 年 7 月至 8 月)。

预试阶段调研样本主要来自上海和苏州两地，共发放 230 份问卷。在剔除了空白问卷、关键数据缺失以及填答不认真的问卷后，获得有效问卷 199 份，回收率为 86.5%。本次调研数据用于探索性因子分析。

(2) 第二阶段调研(2010 年 10 月至 11 月)。

为了进一步验证预试样本阶段由探索性因子分析所得到的构思维度，本书开展了第二阶的调研取样。在第二阶段的调研过程中，我们进一步扩大了调研的范围，调研范围涉及上海、苏州、山西、河北等地。此阶段共发放 268 份问卷。在剔除了空白问卷、关键数据缺失以及填答不认真的问卷后，获得有效问卷 209 份，回收率为 78.1%。本次调研数据用于验证性因子分析。

从个体样本分布来看(如表 4.6)，男性高于女性，两者的性别比例近似于 1.6∶1；从学历结构来看，专科以上的学历占到 7 成以上，结构比例呈高学历结构。从年龄结构来看，26 岁至 35 岁之间的比例超过了 50%，年龄结构以中青年为主。从组织性质来看，第一阶段在上海及周边的调研主要以外企员工为主，而第二阶段的调研则以国企及民企的员工为主，这样的比例结构有效地保证了所调查的样本对中国文化情境的感知方面有一定的差异，进而保证了调研数据达到统计方差的相关要求。总体而言，两个阶段的调研样本以中青年为主，呈现高学历的结构，并涉及软件设计、基础研究、传统制造、新型农业科技等行业。

三、探索性因子分析

探索性因子分析是检验量表准确度的一种常用方法，它通过对指标进行因素分析所得到的因素负荷以识别构思的内部结构，并对指标进行删减和增补。探索性因子分析不仅可以解释测量指标之间的相关程度，也可以估计这些指标与共同因素之间存在的共同变异，非常适用于测量指标初期的验证工作(陈晓萍，2008)。因此，本书采用 SPSS16.0 软件进行信度系数计算以及探索性因子分析。

由于本书构建的模型涉及团队和个体层面的跨层次交互作用，因此在进行探索性因子分析之前需要先判断个体水平数据是否达到允许聚合为高层次构念的标准。组内一致性(within-group agreement，r_{wg})反映了被访者对构念有相同反应的程度(Kozlowski & Hattrup，1992)。James et al.（1982，1993)提出 r_{ug} 指标的经验值应该大于 0.6(James，1982；James et al.，1993)。通过计算得出，与创造力相关的中国文化情境特征的组内一致性为 0.85，因此可以将个体水平数据聚合至团队水平。

参考陈晓萍等人的分析过程，本书首先对样本数据进行了 KMO 样本充分性和 Bartlett 球体检验。其中，KMO 值是判定数据是否适合作因子分析的检测指标；当 KMO 值大于 0.9 表示非常适合做因子分析，KMO 值在 0.8 至 0.9 之间表明很适合；KMO 值在 0.7 至 0.8 之间表明较为适合，0.6 至 0.7 之间表示不太适合；小于 0.5 以下则认为变量间存在正交现象，不适合进行因素分析(王重鸣，2000)。分析结果表明，本次样本的 KMO 值为 0.84，Bartlett 球体检验的显著性水平小于 0.01，表明很合适进行因子分析。其次，本书采用主成分法提取因素，参照 Liden 和 Maslyn(1998)的建议，选择特征值大于 1 的因素，对变异量较小的问项进行删除。探索性因子分析结果如表 4.7 所示。

表 4.7　与创造力相关的中国文化情境特征探索性因子分析

问　　题	因素 1	因素 2	因素 3	因素 4
当别人拒绝我的帮助时，我会感到难堪	**0.82**	0.19	0.01	0.22
为了有面子，我有时候会“打肿脸充胖子”	**0.81**	0.26	0.14	−0.04
我在乎同事对我的看法	**0.77**	0.10	0.15	0.22
同事送我人情，我也会还他一个人情	0.09	**0.83**	0.25	0.05
我给了别人方便，我希望对方将来也回报我人情	0.11	**0.79**	0.13	0.18
“钱债好还，人情债难还”，最好不要欠别人的人情	0.20	**0.84**	−0.02	−0.10
和他人和谐交往，能防止他们将来给我制造麻烦	−0.08	0.21	**0.69**	0.16
为了避免将来尴尬，一般不应破坏和他人的和谐关系	0.10	0.07	**0.73**	0.15
为保持和谐，在处理问题时可能需要放弃自己的观点	0.30	0.24	**0.79**	0.47
与同事和谐相处会给工作带来很多便利	0.00	0.05	**0.83**	−0.12
家和万事兴，维持大家的和谐非常重要	0.03	0.02	**0.81**	−0.07
维持和睦的人际关系可以使身心愉快	*0.21*	*−0.09*	*0.33*	*−0.07*
凡事都维持人际和谐可能掩盖问题并留下后患	−0.15	0.10	**0.76**	0.05
追求和谐的人有时候可能变得很虚伪的表现	0.17	0.32	**0.64**	0.42
有一些下属和领导是一个“圈子”里的人	−0.04	0.28	0.20	**0.88**
领导有特别信任的下属	0.30	0.00	−0.05	**0.82**

续表

问题	因素 1	因素 2	因素 3	因素 4
同事之间在升迁、待遇方面有潜在的不同标准	0.29	0.14	0.16	**0.75**
领导对待自己的“圈内人”和“圈外人”有不同标准	−0.01	0.10	0.11	**0.79**
有一些下属会越权执行领导的一些职能	0.03	0.15	0.08	**0.87**
有一些下属把替领导干私事排在本职工作之上	0.19	−0.03	0.40	**0.80**
各因素解释变异的比例(%)	19.32	18.15	16.54	14.67

由因素负荷矩阵发现，从与创造力相关的中国文化情境特征的 20 个题项中可以抽取四个因素，这些因素累计解释了 70.29%的变异。由于题项“维持和睦的人际关系可以使身心愉快”在所有因子上的荷重均低于 0.5，因此删除该题目。最终的中国文化情境特征量表保留了 19 个题项，分别归属于四个因素。因素 1 至因素 4 分别是面子倾向、人情倾向、和谐倾向及差序倾向。根据探索性因子分析的结果，本书进一步对与创造力相关的中国文化情境特征的各个维度进行了描述统计(如表 4.8)。

探索性因子分析的结果表明：尽管面子倾向、人情倾向、和谐倾向及差序倾向四个维度显著相关，但相关系数都在 0.6 以下，这说明共同变异问题不明显。本书的结果与上一节访谈研究一致，因此，与创造力相关的中国文化情境特征的构思得到了初步验证。

表 4.8　与创造力相关的中国文化情境特征维度相关矩阵

因素	均值	标准差	面子倾向	人情倾向	和谐倾向	差序倾向
面子倾向	4.01	0.41	—			
人情倾向	3.67	0.43	0.39**	—		
和谐倾向	3.75	0.55	0.41**	0.31**	—	
差序倾向	3.62	0.54	0.35**	0.29**	0.34**	—

注：* 表示 $p<0.05$，** 表示 $p<0.01$

四、验证性因子分析

以问卷题目或其他观察变量测量潜变量之前，通常已经假设以某些固定观察变量来测量潜变量，此时需要采用验证性因子分析(confirmatory factor analysis, CFA),通过观察测量指标与假设模型的拟合程度,以检验测量的构思效度(Campbell & Fiske, 1998)。为了进一步检验中国文化情境构思的信度和效度,本书在探索性因子分析基础上,通过第二阶段更大样本的调研数据,对理论构思进行验证性分析。

在进行验证性因子分析之前,本书针对与创造力相关的中国文化情境特征的四个维度,分别计算出其 r_{wg},如表 4.9 所示。计算结果显示:四个维度的 r_{wg} 均值都在 0.8 以上,表明同一个团队内成员的回答一致性非常高,可以将个体数据加总获得团队水平的数据。

表 4.9　与创造力相关的中国文化情境特征各维度组内一致性

因素	面子倾向	人情倾向	和谐倾向	差序倾向
r_{wg} 均值	0.87	0.88	0.85	0.83
r_{wg} 标准差	0.08	0.09	0.09	0.10

验证性因子分析从模型的理论内涵出发,通过假设模型与多个备选模型之间的比较从而产生最佳模型,以达成验证目的(谢小云,2005)。本书基于理论推导、访谈结果以及探索性因子分析结果,提出了四个竞争模型,包括:M1 为单因素模型,即所有题项都归于单一维度;M2 为两因素模型,即将人情倾向和面子倾向合并为一个因素,将和谐倾向和差序倾向合并为一个因素;M3 为三因素模型,仅将人情倾向和面子倾向合并;M4 为四因素模型。四个竞争模型是依据表 4.7 当中,各维度之间的相关系数,并参考文献分析结果所得出的,竞争模型如图 4.1 所示。

Foxall & Hackett(1992)的研究指出:验证性因子分析的很多拟合指标都容易受样本量和题项数量的影响,必须要综合多个观测指标对模型拟合程度进行分析。通过对以往研究中验证性分析指标的整理,本书选择了四个常用指标(各模型的拟合指标见表 4.10):

(1) RMSEA 为平均"近似"平方误根系数(root mean square error of approximation)。它主要用来比较假设模型与饱和模型(saturated model)之间的差异程度(Donald & Ho, 2002),值越大表示模型越不理想。与 RMR(残差均方和平方根)相比,RMSEA 受样本量 N 的影响较小(Steiger, 1990)。一些研究者指出,RMSEA 小于 0.1 表示拟合较好,小于 0.05 表示非常好的拟合效果

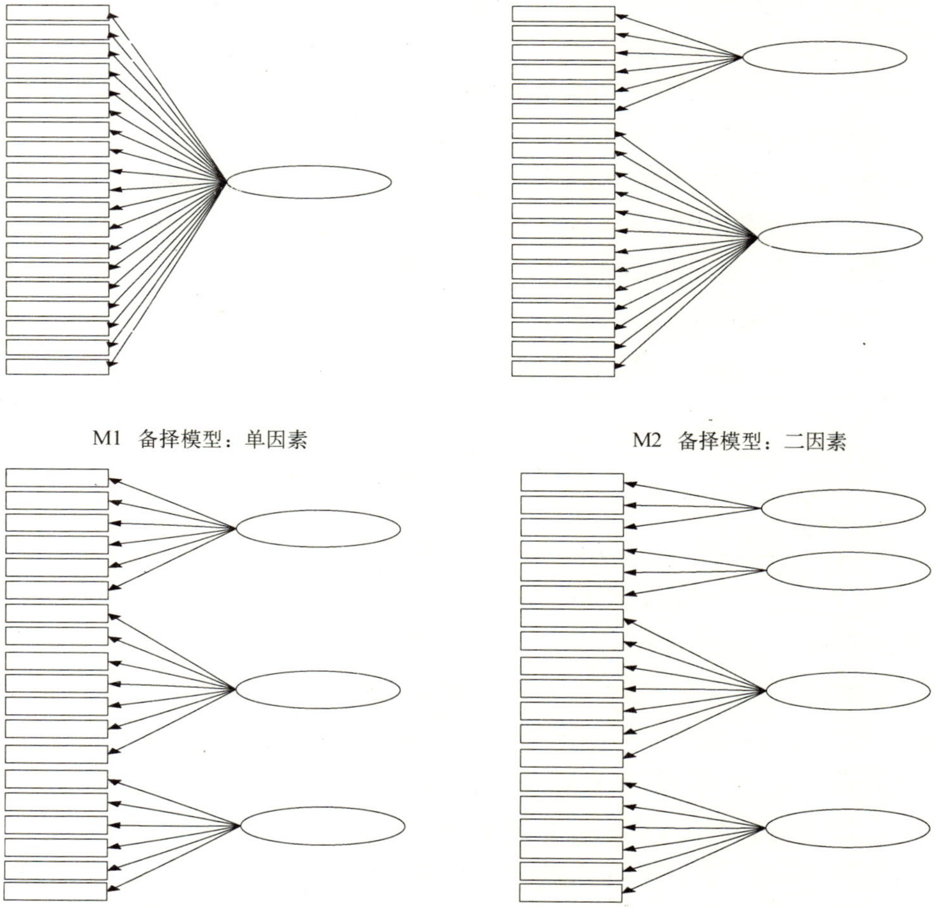

M1 备择模型：单因素　　M2 备择模型：二因素

M3 备择模型：三因素　　M4 备择模型：四因素

图 4.1　与创造力相关的中国文化情境特征的竞争模型

(Bentler，1999)。

(2) CFI 为比较拟合指数(comparative fit index)，反映了假设模型与无任何共变关系的独立模型的差异程度(Bentler，1990)。多数学者赞同以 0.95 为 CFI 的临界值(Bagozzi & Yi，1998)。

(3) IFI 为增量拟合度指数(incremental fit index)，主要用来处理样本大小对于 NFI 指数的影响；数值越大表示拟合度越佳，指标大于 0.9 则可以视为模型具有理想的拟合度(Bentler，1980)。NFI 为规范拟合度指数，它反应假设模型与一个观察变量之间没有任何共变假设的独立模型的差异程度。通常情况下，NFI受到样本量大小的影响，必须采用IFI进行验证。

(4) 卡方自由度(χ^2/df)指标。由于卡方检验与样本数相当敏感，样本量越大，越能导致理论模式被拒绝(黄芳铭，2005)。因此，多数学者建议采用χ^2/df来考察模型拟合度。通常情况下：卡方与自由度之比小于2时，表明模型拟合较好；卡方与自由度之比在2—5之间时，模型也可以接受(温忠麟，侯杰泰，2004)。

(5) AGFI为调整拟合度指标(adjusted GFI)，类似于回归分析中的调整后可解释变异量(adjusted R^2)，数值越大则模型的契合度越高；AGFI的判断标准与GFI一致，大于0.9时模型可以接受。GFI为契合度指标，类似于回归分析中的可解释变异量R^2，表示假设模型可以解释观察资料的变异数与共变数的比例；GFI可以显示整体适配的程度，但是受到样本大小的影响。

表4.10　与创造力相关的中国文化情境特征模型验证性因子分析拟合指数

	χ^2/df	P值	RMSEA	IFI	CFI	AGFI
M0	10.31	0.00				
M1	7.54	0.00	0.16	0.72	0.77	0.77
M2	6.21	0.00	0.14	0.75	0.76	0.76
M3	3.99	0.00	0.11	0.79	0.81	0.81
M4	1.67	0.00	0.05	0.94	0.93	0.93

从表4.10可以发现：相对而言，M4的各项拟合指标都要优于其他三个模型。图4.2显示了M4的四因素模型。

由图4.2中可知，与创造力相关的中国文化情境特征的各个维度具有较好的代表性。进一步提取因素的平均方差(Average variance extracted; AVE)，即各测量条目对其所归属维度(潜变量)的平均变异解释力。四个因素的AVE值在0.59到0.77之间，均超过经验判断标准0.5，故量表具有较好的聚合效度。

综上：本章首先通过个体访谈、焦点小组访谈收集一手数据，并采用内容分析方法初步确认了与创造力相关的中国文化情境特征的构思结构，即与创造力相关的中国文化情境特征包含人情倾向、面子倾向、和谐倾向与差序倾向四个维度。其次，通过预试样本和大样本两个阶段的抽样调查收集数据，采用一致性系

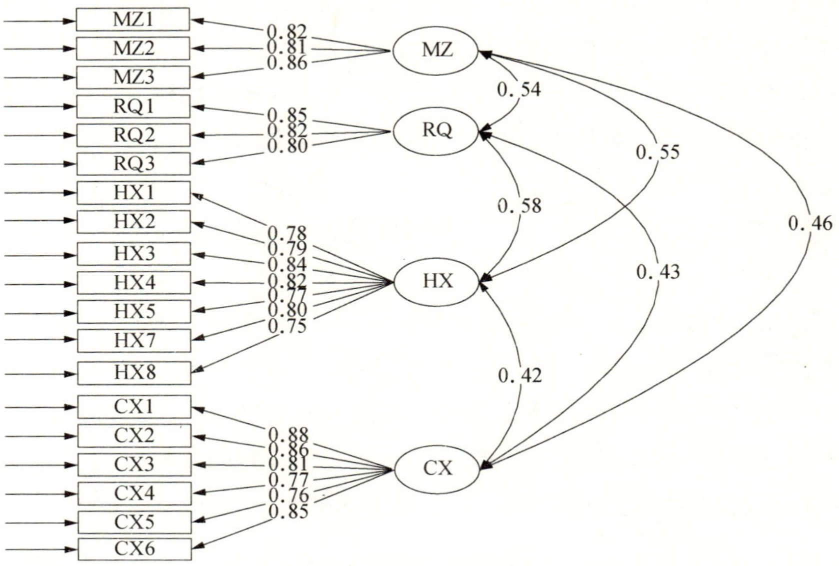

图 4.2 验证性因子分析结果

数检验、探索性因子分析、验证性因子等技术开发并验证了与创造力相关的中国文化情境特征模型及其测量量表。

由于目前没有系统的可供参考的中国文化情境量表，因而本书开发和验证量表的工作是一种必然的尝试，一项具有探索性和挑战性的课题。此外，本章的工作不仅为检验“中国文化情境下社会网络与创造力的多层次理论模型”提供了可供操作的测量量表，更为深度探究“中国文化情境特征下社会网络与创造力的动态变化规律”提供了重要的情境。

第五章

社会网络、知识分享与创造力的多层次模型验证

本章的研究目的在于，通过对大样本调查数据的统计分析，验证中国文化情境下社会网络与创造力的多层次模型。其主体内容包括：个体层次“社会网络→知识共享/认同感→创造力”的关系验证；团队层次“团队社会网络→知识共享/团队认同→团队创造力”的关系验证；与创造力相关的中国文化情境特征在团队层面的调节作用，以及在个体及团队交互层面的跨层次调节影响；个体层次与团队层次作用关系的对比分析；个体创造力与团队创造力的关系分析。

第一节　研 究 方 法

一、社会网络分析方法

社会网络分析法（Social Network Analysis，SNA）是一种研究社会结构、组织构成、人际互动关系的概念与方法，是对社会群体成员之间人际关系进行定量测量的一种技术。社会网络分析的前提是，假设个体是镶嵌在网络结构中的，其认知、态度、行为会受到所处网络结构的影响。与社会科学中传统的研究方法相比，社会网络分析不仅可以同时进行多层次的分析，进而在微观与宏观之间建立连接；而且能够将定量资料与定性资料和图表数据相结合，突破传统分析中将个人视为“孤立存在”的缺陷。

在具体操作中，社会网络分析将人际行为与人际关系数量化，通过数学中的图形理论呈现人与人之间的互动关系；即用节点(node)代表一个人或一群人组成的小团体，用线段(line)表示人与人之间的关系。UCINET 作为社会网络分析中最常使用的软件，包含了大量的网络测量功能，如探测凝聚子群、聚类分析、多维标度、角色和地位分析等在内的过程分析程序。

二、多层次分析方法

本书所考察的变量涉及了个体和团队两个层面，数据呈现出明显的嵌套特征。如果研究的处理只在员工中水平进行，会忽略员工的群体身份，致使观察到的效应既包括个体效应也包括组织效应，结果会低估估计的标准误；但如果将所有变量都作为群体变量来进行研究，又会放弃了大量的员工信息，有可能使原本显著的效应因为分组特性与研究变量无关而变得不再显著。

多层次分析模型为研究具有分级结构的数据提供了一个方便的分析框架，研究者可以利用该框架系统地分析微观和宏观因素对结果变量的多层次影响效果，检验宏观变量如何调节微观变量对结果变量的效应，以及个体水平解释变量是否影响组间水平解释变量的效应。通过多层次模型分析，能够将结果测量中的变异分解成组内变异和组间变异，因而可以考察结果变量在个体水平和组群水平相对变异的情况。因此，本书采用多层次分析方法验证中国文化情境下社会网络与创造力的多层次作用关系。

三、数据处理工具

本书对回收的有效数据进行了如下处理：

(1) 采用 SPSS16.0 和 AMOS18.0 软件包进行描述性统计分析、CITC 检验、探索性因子分析和验证性因子分析。

(2) 选择由 Scientific Software International 公司设计的 HLM6.08 正版商业软件进行多层线性模型分析(软件费用由笔者参与的国家自然基金课题资助)。

(3) 采用社会网络分析软件(UCINET 6.0)把所获得的网络结构数据进行编码计算，并转换为 SPSS 和 HLM 等分析软件可以处理的数据信息，以便进行模型验证。

第二节 调查问卷设计

一、称许性偏差的处理

社会称许性(social desirability),是指由社会主流文化或社会价值规范所包含的,并被社会中绝大多数人称赞的意识或行为(万绍华,张梅玲,2000)。社会称许性偏差,是指个体的行为由于受到文化价值观的影响而趋同于社会所接收的方式和程度。有学者指出,社会成员为了给别人留下良好的印象并避免责罚与批评,他们在回答问题时通常会展示出积极的自我描述倾向,这种现象将降低调研数据的真实性(Ganster et al. , 1993)。Nisbett & Richard(2003)在研究中国的语言符号时发现,中国人一向被认为是依赖情境的,他们通常是“口是心非”,有时是顾及他人而支吾其词,有时为了自利而欲擒故纵(Nisbett & Richard, 2003)。荣泰生(2005)的研究指出,由于中国文化更强调“面子”,因而社会称许性偏差效应可能尤为明显(荣泰生,2005)。

由于本书的内容涉及“人情”与“面子”等敏感话题,为了降低社会称许性偏差并提高测量数据质量,本书采取了如下方法:

(1) 在问卷的指导语处说明本次问卷调查的纯学术研究目的,强调匿名进行问卷填写,并做出保密承诺。

(2) 在问卷发放与回收的过程中,尽量采取现场发放并现场回收的问卷调查方式。对于不能现场回收的问卷,笔者事先将问卷放于一个信封内,并在封口处粘贴好双面胶带,一旦被访者填写完成,便可以自行封好信封,这种方式可以更好地消除被访者的心理障碍。

(3) 在测量条款的设计方面,尽量选择已经被相关研究证实有效的测量量表,并在此基础上进行修改。在条款的语言描述上,力求使用客观词语来表达,避免明显的主观态度倾向对被访者造成影响。同时,为避免敏感问题的直接表达给参与者造成应答尴尬,本书通过与个别企业员工的深入访谈对相应测量条款的表述加以修改和完善。

(4) 在测量项目的结构编排上,本书尽量将敏感性题目放在问卷的后面部分，并通过设置反向问题来推断和验证数据的真实性，以筛选合格的问卷。

二、共同方法偏差的处理

共同方法偏差（Common method bias），指的是由于同样的数据来源或评分者、同样的测量环境、项目语境以及项目本身特征所造成的预测变量与校标变量之间人为的共变。这种共变是一种系统误差，可能对研究结果产生严重的混淆并对结论有潜在的误导。

在心理学及行为科学领域，特别是采用问卷法的研究中，共同方法偏差通常会广泛存在。共同方法偏差主要来源于三个方面：① 自我报告偏差，指的是由于同一个人对预测变量与校标变量做出反应而造成的预测变量与校标变量之间的人为共变；② 项目特征所导致的偏差，指由于项目复杂性与模糊性、量表格式与标定、消极用语等造成的人为共变；③ 项目语境导致的方法偏差，指由于项目嵌套、语境诱发情绪、项目启动效应等导致的共同方法偏差（刘军，2008）。

共同方法偏差的控制通常有两类办法，即程序控制和统计控制。程序控制的关键是识别预测与校标变量在测量上的共同之处，进而通过研究设计消除和减少这种影响。程序控制的方法一般包括：① 从不同来源测量预测变量和校标变量；② 平衡预测与校标变量的测量顺序，以便控制项目启动效应、项目语境诱发的情绪效应以及项目嵌套有关的偏差。在共同方法偏差的统计控制中，最便于检验和比较有效的方法是 Harman 单因素检验。该方法的基本假设是：如果方法变异大量存在，当进行因素分析时要么析出单独一个因子，要么一个公因子解释了绝大部分的变量变异。通常的检验程序，是将所有的变量放到一个探索性因子分析中，检验未旋转的因素分析结果，确定解释变量变异必需的最少因子数目；如果只析出一个因子或某个因子解释力特别大，即可判定存在严重的共同方法偏差。

三、研究工具的选择

1. 组织认同量表

组织认同的测量采用的是目前组织认同研究中使用最广泛的 Mael & Ashforth（1992）的单维度组织认同量表（如 Moye & Bartol，2001；Van Knippenberg et al.，2002），该量表共包含 6 个测量条目，平均信度水平为 0.83。

由于本书是以团队作为群体分析单位，因而将原有的组织认同量表进行语言表述上的调整，具体测量条目如表 5.1 所示：

表 5.1　组织认同的测量条款

序　号	测　量　条　款
ZR1	当有人批评我所在团队时，我个人会觉得尴尬
ZR2	我对于别人如何看待我所在的团队感到非常有兴趣
ZR3	当我谈到团队时，我会说“我们如何如何”而非“他们如何如何”
ZR4	团队的成功也是我的成功
ZR5	当别人赞美我所在团队时，我觉得就像是在称赞我一样
ZR6	如果有传播媒体批评我所在团队，我会觉得有些难堪

2. 知识共享量表

由于研究视角的差异，不同研究者对知识共享的维度划分与测量有所不同。Hooff & Ridder(2004)从知识共享的方向性出发，考察了知识贡献和知识获取。其中，知识贡献指将自己所知与他人分享，知识获取指咨询他人或向他人学习(Hooff et al.，2004)；该量表共 10 个条款，平均信度水平为 0.82。Bock et al. (2005)将知识共享意愿划分为内隐和外显知识共享两个维度。由于本书对知识共享的定义涉及知识获取和知识贡献两个方面，因而主要参考 Hooff & Ridder(2004)的成熟量表。在具体的测量条款上，仍参考其他学者的量表作为补充，并在语言表述方面尽可能地符合中文的表达习惯。鉴于本书是以团队作为群体分析单位，因而将原有量表中涉及团队之间知识分享的条目进行调整，具体测量条目如表 5.2 所示。

表 5.2　知识共享的测量条款

序　号	测　量　条　款
GX1	当我学习了新知识后，我会使我团队内的同事也能学习到它
GX2	我会让我团队内的同事共享我所拥有的信息
GX3	我会让我团队内的同事共享我的技能
GX4	我一般不会把我的技术与团队内的同事分享
GX5	我询问本团队同事时，他们会将他们所掌握的技能告诉我
GX6	当我询问我部门同事时，他们会告诉我他们所知道的
GX7	即使我询问团队内的同事，他们也不会将其所知的知识告诉我

3. 创造力量表

在个体层面，创造力的研究量表较为成熟，例如 Farmer & Graen(1999)开发了一个包含 9 个条目的创造力量表，信度系数为 0.95。Zhou & George(2001)在 Seott & Bruce(1994)的创新行为量表基础上开发了单维度创造力量表，包括 13 个测量条款，Cronbach's α(克朗巴哈)系数为 0.96。本书在 Zhou & George(2001)和 Farmer & Graen(1999)量表的基础上，结合对企业员工的访谈，最终形成了个体创造力的初始量表，共包括八个测量条款，具体内容见表 5.3。

表 5.3 员工创造力的测量条款

序　号	测　量　条　款
GCZ1	在工作中，我能找出新的工艺、流程、技术或产品(服务)创意
GCZ2	我会向别人推广我的想法并寻求支持。
GCZ3	我常能产生具有创造性的想法
GCZ4	我经常有解决问题的新方法
GCZ5	我能产生解决问题的创造性思路
GCZ6	只要一有机会，我就会在工作中展示创造力
GCZ7	我常向同事推荐执行工作任务的新方法
GCZ8	我会提出详尽的计划和进度安排使新想法得以实施，

本书认为，团队创造力并不只是个体创造力的函数，团队创造力水平还取决于团队创造过程的其他方面。因而，团队创造力的量表在借鉴 Neil & Michael (1998)研究的基础上，结合对团队员工的访谈，形成团队创造力初始量表，共包括 6 个测量条款，具体内容见表 5.4。

表 5.4 团队创造力的测量条款

序　号	测　量　条　款
TCZ1	团队经常提出与任务相关的新创意
TCZ2	团队经常拓展出与任务相关的新知识或新技术
TCZ3	团队经常运用新的方式解决问题
TCZ4	团队成员经常花费时间探索新方法
TCZ5	团队经常提出原创性的解决方法
TCZ6	团队能创造性地将不同来源的信息和知识融合

4. 社会网络指标的测量

在文献分析的基础上，本书依据研究目的和对象，分别从社会网络密度、网络中心性、网络强度和网络异质性四个方面测量社会网络结构，并利用UCINET 6 for Windows 软件进行网络指标的计算。

(1) 网络密度是指真实存在联结数占最大可能联结数的比例，反映了行动者之间的互动渠道与互动程度。密度越大，表明网络成员之间联系越密切。个体网络密度的计算公式如下：

$$Dk = L/g\ (g-1) \tag{5.1}$$

其中，L 表示网络图形中线条的数目；g 表示网络图形中节点数目，即个体的成员数目；Dk 表示第 k 个网络的网络密度。当测算团队网络密度时，L 即表示团队内所有成员之间联系的条目数，g 表示团队内所有成员的关系网络图形中节点数目。

(2) 个体网络中心性指行动者在网络中的相对位置，衡量个体控制范围大小。由于本书在个体层面所关注的是“个体在社会网络结构中的相对位置如何影响其创造力”，因而选择中介中心性作为测量指标，个体网中心性的计算公式如下：

$$B_{ij}k = g_{ij}k/g_jk \tag{5.2}$$

$$C_b(n_i) = \left[\sum_j^g \sum b_{ij}k/(g_{ij}k-1)(g_jk-2)\right]/2 \tag{5.3}$$

其中，$i \neq j$，$j \neq k$；$g_{ij}k =$ 连接 j 到 k 两点网络中有 i 在的最短距离路径的数目；$g_jk =$ 连接 j 到 k 连点的最短距离路径的所有数目。

当需要计算整个团队社会网络中心性时，则需要计算出个体中心性的差距，团队社会网络中心性公式如下：

$$G_D = \frac{\sum_{i=1}^{g}[C_D(n^*) - C_D(n_i)]}{\max \sum_{i=1}^{g}[C_D(n^*) - C_D(n_i)]} \tag{5.4}$$

$C_D(n^*)$是 $C(n)$中最大的程度中心性，它与其他 $C_D(n^*)$相减所得差额的相加总和即为群体中心性。C_D代表在一个图形中程度中心性最高的那个人的程度中心性与其他人程度中心性间的差距；差距越大，则群体程度中心性的数值也越高，团队资源和权力过分集中。

(3) 网络异质性是指社会网络中个体之间在某些特性方面的差别程度，包括教育程度、知识结构、性别、年龄等方面的差异。在社会网络中，如果行动者的特性越相近，其同质性就越高；特性差别越明显，则其异质性就越高。具体计算公式如下：

$$IQV = K(N^2 - \sum F^2)/N^2(K-1) \quad (5.5)$$

其中，K＝变量的类别数目，N＝全部个案数目，F＝每个类别实际频次。当测算团队网络异质性时，N 表示团队内所有成员数，F 表示团队内每个类别实际频次。

(4) 网络强度指构成社会网络的成员之间关系的紧密程度。Granovetter(1973)指出，可以从 3 个方面来测量网络强度。即互动频率，互动频率高为强关系，反之则为弱关系；情感投入，情感投入深为强关系，反之则为弱关系；亲密及互换程度，关系密切且互换行为多为强关系，反之则为弱关系。判断个体网络强度与团队网络强度的标准都依据互动频率、情感投入、亲密程度三个指标；但在具体计算时，团队网络强度是团队内部所有成员联系强度的平均值。

由于本书主要涉及的是工作团队中社会网络结构、知识共享及创造力的关系，因而适合选择咨询网络作为研究对象；其调查题目包括“工作中遇到困难时，您会向哪些同事请教”，“工作中遇到困难时，哪些同事会主动指导您”。关于网络强度的测量，参考 Granovetter(1973)的研究分别从互动频率、亲密程度和互换深度三方面进行考察。调查题目包括“您与团队其他成员亲密程度如何”，“除工作流程的必要沟通之外，您与团队其他成员沟通频率如何”，“您与团队其他成员讨论或互动中，内容的深入程度如何”。

四、研究工具的修正

本书所选取的量表既包括国外成熟的量表，也包括根据访谈资料与内容分析得来条目并经探索及验证性检验的自行开发量表。研究者为了提高研究量表的有效性及准确性，在展开大规模调研之前，首先对所有量表进行了修正。量表修正包括以下环节：

（1）与创造力相关的中国文化情境特征量表，主要是在相关研究基础上预设其内部维度，并通过对个体深度访谈及焦点小组访谈资料的内容分析确定初步条目。本书为了保证测量量表的有效性，首先通过预试样本调研数据进行探索性因子分析，初步验证量表的信度；其次，为了对预试样本阶段探索性因子分析得到的构思维度作进一步验证，研究者又进行了第二阶段的调查取样并进行了验证性因子分析。

（2）对所借鉴的国外成熟量表进行双盲翻译及预测试。本书中知识共享、创造力及组织认同量表都借鉴了国外成熟量表。为了提高英文量表翻译成中文后的表述准确性，研究者首先由两名管理学博士将英文量表翻译成中文，而后请一名英语专业硕士将中文译成英文，并与原文进行比对。此外，为了提高量表的测量效果，研究者采用双盲翻译并修订后的量表进行小样本预调研。预调研的样本主要采用方便抽样的形式展开，样本包括五所高校或研究所的博士后和博士生，以及上海市一家小型 IT 公司的部分职员。在回收数据后，研究者采用验证性因子分析检验了各个维度指标所测量变量的情况，同时结合信效分析检验了量表的一致性程度。分析结果显示，多数测量条款都符合要求，仅有组织认同中存在一个条款的 CITC 分析达不到检验要求。

（3）对社会网络测量条目的修正。由于社会网络量表需要调查个体之间的关系结构，数据收集难度较大，因而本书在设计和修正测量条目的过程中，着重注意了以下两个方面的问题。其一，测量条目尽量嵌入情境。由于知识和信息的分享是促进创造力提升的重要资源，因而本书着重考察咨询网络的结构问题。在设计咨询网络问题时，研究者选择了“工作中遇到困难”的情境进行提问。例如“您在工作中遇到困难时，会向哪些同事请教”。本书在预调研中发现，基于情境嵌入的关于咨询网络的问题设计，不仅可以使被访者更清晰地理解问题，也可以降低调查的敏感度以提高数据回收质量。其二，清晰地列出网络边界。由于本书聚焦于团队内成员的网络关系对创造力的影响，因而所调查的网络关系应当限定在本团队的内部。为了获得有效的调研数据，本书在展开问卷调研之前，首先与部门主管进行多次沟通，事先获得每个团队的成员名单并将名单进行编码；因而团队成员在填写网络测量题目是只需要勾选相应的名字代码即可，这在一定程度上减少了员工在填写问卷时的心理障碍。

第三节　样本描述和数据检验

一、样本描述

本次大规模调查在 2011 年 2 月至 9 月期间进行，问卷采用现场回收、邮寄及电子邮件的形式发放。调查共涉及 12 家企业，累计发放问卷 763 份。问卷发放范围涉及上海（张江高科技园区、中科院在沪的部分研究所）、广东（中山火炬开发区）、北京（中关村软件园、铁道部科学研究院下属院所等）、河北（石家庄）、山西（省内 1 家上市公司）、河南（郑州高科技园区）、成都（武侯区软件园）、江苏（苏州、无锡），保证了取样的代表性。

由于本书关注的焦点是中国文化情境下社会网络与创造力的多层次关系，因而所调查的样本应该在中国文化情境方面有一定的差异，这样才能保证调研数据达到统计方差的相关要求。基于以上考虑，本书在选择抽样对象时，不仅在企业性质方面涉及国有企业、外资企业、民营企业及事业单位，而且在行业方面也涉及传统制造、生物医药、新能源高等多个行业。

同时，由于本书涉及团队成员社会网络的调查，为了获得有效的调研数据，在展开问卷调研之前，首先与部门主管进行多次沟通，事先获得每个团队的成员名单并将名单进行编码；这样团队成员在填写网络测量题目的时候，只需要勾选相应的名字代码即可。在调查样本的选择和沟通过程中，样本采集工作的开展得益于本书作者所参与的国家自然基金课题以及教育部重大攻关课题所提供的样本信息。

此外，为了提升回收数据的质量，对于不能现场回收的问卷，笔者事先将问卷放于一个信封内，并在封口处粘贴好双面胶带，一旦被访者填写完成，便可以自行封好信封，这样可以降低被访者的心理障碍。

本次问卷调查共回收问卷 469 份，问卷回收率 61.68%。由于本书模型涉及团队及个体两个层次的变量，因而在选择有效问卷时遵循的剔除标准主要有三个：① 对于填写不完整问卷，如果仅有个别遗漏则采用缺失值处理，如果遗漏题目过多则将样本剔除；② 检查被访者是否认真填写问卷，对所有测量项目或者大多数测量项目打分一致、呈现“Z”型或“中间”型的问卷予以删除；③ 由于涉及团队社会网络的调查，因而每个团队收回的样本数小于80%的样本，予以删除。因此，在剔除无效问卷后，得到有效样本团队69个，问卷共计436份。调查样本的具体情况见表5.5所示。

表5.5　大样本抽样调查的样本描述

个体层次样本描述				组织层次样本描述			
测量内容		数量	所占比例	测量内容		数量	所占比例
学历	高中及以下	29	6.3%	所属行业	通信制造	13	18.8%
	大专及本科	274	59.2%		机械制造	3	4.3%
	硕士研究生	124	26.8%		软件设计	19	27.5%
	博士及以上	35	7.6%		新能源	2	2.9%
	缺　失	1	0.2%		建筑建材	4	5.8%
任职时间	半年以下	44	9.5%		生物医药	6	8.7%
	半年至1年	97	21.0%		专业服务	8	11.6%
	1年至3年	183	39.5%		基础研究	10	14.5%
	3年至5年	83	17.9%		航空航天	2	2.9%
	5年以上	56	12.1%		其　他	2	2.9%
	缺　失	0	0.0%		缺　失	0	0.0%
年龄	≤25岁	31	6.7%	企业规模	小于20人	1	1.4%
	26—30岁	153	33.0%		20—99人	9	13.0%
	31—35岁	97	21.0%		100—499人	27	39.1%
	36—40岁	85	18.4%		500—999人	19	27.5%
	41—45岁	62	13.4%		大于1 000人	13	18.8%
	46岁以上	34	7.3%	团队存续时间	半年以下	7	10.1%
	缺　失	1	0.2%		半年—1年	24	34.8%
性别	男	327	71.3%		1—2年	29	42.0%
	女	136	28.7%		2—3年	6	8.7%
	缺　失	0	0.0%		3年以上	3	4.3%

从组织层次的样本分布来看(如表5.5)，调研样本主要集中在通信制造、软件设计、生物医药、专业服务(包括金融服务、咨询)等行业，这些行业都要求员工具有较高的创造力，比较适合本书的研究目的。从组织规模来看，由于信息产业、生物医药等高科技产业的组织规模通常不会很大，因而样本分布集中在中小

型组织中，累计比例超过70%。从团队存续时间来看，所调研的团队时间集中在1年至2年期间，累计比例为77.8%，反映出高科技行业人员流动较快的现象。从整体组织样本的分布来看，基本保证了取样的代表性和有效性。

从个体样本分布来看(如表5.5)，男性高于女性，两者的性别比例近似于2∶1，反映出通信制造、软件设计、生物医药等行业男性从业人员较为集中。从学历结构来看，专科以上的学历有效百分比达到了93.5%，其中硕士及以上的比例为34.3%，结构比例呈高学历结构。从年龄结构来看，26岁至35岁之间的比例达到了54%，年龄结构以中青年为主。从在组织中的任职时间来看，成员在组织中的时间多数在一年以上五年以下，累计比例为69.5%。总体而言，本次调研对象以男性为主、年纪较轻、教育程度高、行业分布集中在高科技产业，这些抽样所反映的特点与本书研究目的基本相符，说明调研的样本具有一定的代表性。

二、数据的正态性的检验

结构方程模型对数据要求比较严格，所测数据必须服从正态分布。黄芳铭(2005)的研究指出：当偏度绝对值大于3.0时，一般被视为是极端的偏态；而峰度的绝对值大于10.0时表示峰度有问题，若是大于20.0时就可以视为是极端的峰度。因而，当偏度绝对值小于3且峰度绝对值小于10时，其数据特征属于非严格标准的正态分布，这种轻微的情况不会对参数估计结果造成显著影响(侯杰泰等，2004)。本书采用SPSS统计软件计算调查条目的偏度值及峰度值。统计结果显示，各个测量项目的偏度值介于0.048和0.853之间，峰度值介于0.085和1.129之间，远低于偏度值和峰度值的评估上限标准。因此，尽管回收的数据的分布并非严格服从标准的正态分布，但不会显著影响统计结果的效度分析过程。

三、共同方法偏差的检验

本书参考周浩和龙立荣(2004)的做法，采用Harman单因素检验对共同方法偏差进行检验。研究者将本书所涉及的全部变量一起进入探索性因子分析，共析出11个特征值大于1的公因子，共解释了总方差的59.537%；其中，解释力度最大的公因子特征值为9.134，解释了总方差的12.386%。检验结果表明，并未出现只有一个公因子或某一个单独因子解释了所有变量的大部分协方差的情况。同时，Barrick, Stewart, & Neubert et al. (1998)指出，当研究变量的测量在多个层面进行测量时，共同方法偏差对研究的影响效果较小。由于本书的团队创造力并非由个体创造力直接汇聚得来，而是在借鉴 Neil & Michael 研究量表的基础上单独从团队层面进行的测量，即研究的变量涉及两个层次概念，因而共同方法偏差问题在本书中可能造成的影响较小，可以忽略不计。

四、缺失值的处理

已有研究者指出，针对有效样本中缺失值的处理方法包括估计插补法、常数替代法和删除法。相比而言，删除法操作简单但会浪费样本隐藏的信息；常数替代法不会损失信息但主观推测性较强，容易引起数据的偏离(张奇，2009)。本书为了保证数据客观性且不损失样本信息，采用估计补差法对缺失值进行处理。在各类统计软件中，SPSS 提供五种缺失值的估计插补值：序列替代值、临近点均值、附近点中位数值、线性插值和线性趋势值。同时，由于同一个团队内的成员之间所提供的评价数据可能存在一定的相似性，因而本书采用线性插补法进行缺失值处理，其具体操作过程通过 SPSS 软件的分析模块完成。

第四节　信度与效度验证

信度与效度检验是保证数据分析结果准确性的重要条件，因此在进行假设检验之前，本书首先对问卷测量的信度和效度进行评估。

1. 信度

信度(reliability)是表示测量工具内部一致性和稳定性程度的指标，它用于考察问卷测量的可靠性。常用的信度指标有再测信度、折半信度和 Cronbach's α 信度。其中，Cronbach's α 信度系数更适用于定距尺度测量的 Likert 量表，因而在行为测量方面应用最为广泛。通常认为，Cronbach's α 的值最好大于 0.70；如果在 0.60—0.70 之间，为可以接受水平；如果小于 0.6，则应该考虑重新修订量表或删减指标。

在对量表进行 Cronbach's α 检验的同时，本书采用修正后项目总相关系数评估法(Corrected Item Total Correlation, CITC)来检验量表的信度。修正后项目总相关系数是在同一变量维度下,每一测量项目与其他所有测量项目之和的相关系数;其目的是为了减少测量条款的多因子负荷现象。通常认为,CITC小于0.5的测量条款应予以删除(卢纹岱,2002)。

2. 效度

效度(validity)是指测验指标能正确测量出所要衡量事物性质的程度,目的在于揭示变量和测量题项间的关系。效度检验一般分为内容效度和构思效度。

内容效度指该测量工具是否涵盖了它所要测量的某一构念的所有项目,其更多的是靠研究者在观念的定义上或者语义上的判断,即内容效度是一种质性的效度,主要依赖于逻辑的处理而非统计上的分析,依赖于研究对象对理论定义的认同。本书所采用的量表从三个方面保证其内容效度:① 本书测量条目的设置多数都参考了现有的成熟量表,这些量表都经过大量经验研究的检验,得到相关领域学者的广泛认可;② 与创造力相关的中国文化情境特征的测量工具虽为自行开发,但通过个体深度访谈、焦点小组访谈、探索性因子分析、验证性因子分析等工作,保证了开发量表的可靠性;③ 在借鉴成熟量表的过程中,本书采用双向翻译的方法以提高量表的内容效度。

构思效度主要反映与构念的维度结构相关的信息,即实际测评的结果与所建立的理论构念的一致性程度,包括收敛效度和辨别效度。收敛效度是指若干不同测量条款是否在测量同一变量,而辨别效度是指不同变量是否存在显著性差异。一般而言,验证性因子分析(Confirmatory Factor Analysis, 简称 CFA)是检验构思效度的常用方法。辨别效度是指,如果两个测验测量的是不同的特质,即使采用相同的方法,它们之间的相关程度也应较低(Compbell & Fiske, 1998)。如果各个潜变量之间的相关系数显著低于1,或者测量要素各维度之间的相关系数小于对应各维度的信度系数,则表明测量工具具有良好的辨别效度。因此,本书将采用验证性因子分析来检验各个量表的收敛效度,并且对比"测量要素各维度之间的相关系数"与"对应各维度的信度系数",以检验辨别效度。

3. 信度指标

本书测量信度的指标包括:① α信度系数用于分析测量项目的一致性,多数学者认为大于0.7是一个较为合适的判断标准,同时,删除条目的α信度的信度系数可以作为删除条款的依据;② CITC指在同一变量维度下,每一测量项目与其他所有测量项目之和的相关系数；通常认为，CITC 小于 0.5 的测量条款应予以删除。

4. 效度指标

本书测量效度的指标包括：① RMSEA 为平均“近似”平方误系数，它主要用来比较假设模型与完美契合的饱和模型之间的差异程度，值越大表示模型越不理想；与 RMR(残差均方和平方根)相比，RMSEA 受样本量 N 的影响较小，其值小于0.1表示有好的拟合，小于 0.05 表示非常好的拟合效果；② CFI 为比较拟合指数(comparative fit index)，反映了假设模型与无任何共变关系的独立模型的差异程度，多数学者赞同以 0.95 为 CFI 的临界值；③ IFI为增量拟合度指数(incremental fit index)，主要用来处理样本大小对于 NFI 指数的影响；数值越大表示拟合度越佳，指标大于 0.90 则可以视为模型具有理想的拟合度；NFI 为规范拟合度指数，它反应假设模型与一个观察变量之间没有任何共变假设的独立模型的差异程度；通常情况下，NFI 受到样本量大小的影响，必须采用 IFI 进行验证；④ 卡方自由度(χ^2/df)指标，由于卡方检验与样本数相当敏感，样本量越大，越能导致理论模式被拒绝，因而多数学者建议采用 χ^2/df 来考察模型拟合度；当卡方与自由度之比小于 2 时，表明模型拟合较好；卡方与自由度之比在 2—5 之间时，模型可以接受。⑤ AGFI 为调整拟合度指标(adjusted GFI)，类似于回归分析中的调整后可解释变异量(adjusted R^2)，数值越大则模型的契合度越高；AGFI 的判断标准与 GFI 一致，大于 0.9 时模型可以接受；GFI 为契合度指标，类似于回归分析中的可解释变异量 R^2，但是受到样本大小的影响。

表 5.6　研究采用的检验指标汇总

拟合指标	取值范围	临界值
α信度系数	[0，1]	[0.70，1]
CITC	[0，1]	[0.50，1]
AGFI	[0，1]	(0.90，1]
IFI	[0，1]	(0.90，1]
CFI	[0，1]	(0.90，1]
RMSEA	[0，+∞]	[0，0.05)
χ^2/df	[0，+∞]	[0，5.00)

一、与创造力相关的中国文化情境量表的信效度检验

1．信度检验

（1）各要素测量条款信度分析。

依据第四章与创造力相关的中国文化情境特征模型的验证性分析结果，将中国文化情境的四维度分别进行信度分析，测量条款信度分析如表5.7所示。

表5.7 与创造力相关的中国文化情境特征测量条款信度检验结果

变量	条款	CITC	删除该条款后α系数	α系数
面子倾向	MZ1	0.644	0.757	0.832
	MZ2	0.742	0.812	
	MZ3	0.672	0.763	
人情倾向	RQ1	0.783	0.853	0.875
	RQ2	0.822	0.831	
	RQ3	0.805	0.824	
和谐倾向	HX1	0.733	0.765	0.786
	HX2	0.853	0.782	
	HX3	0.792	0.766	
	HX4	0.856	0.748	
	HX5	0.827	0.753	
	HX6	0.618	0.787	
	HX7	0.751	0.771	
	HX8	0.809	0.769	
差序倾向	CX1	0.902	0.819	0.821
	CX2	0.871	0.792	
	CX3	0.866	0.738	
	CX4	0.893	0.814	
	CX5	0.848	0.807	
	CX6	0.930	0.795	

由上表可知：未删除任何条款的各变量CITC值均大于0.5，α系数均大于0.7；仅有和谐倾向删除HX6条款后，系数由0.786变为0.787，但其变化幅度很小，其他变量各条款删除后该变量的内部一致性信度α值都有所降低。因此，

各维度测量量表的内部一致性信度较好，均满足研究的要求。

(2) 量表内部一致性信度检验。

采用 Cronbach's α 一致性系数以检验与创造力相关的中国文化情境特征各维度的内部一致性。结果显示，中国文化情境特征量表的整体 α 系数为 0.813。此外，对该量表运用删除 α 指标检验的结果表明，任一指标的删除 α 系数值 (≤0.738) 都小于量表的整体 α 值 (0.813)，故应保留全部指标。

因此，与创造力相关的中国文化情境特征的测量量表具有良好的内部一致性，其总体量表信度较好。

2. 构思效度检验

(1) 收敛效度分析。

收敛效度检验通过验证性因子分析(CFA)进行。验证性因子分析从模型的理论内涵出发，通过假设模型与多个备选模型之间的比较从而产生最佳模型以达成验证之目的。在借鉴第四章研究结果的基础上，提出四个竞争模型包括：M1 为单因素模型，即所有题项都归于单一维度；M2 为两因素模型，即将人情倾向和面子倾向合并为一个因素，将和谐倾向和差序倾向合并为一个因素；M3 为三因素模型，仅将人情倾向和面子倾向合并；M4 为四因素模型。由于与创造力相关的中国文化情境特征在研究模型中属于高层次变量，因而在进行验证性因子分析之前需要检验其聚合程度。通过计算得出中国文化情境特征四个维度的 r_{wg} 均值都在 0.8 以上，表明同一个团队内成员的回答一致性非常高，可以将个体数据加总获得团队水平的数据。四种假设模型拟合指标值如表 5.8 所示。

表 5.8　与创造力相关的中国文化情境特征各模型拟合指标汇总

	χ^2/df	RMSEA	IFI	CFI	AGFI
M0	12.151				
M1	7.656	0.166	0.738	0.771	0.768
M2	6.574	0.145	0.783	0.768	0.773
M3	4.123	0.113	0.763	0.813	0.816
M4	1.792	0.061	0.942	0.929	0.928

由表 5.8 的检验结果表明：四维模型的各项指标都达到了检验要求，而且明显优于其他三个模型，很好地拟合了原始数据。

(2) 辨别效度分析。

运用 SPSS 中的信度分析，分别计算出与创造力相关的中国文化情境特征量表整体的内部一致性系数和各个维度的内部一致性系数。同时，通过验证性因子分析得到中国文化情境特征各维度的标准差、相关系数如表 5.9 所示。

表 5.9 与创造力相关的中国文化情境各维度标准差、相关系数

维度名称	维度 α 值	S. D.	P	1	2	3	4
面子倾向	0.832	0.052	***	—			
人情倾向	0.875	0.056	***	0.438	—		
和谐倾向	0.786	0.054	***	0.385	0.275	—	
差序倾向	0.821	0.049	***	0.217	0.105	0.371	—

表 5.9 中各个维度之间的相关系数(0.438、0.385、0.275、0.217、0.105、0.371)均远小于各维度测量的内部一致性系数(0.832、0.875、0.786、0.821)，这表明该测量量表具有良好的区分效度。通过对大规模问卷调查数据的信度与效度检验结果表明，与创造力相关的中国文化情境的测量量表具有良好的信度和效度；这一结论与第四章的检验结果一致，再次验证了自行开发量表的准确性和稳定性。

二、知识共享量表的信效度检验

1. 信度检验

(1) 测量条款信度分析。

依据文献分析及理论模型建构，在参考相关研究并结合访谈素材的基础上，形成本书知识共享的测量条款，包括知识贡献和知识获取两方面，其信度分析结果如表 5.10 所示。

表 5.10 知识共享测量条款信度检验结果

变量	条款	CITC	删除该条款后 α 系数	α 系数
知识贡献	GX1	0.631	0.794	0.816
	GX2	0.618	0.811	
	GX3	0.697	0.784	
	GX4	0.594	0.818	

续表

变量	条款	CITC	删除该条款后 α 系数	α 系数
知识获取	GX5	0.751	0.847	0.852
	GX6	0.785	0.839	
	GX7	0.778	0.825	

由上表可知：未删除任何条款的各变量 CITC 值均大于 0.5，α 系数均大于 0.7；除了 GX4 条款删除后，系数由 0.816 变为 0.818 之外，其余变量各条款删除后该变量的内部一致性信度 α 值都有所降低。因此，各维度测量量表的内部一致性信度较好，满足研究的要求。

(2) 量表内部一致性信度检验。

采用 Cronbach's α 一致性系数检验知识共享各维度的内部一致性。结果显示，知识共享量表的整体 α 系数为 0.748。此外，对该向量表运用删除 α 指标检验的结果表明，除 GX4 条款外，其他指标的删除 α 系数值都小于量表的整体 α 值(0.748)，故应删除此条款并保留其他条款。

2. 构思效度检验

(1) 收敛效度分析。

以往关于知识共享的研究，一般将其分为两个维度，例如知识共享和知识获取。因此，在借鉴以往研究结果的基础上，本书提出两个竞争模型包括：M1 为单因素模型，即所有题项都归于单一维度；M2 为两因素模型，即将知识共享分为知识获取和知识贡献两个维度。假设模型拟合指标值如表5.11 所示。

表 5.11　知识共享各模型拟合指标汇总

	χ^2/df	RMSEA	IFI	CFI	AGFI
M0	18.271				
M1	6.847	0.153	0.849	0.783	0.804
M2	1.385	0.048	0.962	0.937	0.915

由表 5.11 的检验结果表明：二维模型的各项指标都达到了检验要求，而且明显优于单维度模型，很好地拟合了原始数据。知识共享的二维模型路径如图

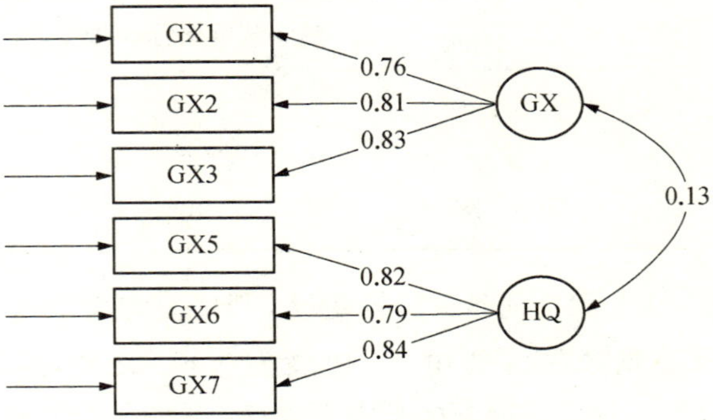

图 5.1　知识共享验证性因子分析

5.1 所示。

（2）辨别效度分析。

运用 SPSS 中的信度分析，分别得到知识共享量表整体的内部一致性系数和各个维度的内部一致性系数；运用验证性分析得到各维度的标准差、相关系数值。如表 5.12 所示。

表 5.12　知识共享的标准差、相关系数和内部一致性系数

	维度 α 值	S.D.	P	1	2
知识贡献	0.856	0.071	***	1	
知识获取	0.893	0.069	***	0.831	1

表 5.12 中的两个维度之间的相关系数为 0.831，小于两维度任意一项测量的内部一致性系数（0.856，0.893），这表明该测量量表具有良好的区分效度。

三、组织认同量表的信效度检验

1. 信度检验

（1）测量条款信度分析。

依据文献分析及理论模型建构，在参考相关研究并在访谈的基础上，形成本书组织认同的测量条款，其信度分析结果如表 5.13 所示。

表 5.13 组织认同测量条款信度检验结果

条 款	CITC	删除该条款后α系数	α系数
ZR1	0.603	0.795	
ZR2	0.647	0.791	
ZR3	0.684	0.788	0.807
ZR4	0.712	0.783	
ZR5	0.658	0.715	
ZR6	0.706	0.784	

由上表可知：未删除任何条款的各变量 CITC 值均大于 0.5，α 系数均大于 0.7；变量各条款删除后该变量的内部一致性信度 α 值都有所降低。因此，测量量表的内部一致性信度较好，满足研究的要求。

(2) 量表内部一致性信度检验。

采用 Cronbach's α 系数检验组织认同各维度的内部一致性。结果显示，组织认同量表的整体 α 系数为 0.803。此外，对该向量表运用删除 α 指标检验的结果表明，任一指标的删除 α 系数值都小于量表整体 α 值(0.803)，故应保留全部指标。

2. 构思效度检验

以往关于组织认同的研究，一般将其视为单维度。因此，在借鉴以往研究结果的基础上，通过验证性(CFA)因子分析进行效度分析。分析结果显示：组织认同单维度模型的各项拟合指标均达到要求($\chi^2/df=1.835$，RMSEA=0.063，IFI=0.931，CFI=0.927，AGFI=0.915)。因此，通过对大规模问卷调查数据的信度与效度检验结果表明，组织认同量表的测量具有良好的信效度。

四、创造力量表的信效度检验

1. 信度检验

(1) 各要素测量条款信度分析。

依据文献分析和理论建构，分别将个体创造力及团队创造力的单维度模型进行信度分析，测量条款信度分析如表 5.14 所示。

由表 5.14 可知：未删除任何条款的各变量 CITC 值均大于 0.5，α 系数均大于 0.7;仅有个体创造力量表删除 GCZ8 条款后,系数由 0.796 变为 0.802,但其变化幅度很小,其他变量各条款删除后该变量的内部一致性信度 α 值都有所降低。因此,各维度测量量表的内部一致性信度较好,均满足研究的要求。

表 5.14 创造力测量条款信度检验结果

变量	条款	CITC	删除该条款后 α 系数	α 系数
个体创造力	GCZ1	0.631	0.793	0.796
	GCZ2	0.618	0.786	
	GCZ3	0.697	0.785	
	GCZ4	0.753	0.791	
	GCZ5	0.681	0.782	
	GCZ6	0.724	0.779	
	GCZ7	0.695	0.794	
	GCZ8	0.512	0.802	
团队创造力	TCZ1	0.731	0.823	0.827
	TCZ2	0.707	0.817	
	TCZ3	0.684	0.815	
	TCZ4	0.693	0.806	
	TCZ5	0.695	0.796	
	TCZ6	0.687	0.812	

(2) 量表内部一致性信度检验。

采用 Cronbach's α 一致性系数检验个体及团队创造力的内部一致性。结果显示,个体创造力和团队创造力的整体 α 系数均大于 0.8。此外,对量表运用删除 α 指标检验的结果表明,任一指标的删除 α 系数值都小于量表的整体 α 值,故应保留全部指标。

2. 构思效度检验

以往关于创造力的研究中,一般将个体及团队创造力分别视为单维度模型。因此,在借鉴以往研究结果的基础上,通过验证性(CFA)因子分析进行效度分析(如表 5.15 所示)。

分析结果显示:个体创造力与团队创造力的单维度模型的各项拟合指标均达到要求。因此,通过对大规模问卷调查数据的信度与效度检验结果表明,个体创造力与团队创造力量表的测量具有良好的信度和效度。

表 5.15　个体及团队创造力的单维度模型拟合指标

	χ^2/df	RMSEA	AGFI	IFI	CFI
个体创造力	5.754	0.085	0.904	0.923	0.938
团队创造力	6.037	0.079	0.916	0.917	0.911

第五节　数据聚合检验与网络数据计算

一、数据聚合检验

在本书中，与创造力相关的中国文化情境特征的探讨属于团队（群体）层次概念，它反映了群体中个体成员所共同具有的文化特征（如面子倾向、人情倾向、和谐倾向及差序倾向）。同时，中国文化情境测量源自个体层次并在群体层次聚集，个体与群体层次的概念在本质上是相似的，属于共享型关系。依据 Klei & Kozlowski(2000)提出的多层次模型分类，共享型关系是指群体层次概念反映了群体中个体成员所共同具有的特征，它源于个体层次并在群体层次聚集，个体与群体层次的概念在本质上是相似的（如团队氛围和文化倾向）。因此，在验证多层次模型假设之前，需要检验个体层次变量数据是否满足聚合到团队层次的条件。判断共享型关系中聚合标准的指标包括：组内一致性、组内相关 *ICC*(1)及 *ICC*(2)。

1. 组内一致性检验

Kozlowski & Hattrup(1992)指出，组内一致性是指回答者对构念有相同的反应程度，常用的判断指标是 r_{ug}。涵盖多项条款的 r_{ug} 指标计算公式如下：

$$r_{ug(j)} = \frac{J[1-(s_{xj}^2/\sigma_{EU}^2)]}{J[1-(s_{xj}^2/\sigma_{EU}^2)]+(s_{xj}^2/\sigma_{EU}^2)} \tag{5.6}$$

在公式中，s_{xj}^2 是指在 J 个问项上所观察到的方差的平均数，σ_{EU}^2 是期望的随机方差，$r_{ug(j)}$ 则是在 J 个平行的问项上所有回答者的组内一致度。已有研究指出，$r_{ug(j)}$ 取值介于 0 至 1 之间，越接近 1 表示团队内个体成员评分一致度越高；一般可以采用 0.7 作为 $r_{ug(j)}$ 的判定临界值，即 $r_{ug(j)}$ 大于 0.7，表明由个体层次向团队层次聚合具有足够的一致度。本书采用 Kozlowski & Hattrup (1992)和 James et al. (1984)提出的方法，计算得出群体层次各构念的组内一致性如表 5.16 所示。其中，由于本书调查问卷均采用李克特 5 点量表，故 $\sigma_{EU}^2 = 2$。

表 5.16 组内一致度指标检验

因　素	面子倾向	人情倾向	和谐倾向	差序倾向	团队创造力	知识共享	团队认同
r_{ug}	0.811	0.843	0.795	0.864	0.786	0.805	0.773

由表 5.16 可知，四个维度的 r_{ug} 都大于所要求的 0.7 的参考值，因而各要素的 r_{ug} 检验结果符合组内一致性的要求。

2. 组内相关 *ICC*(1)和 *ICC*(2)

组内相关 *ICC*(1)和 *ICC*(2)是检验研究变量是否有足够组间差异的指标。研究者通过 HLM 分析，首先得出变量的组间方差(between-group variance)和组内方差(within-group variance)，进而求得研究变量的 *ICC*(1)：

$$ICC(1) = 组间方差 /(组间方差 + 组内方差) \tag{5.7}$$

组内相关 *ICC*(2)是指将个体层次变量聚合成群体层次变量时，该变量的信度。*ICC*(2)与 *ICC*(1)以及样本大小有关，k 表示群体样本数的大小，计算公式为：

$$ICC(2) = \frac{k \times [ICC(1)]}{1 + (K - 1) \times ICC(1)} \tag{5.8}$$

已有研究指出：*ICC*(1)的范围通常在 0 到 0.5 之间，但是此判断范围同时受到样本量的影响，需要进一步验证组间方差的显著性。由于在多层次组织研究中，通常难以保证数量很大的群体数，多数学者认为 0.6 至 0.7 之间的 *ICC*(2)的值都可以接受。Chen & Bliese(2002)的研究指出，即使有相对低的 *ICC*(2)，但如果聚合思路能够获得充足的理论支持，并且有较高的 r_{ug} 和显著的组间方差，聚合方法仍是可行的(Chen & Bliese, 2002)。各研究变量的 *ICC*(2)的值如表 5.17 所示。

表 5.17 各要素组内相关(1)和组内相关(2)系数值

因 素	面子倾向	人情倾向	和谐倾向	差序倾向	团队创造力	知识共享	团队认同
$ICC(1)$	0.248	0.307	0.118	0.126	0.263	0.215	0.182
$ICC(2)$	0.945	0.951	0.812	0.698	0.962	0.917	0.931
χ^2/df	2.54**	2.12**	1.519*	1.87**	3.14**	2.68**	1.79**

注：* 代表 $p<0.05$；** 代表 $p<0.01$

由表 5.17 可知：① 面子倾向、人情倾向、差序倾向、团队认同、知识共享、团队创造力的组内相关 $ICC(1)$的值都大于 0.12；② 和谐倾向的值略小为 0.118，但达到显著性水平；③ 面子倾向、人情倾向、和谐倾向、团队认同、知识共享、团队创造力的 $ICC(2)$值均大于 0.8；④ 尽管差序倾向 $ICC(2)$的值为 0.698 略小于 0.7，但具有较高的 r_{wg} 以及显著的组间方差。综合 r_{wg}、$ICC(1)$和 $ICC(2)$三个指标的检验结果表明，本书所涉及的团队层次变量均满足数据聚合的条件，可以将其聚合到群体层次进行相关分析。

二、网络数据计算

在文献分析的基础上，本书依据研究目的和对象分别从社会网络密度、网络中心性、网络强度和异质性四个方面测量社会网络结构，并利用 UCINET 6 for Windows 进行网络指标的计算。由于本书主要涉及的是工作团队中社会网络结构、知识共享及创造力的关系，故适合选择咨询网络作为研究对象。其调查题目例如“您在工作中遇到困难时，会向哪些人请教”，在不同的研究层面上，个体社会网络与团队社会网络结构指标的计算方法有所不同，具体公式见第二节。

第六节 多层次模型检验

本书中多层次模型的验证分为三个部分。其一，个体层次“社会网络→知识共享/认同→创造力”的关系验证。其二，团队层次“团队社会网络→知识共享/团队认同→团队创造力”的关系验证。其三，本书试图通过在团队层面的中国文化倾向特征（即团队内多数成员所共享的关于中国文化的整体倾向趋势）来考察中国文化情境下社会网络对个体及团队创造力的多层次影响；即在团队层面，考察团队层次的中国文化倾向是否会在同一层次调节团队社会网络与团队创造力间的关系；在跨层次方面，主要考察中国文化倾向（团队层次）对社会网络与个体创造力（个体层次）之间关系的跨层次调节作用。

一、多层次模型的不同层次变量构成

根据理论假设，本书所涉及的变量属于两个层次。团队层次变量包括：面子倾向（MZ）、人情倾向（RQ）、和谐倾向（HX）、差序倾向（CX）、团队创造力（TCZ）、团队知识共享（TZG）、团队认同（TZR）、团队网络密度（TWM）、团队网络强度（TWQ）、团队网络中心性（TWZ）、团队网络异质性（TWY）。个体层次变量包括：网络密度（GWM）、网络强度（GWQ）、网络中心性（GWZ）、网络异质性（GWY）、知识共享（GZG）、认同感（GZR）与个体创造力（GCZ）。其中，个体网络结构指标与团队网络指标的测算方法有所不同，具体公式见本章第二节；团队创造力是采用 Neil & Michael（1998）的团队层面问卷，而不是个体创造力的简单加总；其他团队层次变量的数据，则是从个体层次的测量均值汇聚所得。

二、个体层次的关系验证

由于不同性别、年龄、工作年限等人口统计学变量对可能会影响到研究的效度，因此我们将这些变量作为控制变量，采用逐步回归方法进行模型验证。

（一）社会网络结构对个体创造力的直接作用

在进行回归分析之前首先对变量之间的皮尔逊相关系数进行显著性检验，用以判断变量之间是否存在线性相关关系。当该系数不显著时，表明变量之间或者不存在线性相关关系，或者存在非线性关系。研究结果中：网络密度与创造力的相关系数为 0.125（$p>0.1$），表明网络密度与创造力之间不存在线性相关关系；网络强度与创造力的相关系数为 0.087（$p>0.1$），表明网络强度与创造力之间不存在线性相关关系；网络中心性和网络异质性与创造力的相关系数分别为 0.236（$p<0.05$）和 0.143（$p>0.01$），表明网络中心性和网络异质性与创造力之间存在线性正相关关系。

在回归分析中，首先将人口统计变量（性别、年龄、工作年限）作为自变量，个体创造力作为因变量构建回归模型 M1；其次利用人口统计学变量作为控制变量，社会网络结构作为自变量，创造力作为因变量构建回归模型 M2；最后将网络密度和网络强度的二次平方加入回归模型构建 M3，以验证二次关系。此外，在层次回归过程中，本书还通过计算各变量的方差膨胀因子（Variance Inflation Factor，VIF）检验变量之间是否存在多重共线性问题。回归分析结果见表 5.18。

表 5.18　社会网络结构对创造力影响的回归分析

	模型 M1		模型 M2		模型 M3	
	标准 β	VIF 值	标准 β	VIF 值	标准 β	VIF 值
控制变量						
性别	0.016	1.837	0.013	1.048	0.011	1.302
年龄	0.051	1.126	0.047	1.125	0.042	1.087
工作年限	0.125*	1.239	0.123*	1.267	0.122*	1.245
自变量						
网络强度			−0.128	1.289	2.875**	1.437
网络密度			−0.136	1.073	2.979**	1.479
网络中心性			0.237**	1.084	0.235**	1.078
网络异质性			0.187**	1.125	0.184**	1.124
网络强度平方					−2.987**	1.281
网络密度平方					−3.126**	1.274
ΔR^2			0.019**		0.103**	
ΔF			0.035**		0.051**	

注：* 代表 $p<0.05$；** 代表 $p<0.01$

回归分析结果显示：① 控制变量中工作年限对员工创造力有显著的影响，性别与年龄则无显著影响；② 在控制了人口统计变量效果的基础上（模型 M2 中），网络中心性与创造力显著正相关（$\beta=0.237$，$p<0.01$），方差解释程度提高 3.5%，表明较高的网络中心性可以促进员工创造力的提升，假设 2c 得到验证；③ 在模型 M2 中，网络异质性与创造力显著正相关（$\beta=0.187$，$p<0.01$），假设 2*d* 得到验证；④ 网络强度对创造力的回归系数在模型 *M*2 中不显著，但当网络强度与其平方值一并进入回归方程（模型 M3）时，网络强度与创造力回归系数显著且为正值（$\beta=2.875$，$p<0.01$），网络强度平方的回归系数显著且为负值（$\beta=-2.987$，$p<0.01$），方差解释程度提高 5.1%，表明网络强度与创造力之间存在二次函数关系且开口向下（倒 U 型），假设 2a 得到验证；⑤ 与网络强度的验

证步骤类似，网络密度与创造力回归系数显著且为正值($\beta=2.979$, $p<0.01$)，网络密度平方的回归系数显著且为负值($\beta=-3.126$, $p<0.01$)，表明网络密度与个体创造力之间呈现出倒U型关系，假设2b得到验证。

(二) 个体层面中介作用的验证

根据Baron和Kenny检验中介变量的方法，中介作用的检验必须满足三个条件：① 自变量与因变量必须显著相关；② 自变量与中介变量必须显著相关；③ 当自变量和中介变量同时进入回归方程时，若中介变量的作用显著而自变量的作用变得不显著，则为完全中介作用；若中介变量的作用显著而自变量的作用仍然显著，但作用强度减弱，则为部分中介作用。由表5.19的回归结果可知：网络强度、网络密度与个体创造力之间存在显著的非线性关系，网络中心性异质性和网络与创造力之间存在显著的线性关系，因而满足中介作用检验的第一个条件。

表 5.19　社会网络结构对知识共享影响的回归分析

	模　型　M2		模　型　M3	
	标准 β	VIF 值	标准 β	VIF 值
网络强度	−0.235	1.742	1.893**	1.372
网络密度	−0.148	1.837	1.687**	1.431
网络中心性	0.186**	1.628	0.184**	1.096
网络异质性	0.163	1.362	0.059	1.078
网络强度平方			−1.651**	1.373
网络密度平方			−2.326**	1.256
ΔR^2	0.014**		0.109**	
ΔF	0.029**		0.042**	

注：* 代表 $p<0.05$；** 代表 $p<0.01$

为了检验中介作用的第二个条件，分别将知识共享和组织认同作为因变量进行回归，结果见表5.19和5.20(控制变量的数值略去)。回归结果显示：① 网络强度与知识共享呈现倒U型关系，与组织认同呈现正相关关系；② 网络密度与知识共享呈现倒U型关系，与组织认同呈现正相关关系；③ 网络中心性与知识共享显著正相关，与组织认同显著正相关；④ 网络异质性与知识共享的关系不显著，但与组织认同显著负相关。各预测变量之间不存在多重共线性(VIF值均小于5)。

表 5.20　社会网络结构对组织认同影响的回归分析

	标准 β	VIF 值
网络强度	0.167**	1.537
网络密度	0.145**	1.681
网络中心性	0.205**	1.542
网络异质性	−0.153*	1.098
ΔR^2	0.019**	
ΔF	0.035**	

注：*代表 $p<0.05$；**代表 $p<0.01$

为了考察中介效应的第三个条件，本书提出三个模型。模型 M1 仅包含自变量，模型 M2 包含自变量和知识共享，模型 M3 包含自变量和组织认同。

表 5.21　知识共享和组织认同在网络结构与个体创造力间的中介效应分析

	模型 M1		模型 M2		模型 M3	
	标准 β	VIF 值	标准 β	VIF 值	标准 β	VIF 值
控制变量						
性别	0.011	1.638	0.010	1.036	0.014	1.284
年龄	0.042	1.251	0.039	1.187	0.048	1.263
工作年限	0.122*	1.243	0.121*	1.645	0.123*	1.372
自变量						
网络强度	2.875**	1.073	2.871**	1.353	2.793**	1.382
网络密度	2.979**	1.052	2.968**	1.364	2.761**	1.253
网络中心性	0.235**	1.189	0.229*	1.362	0.218*	1.126
网络异质性	0.184**	1.152	0.184**	1.027	0.185**	1.264
网络强度平方	−2.987**	1.264	−2.976*	1.038	−2.864*	1.361
网络密度平方	−3.126**	1.645	−3.085*	1.372	−2.976*	1.095
中介变量						
知识共享			0.248*	1.036		
组织认同					0.196*	1.263
ΔR^2			0.054**		0.063**	
ΔF			0.038**		0.036**	

注：*代表 $p<0.05$；**代表 $p<0.01$

由表 5.21 的分析结果可知：① 在分别引入中介变量后，网络强度对创造力的影响作用由 2.875 降为 2.871 和 2.793，但仍然显著($p<0.01$)，表明知识共享和组织认同在其中起到部分中介作用，假设 3a 和 4a 得到验证；② 引入中介变量后，网络密度对创造力的影响作用由 2.979 降为 2.968 和 2.761，但仍然显著($p<0.01$)，表明知识共享和组织认同在其中起到部分中介作用，假设 3b 和 4b 得到验证；③ 引入中介变量后，网络中心性对创造力的影响作用由 0.235 降为 0.229 和 0.218，但仍然显著($p<0.05$)，表明知识共享和组织认同在其中起到部分中介作用，假设 3c 和 4c 得到验证；④ 由于引入中介变量后网络异质性的系数没有下降且依然显著，因而假设 3d 和 4d 未得到验证。

三、团队层次的关系验证

(一) 团队社会网络对团队创造力的直接作用

在进行回归分析之前首先对变量之间的皮尔逊相关系数进行显著性检验，用以判断变量之间是否存在线性相关关系。研究结果中：团队网络密度与团队创造力的相关系数为 0.035 ($p>0.1$)，表明团队网络密度与团队创造力之间不存在线性相关关系；团队网络强度与团队创造力的相关系数为 0.065($p>0.1$)，表明团队网络强度与团队创造力之间不存在线性相关关系；团队网络中心性和团队网络异质性与团队创造力的相关系数分别为 0.214($p<0.05$)和 0.138($p<0.01$)，表明团队网络中心性和网络异质性与团队创造力之间存在线性正相关关系。

在回归分析过程中，首先将团队社会网络结构作为自变量，团队创造力作为因变量构建回归模型 M1；而后，将团队网络密度和网络强度的二次平方加入回归模型构建 M2，以验证二次关系。由于在个体层次关系验证时已经对变量的方差膨胀因子(Variance Inflation Factor, VIF)进行了检验，因而团队层次不再计算。回归分析结果见表 5.22 所示。

回归分析结果显示：① 网络中心性与团队创造力显著负相关 ($\beta=-0.219$, $p<0.01$)，方差解释程度提高 1.5%，表明较高的网络中心性不利于团队创造力，假设 5c 得到验证；② 网络异质性与团队创造力显著正相关 ($\beta=0.193$, $p<0.01$)，假设 5d 得到验证；③ 在模型 M2 中，团队网络强度与创造力回归系数显著且为正值 ($\beta=1.127$, $p<0.01$)，团队网络强度平方的回归系数显著且为负

值 ($\beta=-1.259$，$p<0.01$)，表明团队网络密度与团队创造力之间呈现出倒 U 型关系，假设 5a 得到验证；④ 在模型 M2 中，团队网络密度与团队创造力回归系数显著且为正值 ($\beta=1.187$，$p<0.01$)，网络密度平方的回归系数显著且为负值 ($\beta=-2.217$，$p<0.01$)，表明团队网络密度与团队创造力之间呈现出倒 U 型关系，假设 5b 得到验证。

表 5.22　社会网络结构对团队创造力影响的回归分析

	M1(标准 β)	M2(标准 β)
网络强度	-0.128	1.127**
网络密度	-0.143	1.827**
网络中心性	-0.219**	-0.216**
网络异质性	0.193**	0.189**
网络强度平方		-1.259**
网络密度平方		-2.217**
ΔR^2	0.015**	0.117**
ΔF	0.029**	0.041**

注：* 代表 $p<0.05$；** 代表 $p<0.01$

(二) 团队层面中介作用的验证

根据 Baron & Kenny 检验中介变量的方法，由表 5.22 的回归结果可知：团队网络密度与团队创造力之间存在显著的非线性相关关系，团队网络中心性和网络异质性与团队创造力之间存在显著的线性关系，因而满足中介作用检验的第一个条件。为了检验中介作用的第二个条件，分别将知识共享和组织认同作为因变量进行回归分析。回归结果显示：① 团队网络强度与知识共享呈现倒 U 型关系 ($\beta=-1.034$，$p<0.05$)，与组织认同呈现正相关关系 ($\beta=0.632$，$p<0.01$)；② 团队网络密度与知识共享呈现倒 U 型关系 ($\beta=-1.025$，$p<0.01$)，与组织认同呈现正相关关系 ($\beta=0.316$，$p<0.01$)；③ 团队网络中心性与知识共享显著负相关 ($\beta=-0.473$，$p<0.05$)，与组织认同显著正相关 ($\beta=0.367$，$p<0.05$)；④ 团队网络异质性与知识共享的呈现正相关关系 ($\beta=-0.132$，$p<0.01$)，但与组织认同显著负相关 ($\beta=-0.256$，$p<0.01$)。同时，各预测变量之间不存在多重共线性问题(VIF 值均小于 4.63)。为了考察中介效应的第三个条件，本书提出三个模型。模型 M1 仅包含自变量，模型 M2 包含自变量和

知识共享，模型 M3 包含自变量和组织认同。

由表 5.23 的分析结果可知：① 在分别引入中介变量后，网络强度对团队创造力的影响作用由 1.127 降为 1.125 和 1.122 且仍然显著（$p<0.01$），表明知识共享和组织认同在其中起到部分中介作用，假设 6a 和 7a 得到验证；② 引入中介变量后，网络密度对团队创造力的影响作用由 1.827 降为 1.824 和 1.821 且仍然显著（$p<0.01$），表明知识共享和组织认同在其中起到部分中介作用，假设 6b 和 7b 得到验证；③ 引入中介变量后，网络中心性对团队创造力的影响作用由 0.216 降为 0.215 和 0.213，但仍然显著（$p<0.05$），表明知识共享和组织认同在其中起到部分中介作用，假设 6c 和 7c 得到验证；④ 网络异质性对团队创造力的影响作用由 0.189 降为 0.188 和 0.185，但仍然显著（$p<0.05$），表明知识共享和组织认同在其中起到部分中介作用，假设 6d 和 7d 得到验证。

表 5.23 知识共享和组织认同在网络结构与团队创造力间中介效应分析

	M1（标准 β）	M2（标准 β）	M3（标准 β）
网络强度	1.127**	1.125**	1.122**
网络密度	1.827**	1.824**	1.821**
网络中心性	−0.216**	−0.215*	−0.213*
网络异质性	0.189**	0.188*	0.185*
网络强度平方	−1.259**	−1.256*	−1.251*
网络密度平方	−2.217**	−2.214*	−2.213*
中介变量			
知识共享		0.236*	
组织认同			0.194*
ΔR^2		0.051**	0.058**
ΔF		0.042**	0.049**

注：* 代表 $p<0.05$；** 代表 $p<0.01$

（三）与创造力相关的中国文化倾向在团队层面调节作用的验证

依据 Zhou，Shin & Brass et al.（2009）考察调节作用的过程，本书采用层级回归方法验证与创造力相关的中国文化倾向特征在社会网络结构与团队创造力间的调节作用。在层级回归过程中，首先将团队网络指标引入方程（M1），第二步将中国文化倾向特征引入方程（M2），而后将一次乘积项引入方程（M3）；由于网络密度和网络强度与团队创造力是非线性关系，第四步将二者的平方项与中国文化倾向特征的乘积引入方程(M4)。

1. 面子倾向在团队层次的调节作用

由层次回归分析结果可知：① 面子倾向在网络强度与团队创造力之间起到调节作用；高面子倾向情境下，网络强度与团队创造力负向相关；低面子倾向情境下，网络强度与团队创造力呈现倒U型关系（$\beta=0.652$，$p<0.01$）；② 面子倾向在网络密度与团队创造力之间起到调节作用；高面子倾向情境下，网络密度与创造力负向相关；低面子倾向情境下，网络密度与团队创造力呈现倒U型关系（$\beta=0.529$，$p<0.01$）；③ 面子倾向正向调节网络中心性与团队创造力之间的负向关系（$\beta=0.336$，$p<0.01$）；④ 面子倾向负向调节网络异质性与团队创造力之间的正向关系（$\beta=-0.126$，$p<0.01$）。因此，假设12a，12b，12c和12d得到验证。

表5.24 面子倾向在网络结构与团队创造力间的调节作用分析

变　数	M1	M2	M3	M4
网络中心性	−0.216**	−0.196**	−0.183**	−0.173**
网络异质性	0.189**	0.174**	0.171**	0.165**
网络密度	1.827**	1.786**	1.762**	1.537*
网络强度	1.127**	1.119**	1.023**	1.014*
网络密度平方	−2.217**	−2.213**	−1.984**	−2.132**
网络强度平方	−1.259**	−1.238**	−1.192**	−1.371**
面子倾向		0.252	0.216	0.185
面子倾向*网络中心性			0.336**	0.325*
面子倾向*网络异质性			−0.126**	−0.118*
面子倾向*网络密度				−0.421
面子倾向*网络强度				−0.567
面子倾向*网络密度平方				0.529**
面子倾向*网络强度平方				0.652**
ΔR^2		0.032**	0.054**	0.047**

注：*代表 $p<0.05$；**代表 $p<0.01$

为了更清晰地体现面子倾向在网络强度和团队创造力之间起到的非线性调节作用，参考Cohen，Cohen，West，& Aiken(2003)的做法，将网络强度分为高、中、低三个小组，然后对每组样本分别进行回归，通过回归方程对应的图线对比不同分组间的差别(如图 5.2 所示)。

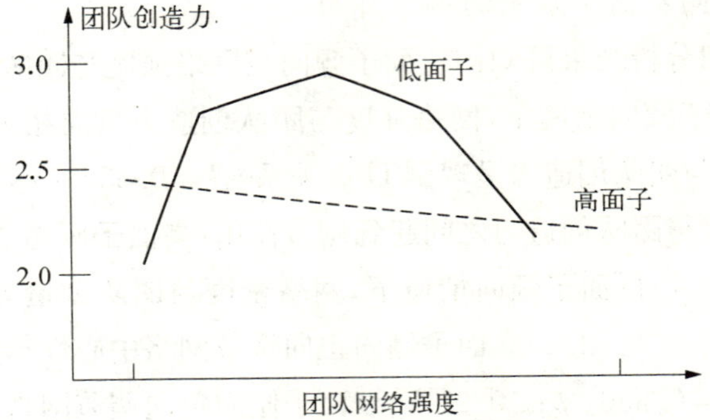

图 5.2　面子倾向对团队网络强度与团队创造力的非线性调节效应

与以上分析方法类似，参考 Cohen，Cohen，West，& Aiken(2003)的做法，将网络密度分为高、中、低三个小组，通过回归方程对应的图线对比不同分组间的差别(如图 5.3 所示)。

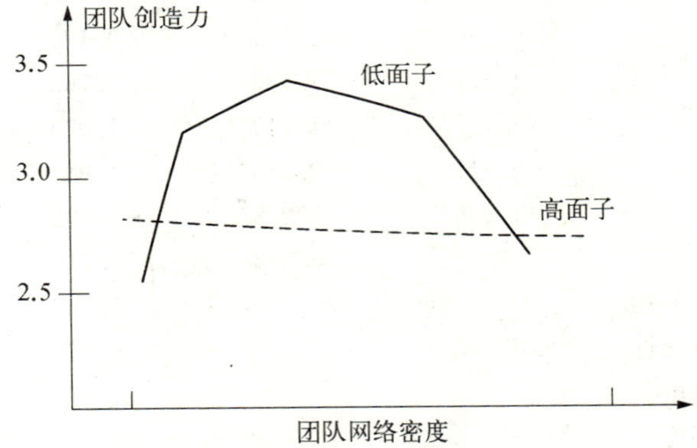

图 5.3　面子倾向对网络密度与团队创造力的非线性调节效应

因此，在团队层面，面子倾向正向调节网络中心性与团队创造力之间的关系，负向调节网络异质性与团队创造力之间的关系；高面子倾向情境下，网络强度和网络密度与团队创造力负向相关；低面子倾向情境下，网络强度和网络密度均与创造力呈现倒 U 型关系。

2. 人情倾向在团队层次的调节作用

由层次回归的分析结果可知(表 5.25)：① 人情倾向在网络强度与团队创造力之间起到调节作用；高人情倾向情境下，网络强度与团队创造力正向相关；低人情倾向情境下，网络强度与团队创造力呈现倒 U 型关系 ($\beta = 0.473$，$p < 0.01$)；② 人情倾向在网络密度与团队创造力之间起到调节作用；高人情倾向情境下，网络密度与团队创造力正向相关；低人情倾向情境下，网络密度与团队创造力呈现倒 U 型关系 ($\beta = 0.327$，$p < 0.01$)；③ 人情倾向负向调节网络中心性与团队创造力之间的关系 ($\beta = -0.416$，$p < 0.01$)；④ 人情倾向正向调节网络异质性与团队创造力之间的关系 ($\beta = 0.235$，$p < 0.01$)。因此，假设 13a，13b，13c 和 13d 得到验证。

表 5.25　人情倾向在网络结构与团队创造力间的调节作用分析

变　数	M1	M2	M3	M4
网络中心性	−0.216**	−0.185*	−0.179**	−0.176**
网络异质性	0.189**	0.168**	0.171**	0.159**
网络密度	1.827**	1.819**	1.782**	1.647**
网络强度	1.127**	1.124**	1.118**	1.106*
网络密度平方	−2.217**	−2.215**	−1.846**	−2.016**
网络强度平方	−1.259**	−1.241**	−1.186**	−1.238**
人情倾向		−0.321	−0.264	−0.306
人情倾向*网络中心性			−0.416**	−0.368*
人情倾向*网络异质性			0.235**	0.229*
人情倾向*网络密度				−0.316
人情倾向*网络强度				−0.423
人情倾向*网络密度平方				0.327**
人情倾向*网络强度平方				0.473**
ΔR^2		0.016**	0.024**	0.039**

注：* 代表 $p<0.05$；** 代表 $p<0.01$

因此，人情倾向负向调节网络中心性与团队创造力之间的关系，正向调节网络异质性与团队创造力之间的关系；高面子倾向情境下，网络强度和网络密度与团队创造力正向相关；低面子倾向情境下，网络强度和网络密度均与创造力呈现倒 U 型关系。

3. 和谐倾向在团队层次的调节作用

由层次回归分析结果可知(表 5.26)：和谐倾向在网络强度与团队创造力之间,并未起到调节作用 ($\beta = 0.095$，$p > 0.01$)；和谐倾向在网络密度与团队创造力之间,并未起到调节作用 ($\beta = 0.026$，$p > 0.01$)；和谐倾向负向调节网络中心性与团队创造力之间的关系 ($\beta = -0.352$，$p < 0.05$)；和谐倾向正向调节网络异质性与团队创造力之间的关系 ($\beta = 0.417$，$p < 0.05$)。因此,假设 14a 和 14b 未得到验证,14c 和 14d 得到验证。

表 5.26　和谐倾向在网络结构与团队创造力间的调节作用分析

变　　数	M1	M2	M3	M4
网络中心性	−0.216**	−0.173**	−0.176**	−0.168**
网络异质性	0.189**	0.175**	0.173**	0.164**
网络密度	1.827**	1.732**	1.761**	1.685*
网络强度	1.127**	1.056**	1.109**	1.113*
网络密度平方	−2.217**	−2.213**	−1.875**	−2.014*
网络强度平方	−1.259**	−1.237**	−1.195**	−1.184**
和谐倾向		−0.502	−0.463	−0.481
和谐倾向*网络中心性			−0.352*	−0.348*
和谐倾向*网络异质性			0.417*	0.339*
和谐倾向*网络密度				−0.326
和谐倾向*网络强度				−0.512
和谐倾向*网络密度平方				0.026
和谐倾向*网络强度平方				0.095
ΔR^2		0.021**	0.019*	0.043*

注：*代表 $p<0.05$；**代表 $p<0.01$

因此,和谐倾向负向调节网络中心性与团队创造力之间的关系,正向调节网络异质性与团队创造力之间的关系;和谐倾向在网络强度和网络密度与团队创造力之间不存在显著的调节作用。

4. 差序倾向在团队层次的调节作用

由层次回归分析结果可知(表 5.27)：① 差序倾向在网络强度与团队创造力之间起到调节作用;高差序倾向情境下,网络强度与团队创造力负向相关;低差序倾向情境下，网络强度与团队创造力呈现倒 U 型关系（$\beta = 0.519$，$p < 0.01$）；② 差序倾向在网络密度与团队创造力之间起到调节作用；高差序倾向情境下，网络密度与团队创造力负向相关；低差序倾向情境下，网络密度与团队创造力呈现倒 U 型关系（$\beta = 0.327$，$p < 0.01$）；③ 差序倾向正向调节网络中心性与团队创造力之间的负向关系（$\beta = 0.415$，$p < 0.01$）；④ 差序倾向负向调节网络异质性与团队创造力之间的正向关系（$\beta = -0.164$，$p < 0.01$）。因此，假设 15a，15b，15c 和 15d 得到验证。

表 5.27 差序倾向在网络结构与团队创造力间的调节作用分析

变 数	M1	M2	M3	M4
网络中心性	−0.216**	−0.184**	−0.181**	−0.175**
网络异质性	0.189**	0.168**	0.161**	0.172**
网络密度	1.827**	1.793**	1.781**	1.635*
网络强度	1.127**	1.123**	1.085**	1.074*
网络密度平方	−2.217**	−2.156**	−1.993**	−1.846**
网络强度平方	−1.259**	−1.246**	−1.185**	−1.381**
面子倾向		0.462	0.516	0.378
面子倾向* 网络中心性			0.415**	0.372*
面子倾向* 网络异质性			−0.164**	−0.153*
面子倾向* 网络密度				−0.265
面子倾向* 网络强度				−0.491
面子倾向* 网络密度平方				0.327**
面子倾向* 网络强度平方				0.519**
ΔR^2		0.045**	0.062**	0.058**

注：* 代表 $p<0.05$；** 代表 $p<0.01$

因此，差序倾向正向调节网络中心性与团队创造力之间的关系，负向调节网络异质性与团队创造力之间的关系；高差序倾向情境下，网络强度和网络密度与团队创造力负向相关；低差序倾向情境下，网络强度和网络密度均与创造力呈现倒 U 型关系。

四、跨层次调节作用的验证

为了验证与创造力相关的中国文化倾向（团队层次）对社会网络与个体创造

力(个体层次)之间关系的跨层次调节作用,本书采用 HLM6.0 商业版进行分析(软件费用由笔者参与的国家自然基金课题资助),验证过程分为四个步骤。

1. Step 1:员工创造力在个体及团队层次的差异分析

采用跨层次模型的前提是,假设员工创造力同时受到群体和个体层次变量的共同影响。因而在进行调节作用验证之前,首先需要检验员工创造力在两个层面是否都存在变异,即是否具有组内方差和组间方差。为了此目的,本书构建了模型如下:

Level-1:

$$GCZ = \beta_{0j} + r_{ij} \tag{5.9}$$

Level-2:

$$\beta_{0j} = \gamma_{00} + u_{0j} \tag{5.10}$$

其中,β_{0j}是第 j 个团队的创造力平均值,γ_{00}是创造力的总平均数,U_{0j}的方差=τ_{00}=截距的方差,r_{ij}的方差=σ^2=Level-1 残差的方差。在此模型中,一层和第二层变量中均不设计预测变量。计算结果显示,员工创造力的组间方差百分比 $ICC(1)$为 0.18,且组间方差 0.35 在 0.01 水平上显著,表明创新行为的方差有 18%来自组间方差而 82%来自组内方差,较明显的组间方差适宜做跨层次分析。

2. Step 2:社会网络结构对员工创造力的主效应分析

依据 Zhou, Shin & Brass et al.,(2009)考察调节作用的过程,将社会网络结构变量引入 Level-1,建构模型的目的是验证社会网络结构对员工创造力的主效应。首先验证社会网络中心性对员工创造力的主效应,模型如下:

Level-1:

$$GCZ = \beta_{0j} + \beta_{1j}(GWZ) + \beta_{2j}(sex) + \beta_{3j}(age) + \beta_{4j}(working\text{-}time) + r_{ij} \tag{5.11}$$

Level-2:

$$\beta_{0j} = \gamma_{00} + u_{0j} \tag{5.12}$$

$$\beta_{1i} = \gamma_{10} + u_{1i} \tag{5.13}$$

$$\beta_{2i} = \gamma_{20} \tag{5.14}$$

$$\beta_{3i} = \gamma_{30} \tag{5.15}$$

$$\beta_{4i} = \gamma_{40} \tag{5.16}$$

其中 γ_{00}＝跨群体截距项平均数，γ_{10}（跨群体斜率的平均数）表示社会网络中心性与创造力跨群体的关系，r_{ij} 的方差＝ σ^2＝Level－1 残差的方差，U_{0j} 的方差＝τ_{00}＝截距的方差，U_{1j} 的方差＝τ_{11}＝斜率的方差。由检验结果可知：γ_{10} 为 0.233 且在 0.01 水平上显著，表明网络中心性与员工创造力有显著的正相关关系。

与以上模型和步骤类似，本书建立模型并分别验证网络密度、网络强度、网络异质性与员工创造力的之间关系，检验结果见表 5.28。具体模型如下。

网络异质性对个体创造力的主效应：

Level－1：

$$GCZ = \beta_{0j} + \beta_{1j}(GWY) + \beta_{2j}(sex) + \beta_{3j}(age) + \beta_{4j}(working\text{-}time) + r_{ij} \tag{5.17}$$

Level－2：

$$\beta_{0j} = \gamma_{00} + u_{0j} \tag{5.18}$$

$$\beta_{1i} = \gamma_{10} + u_{1i} \tag{5.19}$$

$$\beta_{2i} = \gamma_{20} \tag{5.20}$$

$$\beta_{3i} = \gamma_{30} \tag{5.21}$$

$$\beta_{4i} = \gamma_{40} \tag{5.22}$$

网络密度对个体创造力的主效应：

Level－1：

$$GCZ = \beta_{0j} + \beta_{1j}(GWM) + \beta_{2j}(GWM^2) + \beta_{3j}(sex) + \beta_{4j}(age) + \beta_{5j}(working\text{-}time) + r_{ij} \tag{5.23}$$

Level－2：

$$\beta_{0j} = \gamma_{00} + u_{0j} \tag{5.24}$$

$$\beta_{1i} = \gamma_{10} + u_{1i} \tag{5.25}$$

$$\beta_{2i} = \gamma_{20} + u_{2i} \tag{5.26}$$

$$\beta_{3i} = \gamma_{30} \tag{5.27}$$

$$\beta_{4i} = \gamma_{40} \tag{5.28}$$

$$\beta_{5i} = \gamma_{50} \tag{5.29}$$

网络强度对创造力的主效应：

Level－1：

$$GCZ = \beta_{0j} + \beta_{1j}(GWQ) + \beta_{2j}(GWQ^2) + \beta_{3j}(sex) + \beta_{4j}(age) + \beta_{5j}(working\text{-}time) + r_{ij} \tag{5.30}$$

Level－2：

$$\beta_{0j} = \gamma_{00} + u_{0j} \tag{5.31}$$

$$\beta_{1i} = \gamma_{10} + u_{1i} \tag{5.32}$$

$$\beta_{2i} = \gamma_{20} + u_{2i} \tag{5.33}$$

$$\beta_{3i} = \gamma_{30} \tag{5.34}$$

$$\beta_{4i} = \gamma_{40} \tag{5.35}$$

$$\beta_{5i} = \gamma_{50} \tag{5.36}$$

通过计算结果可知：网络强度与个体创造力之间存在非线性的倒 U 型关系，网络密度与个体创造力之间存在非线性的倒 U 型关系，网络异质性对个体创造力的影响不显著。此外，$R^2_{\text{Level-1}=}[\sigma^2(\text{step1}) - \sigma^2(\text{step2})]/\sigma^2(\text{step1})$ 为 0.11，表明创造力的组内方差有 11%可以被网络结构解释；τ_{00}（组间方差）为 5.21 且在 0.05 水平上显著，表明模型中可能存在群体层次因子。

3. Step 3：中国文化倾向对网络中心性和异质性的调节效应分析

由于本书假设中，与创造力相关的中国文化情境对网络中心性和异质性的调节影响是线性作用，而对网络密度和网络强度的调节影响是非线性的影响，因而 Step 3 首先检验线性调节作用。面子倾向在网络中心性和员工创造力间的调节效应，模型如下：

Level－1：

$$GCZ = \beta_{0j} + \beta_{1j}(GWZ) + \beta_{2j}(sex) + \beta_{3j}(age) + \beta_{4j}(working\text{-}time) + r_{ij} \tag{5.37}$$

Level－2：

$$\beta_{0j} = \gamma_{00} + \gamma_{01}(MZ) + u_{0j} \tag{5.38}$$

$$\beta_{1i} = \gamma_{10} + \gamma_{11}(MZ) + u_{1i} \tag{5.39}$$

$$\beta_{2i} = \gamma_{20} \tag{5.40}$$

$$\beta_{3i} = \gamma_{30} \tag{5.41}$$

$$\beta_{4i} = \gamma_{40} \tag{5.42}$$

其中，γ_{00}= Level－2 的截距项，γ_{01}是在控制了 Level－1 的性别、年龄等人口统计因素变量影响后，面子倾向与员工创造力之间的估计系数，γ_{11}是 Level－2 的斜率，即面子倾向对网络中心性与员工创造力的调节效果。由检验结果可知：① γ_{01}为 0.673($p<0.01$)且 ΔR^2 显著，表明面子倾向对员工创造力有显著的正向影响，而 Level－2 中可能同时存在群体层次的因子对网络中心性与员工创造力的关系产生影响；② γ_{11}为 0.321($p<0.05$)，表明面子倾向正向调节网络中心性与个体创造力之间的关系，假设 8c 得到支持。

与以上检验相类似，构建模型验证面子倾向在网络异质性和员工创造力间的调节效应，模型如下：

Level－1：

$$GCZ = \beta_{0j} + \beta_{1j}(GWY) + \beta_{2j}(sex) + \beta_{3j}(age) + \beta_{4j}(working\text{-}time) + r_{ij} \tag{5.43}$$

Level－2：

$$\beta_{0j} = \gamma_{00} + \gamma_{01}(MZ) + u_{0j} \tag{5.44}$$

$$\beta_{1i} = \gamma_{10} + \gamma_{11}(MZ) + u_{1i} \tag{5.45}$$

$$\beta_{2i} = \gamma_{20} \tag{5.46}$$

$$\beta_{3i} = \gamma_{30} \tag{5.47}$$

$$\beta_{4i} = \gamma_{40} \tag{5.48}$$

由检验结果可知：γ_{01}为 0.182($p<0.05$)，表明网络异质性与员工创造力的正向关系显著；γ_{11}为 0.105($p<0.05$)，表明面子倾向在网络异质性与员工创造力间的负向调节作用显著，假设 8d 得到支持。

4. Step 4：社会网络结构对个体创造力的主效应分析

由于网络密度和网络强度与个体创造力之间是非线性关系，因而设计第四个步骤以检验面子倾向对网络密度和创造力间关系的调节作用，模型如下：

Level－1：

$$GCZ = \beta_{0j} + \beta_{1j}(WM) + \beta_{2j}(WM^2) + \beta_{3j}(sex) + \beta_{4j}(age) + \beta_{5j}(working\text{-}time) + r_{ij} \tag{5.49}$$

Level－2：

$$\beta_{0j} = \gamma_{00} + \gamma_{01}(MZ) + u_{0j} \tag{5.50}$$

$$\beta_{1i} = \gamma_{10} + \gamma_{11}(MZ) + u_{1i} \tag{5.51}$$

$$\beta_{2j} = \gamma_{20} + \gamma_{21}(MZ) + u_{2i} \tag{5.52}$$

$$\beta_{3i} = \gamma_{30} \tag{5.53}$$

$$\beta_{4i} = \gamma_{40} \tag{5.54}$$

$$\beta_{5i} = \gamma_{50} \tag{5.55}$$

由检验结果可知：① γ_{10} 为 2.846($p<0.05$)且 γ_{20} 为 -2.651($p<0.05$)，网络密度与员工创造力成倒 U 型关系；② γ_{01} 为 0.572($p<0.05$)且 ΔR^2 显著，表明面子倾向对员工创造力有显著的正向影响，而 Level－2 中可能同时存在群体层次的因子对网络密度与员工创造力的关系产生影响；③ γ_{11} 为 -0.463($p>0.01$)且 γ_{21} 为 0.538($p<0.05$)，表明面子倾向在网络密度和创造力之间起到非线性调节作用，假设 8b 得到验证。

面子倾向对网络强度和创造力间关系的调节作用模型：

Level－1：

$$GCZ = \beta_{0j} + \beta_{1j}(GWQ) + \beta_{2j}(GWQ^2) + \beta_{3j}(sex) + \beta_{4j}(age) + \beta_{5j}(working\text{-}time) + r_{ij} \tag{5.56}$$

Level－2：

$$\beta_{0j} = \gamma_{00} + \gamma_{01}(MZ) + u_{0j} \tag{5.57}$$

$$\beta_{1i} = \gamma_{10} + \gamma_{11}(MZ) + u_{1i} \tag{5.58}$$

$$\beta_{2i} = \gamma_{20} + \gamma_{21}(MZ) + u_{2i} \tag{5.59}$$

$$\beta_{3i} = \gamma_{30} \tag{5.60}$$

$$\beta_{4i} = \gamma_{40} \tag{5.61}$$

$$\beta_{5i} = \gamma_{50} \tag{5.62}$$

由检验结果可知：① γ_{10} 为 2.635($p<0.05$)且 γ_{20} 为 −2.612($p<0.05$)，网络强度与员工创造力成倒 U 型关系；② γ_{11} 为 −0.572($p>0.01$)且 γ_{21} 为 0.673($p<0.05$)，表明面子倾向在网络强度和创造力之间起到非线性调节作用，假设 8a 得到验证。

更清晰地体现面子倾向在网络密度、网络强度和创造力之间起到非线性调节作用，参考 Cohen，Cohen，West，& Aiken(2003)的做法，分别将网络密度和网络强度分为高、中、低三个小组，然后对每组样本分别进行回归，通过回归方程对应的图线对比不同分组间的差别(如图 5.4 和 5.5 所示)。

因此，面子倾向在网络密度与个体创造力之间起到调节作用；高面子倾向情境下，网络密度与创造力正向相关；低面子倾向情境下，网络密度与创造力呈现倒 U 型关系。

表 5.28　面子倾向在网络结构与员工创造力间的跨层次调节作用分析

变　　数	Step1	Step2	Step3	Step4
截距	8.342**	4.332*	5.726*	5.984*
网络中心性		0.233**	0.209**	——
网络异质性		0.184**	0.182*	——
网络密度		2.977**	2.648**	2.846*
网络强度		2.874**	2.745**	2.635*
网络密度平方		−3.124**	——	−2.651*
网络强度平方		−2.985**	——	−2.612*
面子倾向			0.673**	0.572*
面子倾向*网络中心性			0.321*	——
面子倾向*网络异质性			−0.105*	——
面子倾向*网络密度			0.071	−0.463
面子倾向*网络强度			0.056	−0.572
面子倾向*网络密度平方				0.538*
面子倾向*网络强度平方				0.673*
ΔR^2		0.043**	0.068*	0.086*

注：* 代表 $p<0.05$；** 代表 $p<0.01$

因此，面子倾向正向调节网络中心性与个体创造力之间的关系，负向调节网络异质性与个体创造力之间的关系；高面子倾向情境下，网络强度和网络密度与

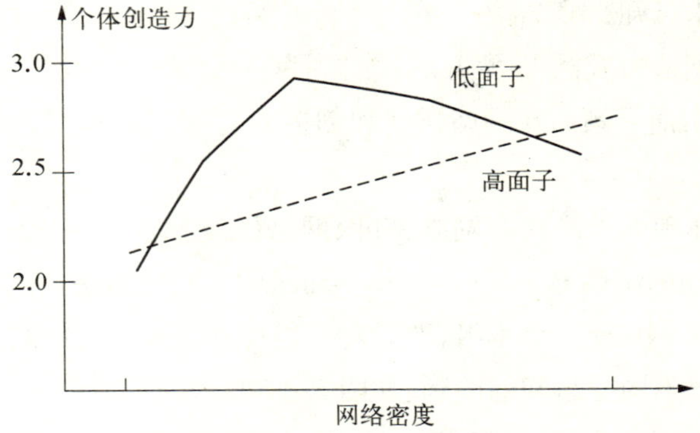

图 5.4 面子倾向对网络密度与个体创造力的跨层次调节效应

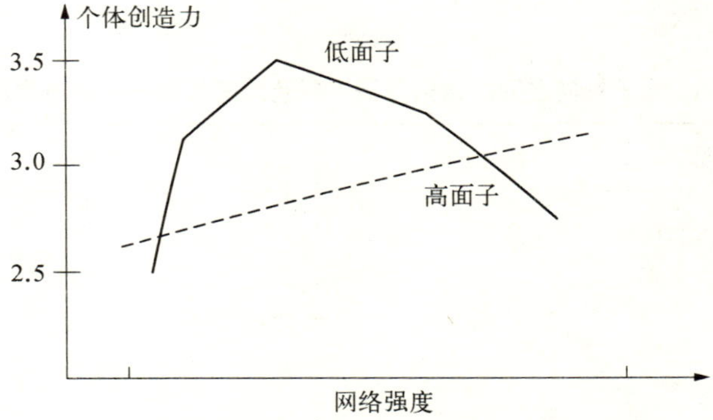

图 5.5 面子倾向对网络强度与个体创造力的跨层次调节效应

创造力正向相关;低面子倾向情境下,网络强度和网络密度均与创造力呈现倒 U 型关系。

5. 人情倾向跨层次调节作用分析

参考 Step 1 至 Step 4 对于面子倾向跨层次调节作用的验证过程,构建有关人情倾向的跨层次检验模型并计算回归结果,如表 5.29 所示。

表 5.29 人情倾向在网络结构与个体创造力间的跨层次调节作用分析

变　　数	Step1	Step2	Step3	Step4
截距	8.342**	4.332*	4.837*	6.746*
网络中心性		0.233**	0.212**	—
网络异质性		0.184**	0.179**	—

续表

变　　数	Step1	Step2	Step3	Step4
网络密度		2.977**	2.863**	2.843**
网络强度		2.874**	2.861**	2.782**
网络密度平方		−3.124**	—	−1.874**
网络强度平方		−2.985**	—	−1.936**
人情倾向			0.179*	0.358*
人情倾向*网络中心性			0.134**	—
人情倾向*网络异质性			0.113**	—
人情倾向*网络密度			0.065	−0.324
人情倾向*网络强度			0.042	−0.235
人情倾向*网络密度平方				0.491**
面子倾向*网络强度平方				0.521**
ΔR^2		0.043**	0.041**	0.053**

注：*代表 $p<0.05$；**代表 $p<0.01$

由表5.29的检验结果可知：① 在Step 3中，γ_{01}为0.179($p<0.05$)且γ_{11}为0.134($p<0.01$)，表明人情倾向在网络异质性与员工创造力间正向调节作用显著，假设9d得到支持。② 在Step 3中，网络中心性的系数为0.212($p<0.01$)且与人情倾向的交互系数为0.134($p<0.01$)，表明人情倾向正向调节网络中心性与个体创造力之间的关系，假设9c得到支持。③ 在Step 4中，γ_{11}为−0.235($p>0.01$)且γ_{21}为0.521($p<0.01$)，表明人情倾向在网络强度和个体创造力之间起到非线性调节作用，假设9a得到验证；④ 在Step 4中，针对网络密度的γ_{11}为−0.324($p>0.01$)且γ_{21}为0.491($p<0.01$)，表明人情倾向在网络密度和个体创造力之间起到非线性调节作用，假设9b得到验证。

因此，人情倾向正向调节网络中心性与个体创造力之间的关系，正向调节网络异质性与个体创造力之间的关系；高人情倾向情境下，网络强度和网络密度与个体创造力正向相关；低人情倾向情境下，网络强度和网络密度均与个体创造力呈现倒U型关系。

6. *和谐及差序倾向的跨层次调节作用分析*

采用与以上方法相同的步骤，验证和谐及差序倾向的跨层次调节作用。鉴于验证步骤相同，并为了避免行文过于累赘，本书仅将部分重要结果列出。

检验和谐倾向跨层次调节作用模型(以网络密度检验模型为例)：

Level - 1：

$$GCZ = \beta_{0j} + \beta_{1j}(GWM) + \beta_{2j}(GWM^2) + \beta_{3j}(sex) + \beta_{4j}(age) + \beta_{5j}(working\text{-}time) + r_{ij} \quad (5.63)$$

Level - 2：

$$\beta_{0j} = \gamma_{00} + \gamma_{01}(HX) + u_{0j} \quad (5.64)$$

$$\beta_{1i} = \gamma_{10} + \gamma_{11}(HX) + u_{1i} \quad (5.65)$$

$$\beta_{2i} = \gamma_{20} + \gamma_{21}(HX) + u_{2i} \quad (5.66)$$

$$\beta_{3i} = \gamma_{30} \quad (5.67)$$

$$\beta_{4i} = \gamma_{40} \quad (5.68)$$

$$\beta_{5i} = \gamma_{50} \quad (5.69)$$

跨层次模型检验结果表明：① 在 Step 3 中，γ_{01} 为 0.142($p<0.01$)且 γ_{11} 为 0.156($p<0.01$)，表明和谐倾向在网络异质性与个体创造力间正向调节作用显著，假设 10d 得到支持。② 在 Step 3 中，网络中心性的系数为 0.283($p<0.05$)且与和谐倾向的交互系数为 0.095($p<0.05$)，表明和谐倾向正向调节网络中心性与个体创造力之间的关系，假设 10c 得到支持。③ 在 Step 4 中，γ_{11} 为 -0.027 ($p>0.01$)且 γ_{21} 为 0.036($p>0.01$)，表明和谐倾向在网络强度和个体创造力之间的调节作用不显著，假设 10a 未得到验证；④ 在 Step 4 中，针对网络密度的 γ_{11} 为 -0.045($p>0.01$)且 γ_{21} 为 0.073($p>0.01$)，表明和谐倾向在网络密度和个体创造力之间的调节作用不显著，假设 10b 未得到验证。

因此，和谐倾向正向调节网络中心性与个体创造力之间的关系，正向调节网络异质性与个体创造力之间的关系。

检验差序倾向跨层次调节作用模型(以网络密度检验模型为例)：

Level - 1：

$$GCZ = \beta_{0j} + \beta_{1j}(GWM) + \beta_{2j}(GWM^2) + \beta_{3j}(sex) + \beta_{4j}(age) + \beta_{5j}(working\text{-}time) + r_{ij} \quad (5.70)$$

Level - 2：

$$\beta_{0j} = \gamma_{00} + \gamma_{01}(CX) + u_{0j} \quad (5.71)$$

$$\beta_{1i} = \gamma_{10} + \gamma_{11}(CX) + u_{1i} \quad (5.72)$$

$$\beta_{2i} = \gamma_{20} + \gamma_{21}(CX) + u_{2i} \tag{5.73}$$

$$\beta_{3i} = \gamma_{30} \tag{5.74}$$

$$\beta_{4i} = \gamma_{40} \tag{5.75}$$

$$\beta_{5i} = \gamma_{50} \tag{5.76}$$

跨层次模型检验结果表明：① 在 Step 3 中，γ_{01} 为 0.142($p<0.01$)且 γ_{11} 为 −0.127($p<0.01$)，表明差序倾向在网络异质性与个体创造力间的负向调节作用显著，假设 11d 得到支持；② 在 Step 3 中，网络中心性的系数为 0.163($p<0.01$)且与和谐差序围的交互系数为 0.062($p<0.01$)，表明差序倾向增强了网络中心性与个体创造力之间的正向关系，假设 11c 得到支持；③ 在 Step 4 中，γ_{11} 为−0.147($p>0.01$)且 γ_{21} 为 0.318($p<0.05$)，表明差序倾向在网络强度和创造力之间起到非线性调节作用，假设 11a 的到验证；④ 在 Step 4 中，针对网络密度的 γ_{11} 为−0.163($p>0.01$)且 γ_{21} 为 0.375($p<0.05$)，表明差序倾向在网络密度和创造力之间起到非线性调节作用，假设 11b 得到验证。

因此，差序倾向正向调节网络中心性与个体创造力之间的关系，负向调节网络异质性与个体创造力之间的关系；高差序倾向情境下，网络强度和网络密度与个体创造力正向相关；低差序倾向情境下，网络强度和网络密度均与个体创造力呈现倒 U 型关系。

第七节　个体层次与团队层次作用关系的对比分析

本章采用多层次分析(HLM)、社会网络分析、逐层回归分析等方法，实证检验了中国文化情境下社会网络与创造力的多层次模型。研究结果发现：社会网络与创造力关系在个体层次及团队层次有所差异，中国文化情境特征对两者在不同层次的调节作用也有所不同。

一、社会网络与创造力关系在个体及团队层次的对比分析

在个体层次上，网络强度和网络密度与个体创造力之间存在非线性的倒 U 型关系，网络异质性和中心性对个体创造力具有显著的正向影响。在团队层次

上，团队网络强度和网路密度与团队创造力之间存在非线性的倒 U 型关系，团队网络异质性对团队创造力具有显著的正向影响，而团队网络中心性对团队创造力具有显著的负向影响。个体层次关系如图 5.6 所示，团队层次关系如图5.7 所示（虚线表示未通过验证）。

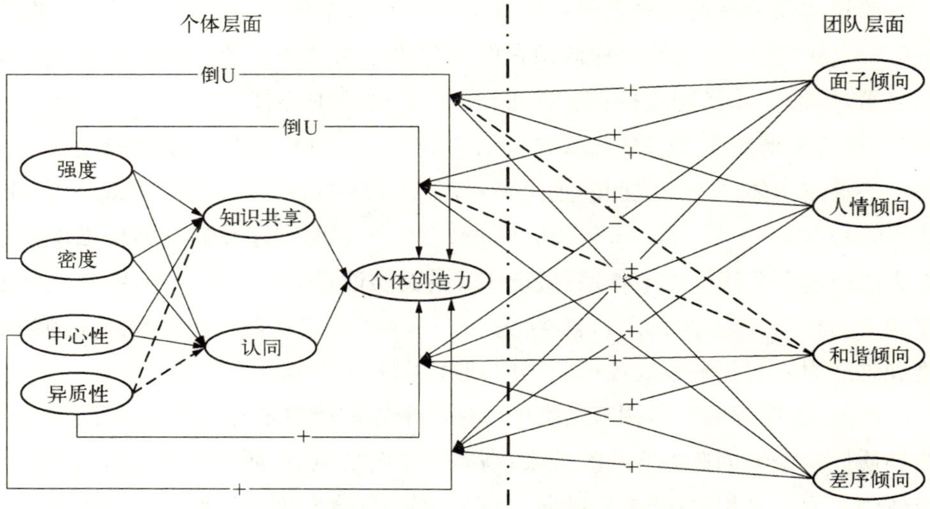

图 5.6　个体层次社会网络与个体创造力关系汇总

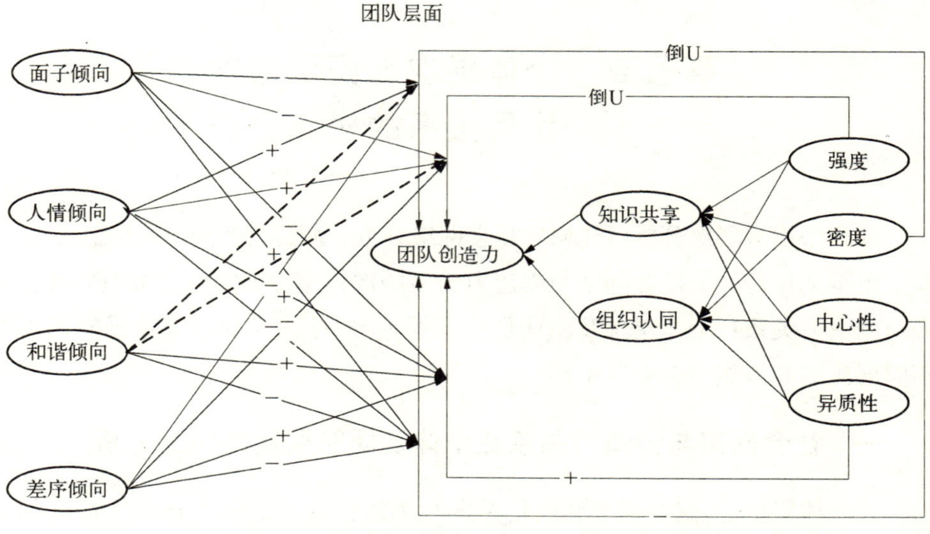

图 5.7　团队层次社会网络与团队创造力关系汇总

通过对比分析发现：个体网络中心性促进个体创造力的提升，而团队网络中心性则会降低团队创造力；其他网络指标（网络密度、网络强度、网络异质性）与创造力的关系在个体及团队层次相同。对比分析结论表明：① 对于个体而言，建构强度和密度适中以及异质性较高的社会网络关系，并尽可能地占据网络中心位置，更有利于个体创造力的提升；② 对于团队而言，适度的网络密度和网络强度以及较高的网络异质性有利于激发团队创造力；但较强的网络中心性则代表资源与权力的过分集中，并有可能导致创新的想法在关键人物之间传递时被刻意地过滤掉，这最终将损害团队创造力。

二、中介因素在个体层次与团队层次的对比分析

在个体层次上，知识共享与认同感在部分网络结构指标（网络密度、网络强度、网络中心性）与个体创造力之间起到部分中介作用。而知识共享与认同感在网络异质性与个体创造力之间的中介效果不显著。在团队层面上，知识共享与团队认同在网络结构指标（网络密度、网络强度、网络中心性与网络异质性）与团队创造力之间均起到中介作用。

通过对比分析发现：对于员工个体所建构的网络关系而言，网络异质性并不通过中介要素影响创造力，而是对创造力具有直接的促进作用；与之不同，团队整体社会网络结构需要通过知识共享和团队认同，进而影响团队创造力，验证中介作用是揭开社会网络影响团队创造力“黑箱”的重要步骤。

三、与创造力相关的中国文化情境的调节作用在不同层次对比分析

本书通过在团队层面的中国文化倾向特征（即团队内多数成员所共享的关于中国文化的整体倾向趋势）来考察中国文化情境下社会网络对个体及团队创造力的多层次影响。在个体层面，主要考察中国文化倾向（团队层次）对社会网络与个体创造力（个体层次）之间关系的跨层次调节作用；在团队层面，考察团队层次的中国文化倾向是否会在同一层次调节团队社会网络与团队创造力之间的关系。

1. 跨层次调节作用

与创造力相关的中国文化倾向跨层次调节社会网络结构与个体创造力之间的关系。在高面子倾向的团队中，网络强度、网络密度与个体创造力正向相关；

在低面子倾向情境下，网络强度、网络密度与个体创造力呈现倒 U 型关系。面子倾向正向调节网络中心性与个体创造力之间的关系，负向调节网络异质性与个体创造力之间的关系。

在高人情倾向的团队中，网络强度和网络密度与个体创造力正向相关；在低人情倾向情境下，网络强度和网络密度与个体创造力呈现倒 U 型关系。人情倾向正向调节网络中心性、网络异质性与个体创造力之间的关系。

和谐倾向正向调节网络中心性与个体创造力之间的关系，正向调节网络异质性与个体创造力之间的关系。

在高差序倾向下，网络强度、网络密度与创造力正向相关；低差序倾向下，网络强度、网络密度与创造力呈现倒 U 型关系。差序倾向正向调节网络中心性与个体创造力之间的关系，负向调节网络异质性与个体创造力之间的关系。

2. 团队层次调节作用

团队层次的中国文化倾向在同一层次调节团队社会网络与团队创造力之间的关系。在高面子倾向的团队中，团队网络强度、网络密度与团队创造力负向相关；在低面子倾向情境下，团队网络强度、网络密度与团队创造力呈现倒 U 型关系。面子倾向增强网络中心性与团队创造力之间的负向关系，减弱网络异质性与团队创造力之间的正向关系。

在高人情倾向的团队中，团队网络强度、网络密度与团队创造力正向相关；在低人情倾向情境下，团队网络强度、网络密度与团队创造力呈现倒 U 型关系。人情倾向减弱网络中心性与团队创造力之间的负向关系，增强网络异质性与团队创造力之间的正向关系。

和谐倾向减弱团队网络中心性与团队创造力之间的负向关系，增强团队网络异质性与团队创造力之间的正向关系。

在高差序倾向的团队中，团队网络强度、网络密度与团队创造力负向相关；在低面子倾向情境下，团队网络强度、网络密度与团队创造力呈现倒 U 型关系。差序倾向增强网络中心性与团队创造力之间的负向关系，减弱网络异质性与团队创造力之间的正向关系。

3. 不同层次调节作用的对比分析

通过对比分析发现，社会网络与创造力关系在个体层次及团队层次有所差异，而中国文化情境特征对二者在不同层次的调节作用也有所不同。同时，对比分析的结论也为后续的研究及管理实践提供了一些启发。

(1) 对于员工个体而言，当身处较高的中国文化(面子倾向、人情倾向、和谐倾向与差序倾向)的环境中，建构强度和密度较高的社会关系网络，并尽可能地占据网络中心位置，更有利于获得信息和知识资源进而提升自身的创造力。

(2) 在个体层面，人情及和谐倾向有利于增强网络异质性对个体创造力的正向作用，但面子和差序倾向则会降低网络异质性对个体创造力的正向作用。一方面，在讲求"互送人情"的文化倾向中，个体成员会因为"还人情""回报恩情"等原因给予对方更多的多样化和互补性的知识，这将更有利于对方获得异质性信息进而产生创造性想法；同时，和谐所强调的"和而不同"以及"真诚相待"的处事理念，可以在一定程度上缓解由于背景差异、性格不同、意见不合等所带来的负面影响，使得沟通更为顺畅和有效。与之相反，在"怕丢面子"的文化情境下，过高的异质性往往会导致意见冲突，个体成员可能会基于"看面子"或避免冲突的想法而隐藏真实观点，从而降低产生"思想碰撞"的可能性，并最终影响创造性想法的产生；此外，在较高的差序倾向下，资源与权力往往集中于少数核心人手中(通常是领导)，此时个体如果与核心人物的差异性过大，则不利于获得核心人物的认同或进入领导"圈子"，这将不利于员工创造力的提升。

(3) 在团队层面，当面临较高的面子和差序倾向时，团队网络强度、网络密度与团队创造力负向相关；与之不同，在较高的人情倾向下，团队网络强度、网络密度与团队创造力正相关。一方面，对于团队而言，当团队内呈现较高的面子倾向时，过高的团队网络强度和网络密度会导致更多"面子顾虑"现象的产生，这不利于团队内部的信息交流以及充分的意见讨论，并最终损害整个团队的创新能力；同时，较高的差序倾向也会导致大多数非核心成员"被边缘化感"凸显，进而降低他们的合作意向以及创新积极性。与之相反，当团队内呈现较高的人情倾向且团队成员之间联系越紧密或者强联系越多时，成员之间彼此"回报人情"的现象越凸显，这更有易于形成良好的群体关系以及高水平的群体凝聚力，进而促进团队整体绩效的提升。

(4) 对于团队而言，面子及差序倾向增强网络中心性与团队创造力之间的负向关系，减弱网络异质性与团队创造力之间的正向关系；人情及和谐倾向减弱网络中心性与团队创造力之间的负向关系，增强网络异质性与团队创造力之间的正向关系。一方面，在面子及差序倾向比较凸显的团队环境中，处在边缘位置的成员基于"怕丢面子"的顾虑而不愿意向中心成员请教，差序倾向也增大了不同“圈子”之间资源分配的差距，此时网络中心性对团队创造力的负向作用更为明显；与之不同，在较强的人情倾向及和谐倾向下，即使处在边缘位置的成员也有可能因为“互赠人情”而与中心位置的核心人物发生联系，这就有利于团队成员之间的彼此交流，加之和谐倾向所强调“和而不同”与“真诚相待”的处事理念也会降低非核心人物的“被边缘感”，此时网络中心性对团队创造力的负向作用则被削弱。另一方面，在较强的面子倾向及差序倾向下，团队凝聚力和合作性水平被降低，由于多元化带来的“意见摩擦”则会产生更为明显的负向效果；与之不同，当面临较强的和谐及人情倾向时，“互相回报”的人情规范以及“和而不同”的合作性沟通方式，显然能够减弱由于背景、学历等个体差异所带来的沟通摩擦，进而增强网络异质性对创造力的正向关系。

综上所述，社会网络与创造力关系在个体层次及团队层次有所差异，与创造力相关的中国文化情境特征对二者在不同层次的调节作用也有所不同。因此，在个体及团队两个层次分别探究社会网络与创造力的不同作用关系，以及中国文化情境特征在两个层次的调节作用，是更为完整的研究设计。

第八节　个体创造力与团队创造力的关系分析

在个体创造力与团队创造力关系方面，以往的研究可以大致归纳为两类观点，即“聚合观”与“过程观”。持“聚合”观点的学者认为，团队创造力取决于团队内个体成员的创造力平均水平；他们首先由个体自我报告创造力的情况，并经过一定的统计聚合处理，进而得出团队创造力的水平。而赞同“过程观”的学者则认为，团队创造力并不只是个体创造力的函数，团队创造力水平还取决于团队创造过程的其他方面。例如，Anderson & West (1998)分别从愿景、参与的安全性、任务导向和创新支持四个方面测量团队创造力，量表共包含 38 个测量条款。

通过对多层次模型在不同层面研究结论的对比分析发现：社会网络与创造力关系在个体层次及团队层次存在差异，与创造力相关的中国文化情境特征对两者在不同层次的调节作用也有所不同。这就表明，团队创造力可能不单只是个体创造的加总平均，其水平还取决于团队创造过程的其他方面（如文化倾向、团队冲突等)。

为了探究个体创造力与团队创造力之间的关系,本书分别考察了以下变量与团队创造力之间的关系:① 团队中个体成员创造力的平均值与团队创造力之间的关系;② 团队中个体成员创造力的方差值(个体创造力的高低分布)和平均值的乘积与团队创造力之间的关系;③ 与创造力相关的中国文化倾向和个体创造力平均值的交互与团队创造力之间的关系。在测量方面,本书在借鉴 Neil 和 Michael(1998)研究基础上,结合对团队员工的访谈,形成了团队创造力初始量表;而个体创造力则是在 Zhou & George(2001)和 Farmer & Graen(l999)量表的基础上编制而成的。逐步回归分析结果如表 5.30 所示。

由表 5.30 的分析结果可知:① 个体创造力的平均值与团队创造力正相关;② 团队内个体创造力的方差值正向调节个体创造力平均值与团队创造力间的关系,此结论表明,团队中不同成员之间创造力的差异水平会影响团队的整体创新表现;③ 团队内面子倾向和差序倾向负向调节个体创造力平均值与团队创造力之间的关系;④ 团队内人情倾向和谐倾向正向调节个体创造力平均值与团队创造力间的关系。

表 5.30　个体创造力与中国文化对团队创造力的回归分析

	M1(标准 β)	M2(标准 β)	M3(标准 β)
个体创造力均值	0.678**	0.651**	0.539**
个体创造力方差		0.135	0.126
面子倾向		−0.215	−0.213
人情倾向		0.128	0.117
和谐倾向		0.028	0.015
差序倾向		−0.107	−0.213
个体创造力均值* 方差值			0.316**
个体创造力均值* 面子倾向			−0.194*
个体创造力均值* 人情倾向			0.165*
个体创造力均值* 和谐倾向			0.273*
个体创造力均值* 差序倾向			−0.218**
ΔR^2		0.026**	0.041**
ΔF		0.035**	0.039**

注:* 代表 $p<0.05$;** 代表 $p<0.01$

综上所述，团队创造力并不只是个体创造力的简单平均，两者之间的关系受到与创造力相关的中国文化情境的调节影响。其一，团队创造力水平受到个体创造力水平均值和方差值的共同影响；当团队内个体创造力方差较大（即所有成员个体创造力水平高低不一）时，更有可能激发团队中的“榜样”效应，使得个体创造力平均水平的提升更有利于改善团队创造力的整体表现。其二，当团队内面子倾向和差序倾向较高时，个体创造力均值与团队创造力之间的正向关系被削弱；表明面子倾向和差序倾向不利于个体创造力向团队创造力的转化。其三，当团队内人情倾向和和谐倾向较高时，个体创造力均值与团队创造力间的正向关系得到强化，表明人情与和谐倾向有利于个体创造力向团队创造力的转化，更能够呈现出“1＋1＞2”的效果。

综上：本章采用多层次分析（HLM）、社会网络分析、逐层回归分析等方法，实证检验了中国文化情境下社会网络与个体及团队创造力的多层次模型。多层次分析结果发现：社会网络与创造力关系在个体层次及团队层次有所差异，中国文化情境特征对两者在不同层次的调节作用也有所不同。本书还证实了，团队创造力不只是个体创造力的简单平均；团队创造力水平一方面受到个体创造力水平均值和方差值的共同影响，另一方面受到团队层面中国文化情境特征（面子倾向、人情倾向、和谐倾向、差序倾向）的调节影响。

本章的工作不仅系统地探究了中国文化情境下社会网络与创造力的多层次作用关系，而且对比分析了两个层面作用关系的异同，这为创造力的后续研究提供了多层次的分析框架。然而，中国文化情境下社会网络与创造力的关系可能并非简单的静态关系，很可能存在循环和动态演化规律。因此，本书第六章将基于动态分析视角，探究中国文化情境下社会网络影响创造力的动态关系演化。

第六章

中国文化情境下社会网络与创造力的追踪分析

通过文献分析和第五章的多层次研究模型发现,中国文化情境下社会网络与创造力之间存在静态的多层次关系。然而,已有学者指出,个体与环境因素之间的交互作用并非简单的"因果"关系,很可能存在"循环"和"动态演化"规律。因而,本章拟采用I－M－O－I的动态研究范式,首先在团队层次探究中国文化情境下社会网络与团队创造力关系的动态变化规律(主分析单元),而后从员工的角度探究两者关系在第二次循环阶段发生效果反转的深层次原因(次分析单元)。

第一节　社会网络影响创造力的动态分析框架

综合以往的研究发现,文化情境与社会网络是影响创造力的重要因素。随着研究的深入,一些学者开始意识到,探索创造力与相关要素的动态演化关系将是未来深化创造力理论研究的关键步骤。因而,本章的研究目的在于:遵循I－M－O－I研究范式,在借鉴ASD (adaptation-selection-development)动态分析框架的基础上,通过多案例追踪研究和网络演化分析方法,探究中国文化情境下社会网络与创造力关系的动态变化规律。

目前,关于社会网络与创造力的研究主要停留在静态关系的研究层面,探讨两者动态关系变化的理论与经验研究都十分有限。然而,社会网络本身就是人与人之间社会关系的结构表现，它是一个包含形成、发展、衰退等阶段的动态过程。因而，在中国文化情境下考察社会网络与创造力的动态变化规律并探究变化的深层原因，无疑是一个非常有价值的研究点。

一、相关理论

在建构动态分析框架之前，本书首先对相关理论进行系统总结，并理清不同理论与本书研究内容之间的逻辑关系。

1. I－M－O－I范式

在组织行为学研究领域，以往关于群体过程的研究都遵循 I－P－O(input-process-output)的静态研究范式(如图 6.1)。该研究框架指出(Cohen & Bailey, 2003)：① 输入(input) 指群体运作的前期条件和状况，包括个体特征(如性格、能力、认知特征等)、群体层次因素(团队倾向、领导风格、组织战略等)以及情境因素；② 各类输入因素共同作用于群体过程 (process)，此过程用于描述群体输入如何转化为输出；③ 输出 (output) 指群体活动的结果，包括群体结果 (如创新能力、关系绩效、组织学习等) 和个体结果(工作满意、组织公民行为、组织承诺等)。

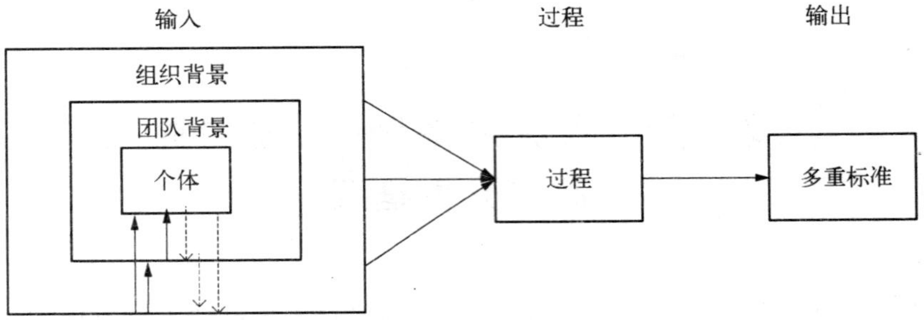

图 6.1　输入→过程→输出 (IPO) 模式

随着研究的深入，一些学者意识到，I－P－O 的静态研究范式难以描绘个体与环境的动态交互过程。Marks, Mathieu, & Zaccaro(2001)将时间的概念进入模型，提出了重复阶段模型(recurring phase model)。他们认为，I－P－O 模型会在时间序列上循环出现，上一阶段的结果在理论上是下一阶段的前因变量；而群体过程主要是态度、价值观、认知特点以及动机等的“表现过程”(如图 6.2)。

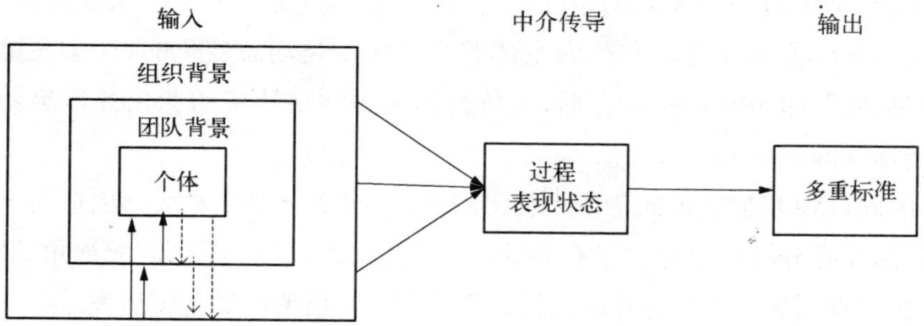

图 6.2　Marks et al.（2001）的输入→中介传导→输出（IMO）模式

Ilgen et al.（2005）在前人研究的基础上，系统地提出了 I－M－O－I（input-mediator-output-input）研究范式，即“输入→中介传导→输出→再输入”的循环路径。他们强调，在理论模型上结果变量可能会通过反馈来影响下一个时点的前因和中介变量。

2. 人—组织匹配视角的 ASD 模型

Schneider(1987)的研究首次提出“吸引→选择→退出”模型，即 ASA 模型。他认为，单独的个体和环境特征都不能解释态度和行为结果的改变，个体的行为受到个体与环境两层面因素的交互作用影响。沿着这一思路，有学者提出了反映个体与环境互动的“人→情景互动模型”和“人→环境匹配模型”(Edwards, 1996)。Livingstone(1997)的研究进一步表明，人与环境的相互作用共同影响创造力。

在 ASA 模型的基础上，Wang(2003)围绕管理胜任力问题，从动态研究视角构建了多阶段选拔的 ASD(adaptation-selection-development)理论模型。在该模型中，A 代表适应（adaptation），S 代表选择（selection），D 为发展(development)。他指出，由于人事选拔是一个多阶段的过程，因而需要从动态视角分析三个阶段的演变过程。由于最初的 ASD 模型仅针对人事选拔，所以其推广性受到限制。针对这一问题，Wang & Zang(2005)在结合生态体系中主体动态演化规律的基础上，提出了更具一般性 ASD 框架。ASD 动态分析框架的核心思想是：①“适应→选择→发展”理论可以解释生态系统中行动主体与环境之间的动态匹配过程，这一过程循环往复；② 为了适应环境，行动主体会首先选择恰当的策略和行为（即 selection），从而获得进一步发展和提升的条件（即

development），在具备发展的条件之后，行为主体便能够展现出积极的状态（即 adaptation）；③ 由于环境和行为主体的交互作用是动态变化的，在实现第一阶段的“适应”（即 adaptation）之后，主体行为需要评估环境的变化并作出新一轮的“选择”（即 selection）。

因此，IMOI 研究范式为本书提出的“社会网络→中介要素→创造力→下一阶段”的动态分析框架提供了有利的理论支撑；基于人—组织匹配视角 ASD 动态分析框架则为本书的追踪研究设计提供了更具借鉴性的逻辑启发。

二、动态分析框架的提出

通过第五章多层次模型的实证检验发现：就静态关系而言，中国文化情境下社会网络与创造力关系遵循“社会网络→知识共享/认同→创造力”的作用路径。然而，中国文化情境下社会网络对创造力的影响可能并非简单的静态关系，很可能存在“循环”和动态变化规律。

目前，尽管考察社会网络与创造力动态关系的研究较少，但一些采用 I－M－O－I 范式的相关研究仍为本书动态框架的建构工作提供了理论依据。例如，Tasa，Taggar & Seijts (2007)在分析团队群体效能的演化过程中，借鉴 I－M－O－I 范式，将前一阶段的团队绩效作为随后阶段的前因变量，其研究结论的解释性获得认可。莫申江和谢小云(2009)基于 I－M－O－I 范式的也研究指出，团队学习是一种动态演进的组织行为过程，采用 I－M－O－I 范式来替代传统的 I－P－O 模型能够更好地剖析其动态属性。因而，本书遵循 I－M－O－I 的动态研究范式，结合多层次模型所得出的静态关系路径，提出初步的动态分析思路，即“社会网络→中间要素→创造力→下一阶段网络结构”。

为了更深入地阐释“社会网络→中间要素→创造力→下一阶段网络结构”这一作用路径的内在演化机制，本书引入了 ASD （adaptation-selection-development）动态分析框架。在该框架中，A 代表适应（adaptation），S 代表选择（selection），D 为发展（development）。结合中国文化情境下社会网络与创造力的静态关系模型，本书提出“与创造力相关的中国文化情境驱动→社会网络→中间要素→创造力→下一阶段网络结构”的动态分析框架（如图 6.3）。

以上“中国文化情境下社会网络影响创造力动态分析框架”的核心推演过程，包括以下五个环节：

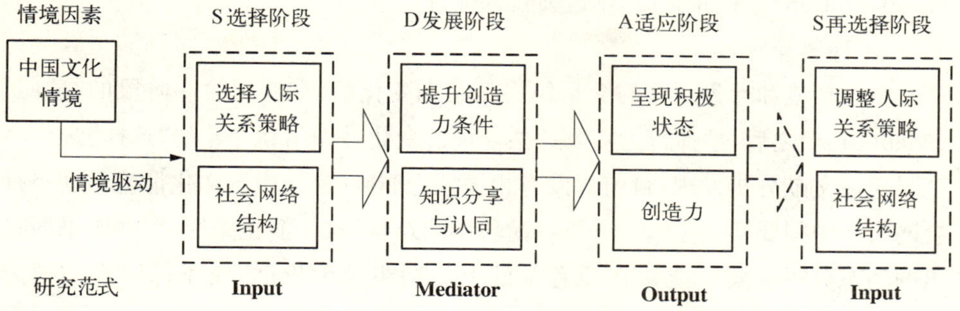

图 6.3　动态分析框架

1. 与创造力相关的中国文化情境的驱动作用

早在 Woodman 等人提出的创造力交互作用模型中，就特别强调了情境因素对创造力的交互影响。Csikxzentmihalyi(1999)的研究更明确指出，文化是一种隐蔽的"潜规则"，这一"潜规则"可能是影响创造力产生的重要情境因素。同时，"人→情境"互动理论和"人→环境"匹配理论也强调了文化情境因素对个体和群体心理及行为的促进或抑制作用。在本书的动态分析框架中，中国文化倾向作为重要的情境环境，也是影响社会网络与创造力关系动态变化的情境驱动因素。

2. 选择阶段

在选择阶段(selection)，为了适应环境，行动主体首先会依据情境条件而选择恰当的人际关系策略。当面临"讲人情""重差序""爱面子"的文化情境时，为了与环境相适应，行动主体会选择适当的人际关系策略，使自己的关系网络结构呈现"靠近中心""联系紧密"等特征。与之相反，当面临"人情淡薄""相对西化"的文化情境时，行动主体则会选择不同的人际策略，以形成"稀疏"及"弱联系"的网络特征。

3. 发展阶段

由于在选择阶段，行为主体的选择结果形成了既定的社会网络结构；当进入发展阶段时(development)，不同的网络结构会对中介要素产生不同的影响效果(促进或阻碍中介要素)。当网络结构有利于中介要素水平的提升时，也恰恰是为结果变量(创造力)的提升提供了前提条件，即呈现"发展状态"。

4. 适应阶段

当具备发展的条件之后，行为主体便能够展现出积极的状态，即进入适应阶段(adaptation)。在此阶段,创造力得到提升。

5. 再选择阶段

由于环境和行为主体的交互作用是动态变化的,在实现第一阶段的“适应”(adaptation)之后,主体行为需要评估环境的变化并作出新一轮的“选择”。

通过文献分析发现,目前并没有相关理论明确提出“中国文化情境驱动→社会网络→中间要素→创造力→下一阶段网络结构”这一演化路径,因而本书所提出的动态分析框架只能是在原有基础上的初步理论推演,属于探索性的研究问题。

第二节 研究方法

案例研究是管理理论构建和理论改进的重要研究方法。Yin(1994)指出,案例研究方法最适合研究“怎么样”(how) 和“为什么”(why) 这两类问题。

本章的主要内容是:采用I-M-O-I动态研究视角以探究中国文化情境下社会网络与创造力关系如何动态变化的问题。由于目前仍没有相关理论明确提出两者动态演化的理论假设,因而属于探索性案例研究。同时,为了深入探究动态演化规律并提高案例研究的效度,本书结合追踪分析的“多阶段采样”特征,并通过多案例研究的“差别复制”方法,对本章的案例研究思路进行更为深入的研究设计,所用到的具体研究方法如下。

1. 探索性案例研究

按照研究目的的不同,案例研究可以分为三种类型:描述性案例研究、解释性案例研究和探索性案例研究(Eisenhardt, 1989)。解释性案例研究一般用于探索因果关系,并阐明问题的逻辑关系;描述性案例研究通常在研究前就已经具备了明确的理论假设,并以此作为案例描述和分析的基本前提。与前两类案例研究相比,探索性案例研究通常采用新的视角来探索某种复杂现象,并不需要有明确的理论假设,只需构建大致的分析框架即可,因而更适合开拓性的研究问题。

2. 纵向案例研究

按照案例研究的时间特性,可以将案例研究分为横向案例研究和纵向案例研究。其中，纵向案例研究是指在2个或2个以上的不同时间点考察同样的研究对象。由于纵向设计的目的是“试图解释现象背后所隐含动力机制的作用过程”，因此，纵向案例研究方法更适合考察“中国文化情境下社会网络影响创造力”的动态作用过程。

3. 跨案例研究

Eisenhardt认为，包括2至10个案例的跨案例研究可以提供一个良好的分析归纳的基础，从多个案例中推导出的结论往往被认为更具说服力。跨案例研究设计就是选择两个或多个案例，研究结论要么能产生相同的结果（逐项复制），要么由于可预知的原因而产生与前一研究不同的结果（差别复制）。跨案例研究遵从的是复制法则，而不是统计调查方法中的抽样法则，两者完全不同。采用复制法则进行多案例研究的第一步，是进行理论构建。每一个案例都是一个完整的研究，如果实证结果是内敛的、会聚的，那就证明其结论成立。

由于本章所关注的是，在不同程度的中国文化情境下社会网络与团队创造力的动态关系变化路径是否相同的问题，因而选择多个团队案例进行“差别复制”的方法更能清晰地对比两者关系在不同程度中国文化情境下的差异问题。

第三节　案例分析

一、研究设计原则

Yin(2004)的研究指出，案例研究的成败取决于方法上的严谨性，尤其是对信度和效度的保证（Yin，2004）。在传统的实证研究中，通常用四个指标来评估研究的严谨性：信度、内部效度、构念效度和外部效度。Eisenhardt(2007)和Yin(2004)结合案例研究的特点将这四个标准进行修改，他们修订过的标准已经成为检验案例研究的公认标准。本书遵循Eisenhardt和Yin提出的原则，对案例研究设计进行了详细的评估，结果见表6.1。

由表6.1可知，本书结合多种案例设计策略，以提升案例研究的信度和效度。一方面，采用跨案例研究设计，通过“差别复制”方法对比分析在不同程度的中国文化情境下，社会网络与创造力的动态关系变化路径的差异问题，以提高案例研究的信度。另一方面，采用追踪研究设计，获得多元及多阶段的证据来源，并结合 ASD 逻辑分析与 Siena 动态建模方法，从三角验证的原则出发形成合乎逻辑的证据链条，从而保证了案例研究具有较高的研究效度。

表 6.1　本书的案例设计策略

检验	案例研究策略	本书的案例设计策略
信度	关键是透明和复制，以保证后续研究人员再次沿着相同的步骤进行案例研究。	采用跨案例设计，并形成证据链。
构念效度	对所要研究的概念形成一套相关分析，并形成合乎逻辑的证据链条。	采用多元的证据来源；结合 ASD 逻辑分析和 Siena 动态建模方法。
内在效度	重在指出变量和结论之间的因果关系，证明某一特定的条件将引起另一特定的结果。	采用追踪设计，多时点采集数据，通过时间序列分析确认因果关系。
外在效度	案例研究成果是否具备可归纳性，是否在某种程度上可以归纳成为理论，并予以推广。	用理论指导开展 ASD 单案例研究，通过差别复制进行多案例对比分析。

二、案例抽样

案例研究者经常会面临“如何挑选案例”以及“确定案例数量”的棘手问题。以往有学者从实证研究视角指出，单个案例研究的可信度较低，因而案例选择要尽可能的多(Miles, 1979)。Yin(2004)从案例研究的逻辑范式出发，提出了与 Miles 相反的观点。他指出，把统计性归纳当做案例研究的归纳方法，试图通过“量”来减少误差的统计思维是案例研究的致命性错误。在案例研究中，研究者所选“案例”并不是“样本”，前者强调的是“质”的概念，而后者强调的是“量”的概念。因而，研究者不能以统计归纳作为基础，而应当作出精确的“分析性”归纳；在此过程中，事先提出的案例被视为“模板”，随后的案例挑选需要不断地丰富模板的信息，直至没有新的特性和“故事”产生。

关于采用单个案例还是多案例的问题，Yin(2004)进一步指出：相比从单一案例总结出的结论而言，多案例研究的结论更具说服力，也在一定程度上提升了研究结果的可推广性与适用性，能够克服单案例研究外部效度较低的问题。由于本书的研究目的之一是，探讨不同程度的中国文化情境下社会网络与创造力关系的动态变化，这需要多案例的对比分析才能得到稳定和全面的结论，因而更适合采用多案例研究设计。

根据研究目的以及追踪研究的特点，本书在案例选择方面除了遵循案例研究抽样的基本原则外，还考虑了以下两个方面：① 所选择的团队案例尽可能是成立不久，或者刚刚经历过大规模的人员调整，以保证本书在考察社会网络动态变化时能够较为完整地观察到网络的形成及发展过程；② 所选择的团队在文化背景上应该存在差异，以保证样本选取的多样化以及样本之间必须存在足够变异度的要求。同时，由于追踪研究涉及多次数据采集，调研难度非常大，因而本书在选择案例时采用了方便抽样的方法。

三、追踪案例分析

（一）案例分析过程

首先，研究者遵循 I－M－O－I 研究范式，借鉴 ASD 动态分析框架并采用逻辑分析方法，初步分析得出在不同程度的中国文化情境下社会网络与团队创造力之间的动态变化关系。

其次，为了更直观地考察社会网络的动态变化，采用基于 Siena 的动态建模方法，分别计算出两个团队案例的网络指标并利用 Visone 可视化工具绘制网络结构图。这一步骤有利于研究者依据实证数据更清晰地阐释，在不同程度的中国文化情境下社会网络与团队创造力之间的动态变化关系。

（二）基于 ASD 的逻辑分析过程

由于探索性案例研究开展之前并没有可供参考的明确的研究假设，因而对于此类型案例研究的分析过程通常适合选用逻辑分析技术。逻辑分析（logic models）用于探究在一定时期内各个事件或概念之间复杂而精确的链条；这些事件或概念能够展现“原因—结果—原因”的重复与循环。因此，本书首先采用逻辑分析技术，考察不同程度的中国文化情境下社会网络与团队创造力之间的动态变化关系。

A 团队的 ASD 阶段分析。

针对 A 团队的追踪案例研究，共有 4 次数据采集点。第 1 次数据采集（2011 年 2 月中旬），了解团队文化倾向、初期社会网络结构（S1）、初期知识分享和组织认同水平（D1）；第 2 次数据采集（4 月上旬），测量在第一阶段循环过后的创造力水平（A1）；第 3 次数据采集（6 月下旬），了解第二次循环过程中的社会网络结构(S2)、知识分享和组织认同水平(D2);第 4 次数据采集(9 月上旬),测量第二次循环过后的创造力水平(A2)。

(1) 第一次循环阶段 (S1→D1→A1): 主分析单元。

由图 6.5 可知,A 团队成员在“面子倾向”、“人情倾向”、“差序倾向”、“和谐倾向”四个维度得分的均值较高。这表明在团队的日常运作过程中,团队成员已经认识到整个团队中存在潜在的“中国文化规则”。此时,团队内的多数成员会根据已有的认知情况,沿着“认知→行为”的反应方式,选择与团队文化倾向相适应的人际关系策略。由于 A 团队的整体环境具有比较明显的“面子”、“人情”、“差序”、“和谐”特征,多数团队成员为了适应环境会选择“高密度”、“强关系”、“靠近中心”的社会网络建构策略。因此,A 团队在选择阶段呈现出“相对紧密”、“强联系较多”、“较为积聚”的团队网络特征。

在第一次采集中国文化情境数据的同时,研究者也采用问卷调查方式,测量了 A 团队整体的知识分享和组织认同的情况。结果发现: 在 D1 阶段,A 团队内部的知识分享水平较高,均值为 3.61;组织认同程度也较高,均值为 3.75。这表明,在较高的中国文化倾向下,“相对紧密”、“强联系较多”、“较为积聚”的网络特征更能与团队文化情境相匹配,进而产生较高的知识分享和认同效果,并为创造力的提升提供了便于发展的条件。

研究者在第二次数据采集时,采用团队创造力测量量表,考察了 A 团队在经历了第一阶段循环过后的创造力水平(A1)。结果发现: 在此阶段,A 团队的创造力水平较高,均值为 3.87。这表明,当具备了发展条件之后,整个团队能够展现出积极的发展状态,即进入适应阶段;在此阶段,创造力得到了提升。

(2) 第二次循环阶段(S2→D2→A2): 主分析单元。

在第三次数据采集时,研究者采用问卷调方式,测量了 A 团队成员在第二次循环过程中的社会网络结构(S2)、知识分享和组织认同水平(D2)。

依据 ASD 动态演化框架,环境和行为主体的交互作用是动态变化的,因而在实现第一阶段的“适应”(A1)之后,团队成员需要评估环境的变化并作出新一轮的人际关系策略选择,即进入 S2 阶段。由于中国文化倾向具有相对稳定性,加之 A 团队的多数成员在第一阶段循环中体会到了由“高密度、强关系”等网络特征带来的积极效果(即第一阶段较高的创造力水平),因而团队内多数成员会依据“正强化”原则,继续选择“高密度、强关系、靠近中心”的网络建构策略。

由于团队内多数成员持续的“高密度、强关系、靠近中心”的人际关系策略，导致团队网络特征呈现出“过于密集”“过于中心化”的特征，这就使得团队知识共享水平在D2阶段出现下降趋势。在此阶段，团队知识共享的均值仅为3.14；而组织认同水平略有上升，均值为3.82。当第二次循环阶段进入A2时，由于之前过程中知识共享水平的大幅度下降，测量所得的创造力水平也有所下降，均值仅为3.16。这表明，当循环进入第二阶段时，较强的中国文化倾向会使团队社会网络呈现出“过于密集”“过于中心化”的特征，进而降低知识共享水平，并最终阻碍创造力的提升。

(3) 第二阶段效果反转的原因分析：次分析单元。

通过以上分析发现：在第一次循环阶段，“相对紧密”、“强联系较多”、“较为积聚”的网络特征会促进团队创造力的提升；而进入第二次循环阶段，“过于密集”、“过于中心化”的特征反而会阻碍创造力。那么，究竟是什么原因导致效果反转呢？

Mueller, J., & Kamdar, D. (2011)最新的研究指出，以往关于社会网络的研究存在两个方面的不足。其一，基于静态视角研究社会网络，无法观察和解释网络结构对其他要素的动态影响；其二，单纯研究社会网络和社会资本所带来的积极效果，忽视了网络建构本身的成本问题。Watson(2007)基于社会网络建构视角的研究也表明，社会网络可以带来收益，但是也需要付出成本。在笔者对A团队成员的深度访谈中，也有员工表示：

> “刚加入的时候，我感觉团队里的‘人情’和‘面子’比较浓；为了和大家搞好关系，我花了很多时间在‘拉关系’方面。后来我发现：和大家搞好关系尤其是和关键人物搞好关系能获得更多的信息和机会。”
>
> “我现在已经是团队里的一个‘老人’了，怎么形容呢，凡事有利就有弊；关系网铺的过大，自己的精力也就分散，毕竟每个人的精力有限。”

基于以上分析，本书认为：过于密集、过于中心化的网络之所以会带来负面效应的原因在于，社会网络不仅能够给行动者带来信息和知识等资源，它同时具有建构和维护成本。因此，在讨论社会网络与相关要素的动态关系时，网络成本是必须要考虑的重要因素。

(三) 基于 Siena 的动态建模分析

在逻辑分析的基础上,为了更直观地考察社会网络的动态变化,本书采用基于 Siena 的动态建模方法,分别计算出两个团队案例的网络指标并利用 Visone 可视化工具绘制网络结构图。这一过程有利于研究者依据实证数据更清晰地阐释,在不同程度的中国文化情境下社会网络与团队创造力之间的动态变化关系。

1. 第一次循环阶段 A 团队网络特征

由于 A 团队整体的中国文化倾向较高,为了与团队环境相适应,大多数内部成员会采取高密度、强关系、靠近中心的网络建构策略。此阶段的网络特征主要体现在:① 网络密度值为 0.5267,从总体上看黏性稍高;② 通过计算测地线距离(如表 6.2),得出各节点间平均可达步长为 2.372,表明 A 团队中任何一个成员平均需要通过近 3 个人才能找到其他成员;③ 网络集中势为28.12%,网络异质性为 6.35%,表明其集中度不是很高且异质性较低(如图 6.7)。

表 6.2 基于 A 团队的测地线距离

点	1	2	3	4	5	6	7	8	9	10	11	12	13
1	0	1	1	1	1	1	4	1	2	3	4	2	3
2	1	0	1	1	1	1	4	1	2	3	4	2	3
3	1	1	0	1	1	1	4	2	2	3	4	2	3
4	1	1	1	0	1	1	3	2	1	2	3	2	2
5	1	1	1	1	0	2	4	1	2	3	4	2	3
6	1	1	1	1	2	0	4	1	1	3	4	1	3
7	4	4	4	3	4	4	0	5	4	3	1	5	1
8	1	1	1	2	1	1	5	0	1	4	5	1	4
9	1	1	2	2	2	2	5	1	0	4	5	2	4
10	4	4	4	3	4	4	5	4	1	0	1	5	1
11	3	3	3	2	3	3	1	4	3	2	0	4	2
12	2	1	2	2	2	2	5	2	3	4	5	0	4
13	5	5	5	4	5	5	1	6	5	4	2	6	0

因此，在较高的中国文化倾向影响下，A 团队在第一阶段呈现出适度的网络密度、较短的可达步长以及适度的集中程度的网络特征。结合前面 ASD 的分析结果可知，第一阶段的网络特征有利于知识共享和创造力水平的提升。

2. 第二次循环阶段 A 团队网络特征

当进入第二阶段，由于文化倾向具有相对稳定性，加之 A 团队成员在第一阶段循环中体会到了由高密度、强关系的网络特征带来的积极效果(即第一阶段较高的创造力水平)，因而团队成员依据正强化原则，继续选择高密度、强关系、靠近中心的网络建构策略。此阶段的网络特征主要体现在：① 网络密度增加到 0.697 3，整体黏性非常高；② 各节点间平均可达步长增加至 3.889，即 A 团队中任何一个成员平均需要通过近 4 个人才能找到其他成员，表明整个网络的通达性被削弱；③ 网络集中势上升至 34.26%，网络异质性为 5.91%，也就是说集中度较高且异质性较低，表明网络资源集中在少数个人或小群体中；④ 采用 N-Clique 分析发现，出现 2 个小团体且较为封闭，表明知识和资源流通不畅且集中于少数人手中。

因此，在较高的中国文化倾向影响下，A 团队在第二阶段循环中呈现出过于密集、通达性较低、封闭小团体的网络特征。结合前面 ASD 的分析结果可知，第二阶段的网络特征不利于知识共享，尤其是封闭的小团体会降低信息和知识的传递效率，并阻碍创造力的提升。在此时，团队管理者必须面对如何降低网络黏度以及削弱小团体效应的问题。

第七章

研究结论、实践启示与研究展望

第一节　研 究 结 论

本书沿着"与创造力相关的中国文化情境与社会网络交互→知识共享/认同→个体/团队创造力"的逻辑思路，从多层次研究视角出发探究了中国文化情境下社会网络与个体及团队创造力的多层次作用机制。同时，遵循I-M-O-I动态研究范式，采用多案例追踪研究以及网络演化分析方法，深入剖析了中国文化情境下社会网络与创造力的动态演化关系。

一、与创造力相关的中国文化情境特征模型具有四维结构

研究发现：与创造力相关的中国文化情境特征模型具有四维度结构，包括面子倾向、人情倾向、和谐倾向及差序倾向。

自 Hofstede(1980)将文化分为个人主义/集体主义，不确定性规避，权力距离，长期导向及男性/女性气质五个维度以来，已经有众多学者采用此框架进行了跨文化的研究。然而，文化具有"区域相对性"，西方理论框架下的文化维度还不能直接解释中国文化所具有的特性。

近年来，一些学者针对中国文化情境特征提出了自己的观点，但至今没有达成共识。如林语堂先生把"人情"、"面子"与"命运"看作统治中国社会的三位女神；金耀基(1992)也指出，"关系、人情、面子"是分析中国社会结构的关键性的社会文化概念。台湾学者郑伯埙(1999)依据人际关系理论，编制出中国社会文化

测量的量表，并提炼出恩义取向、家族主义、权威取向、人情取向、他人取向五个维度；王霄等人(2005)在前人基础上强调，华人文化结构呈现三个突出特征，即和谐观、群体观和等级观。

然而，以往关于中国文化情境的论述中，要么从互动规则的角度，强调人情和面子的重要性；要么从互动目标的角度，强调追求和谐的重要性，这些观点通常仅关注了中国文化情境某个方面的特征，研究较为零散且缺乏整体的研究框架。同时，中国文化博大精深且内涵丰富，如果想从总体土概括它的基本特征就必须首先确定其研究范围，否则将只能停留在空泛和定性描述的层面。

由于本书关注的是组织与员工的创造力，因而在文献梳理和访谈调研过程中主要探讨与创造力相关的中国文化情境特征。本书在文献梳理的基础上发现：尽管从西方文化情境下得出的各类文化研究框架与中国社会存在的文化现象具有一定的差异，但这并不意味着两者没有共同之处；结合西方经典的文化框架，并以中国文化情境特征为基础，寻找两者的契合点将为中国情境下的本土化研究提供新的思路。具体而言，中国社会中蕴含的“人情倾向”、“面子倾向”、“和谐倾向”的处事文化无疑都更关注于建立长期的、优质的人际关系，这与Hofstede文化框架中的长期导向相契合；差序倾向则与Hofstede提出的权力距离相对应，但更准确地反映了中国人“内、外圈”的行为导向。

因而，本书借鉴Hofstede文化研究框架，以中国文化中蕴含的与创造力相关的深层特征为分析对象，突破了以往跨文化研究中简单依靠“集体主义/个体主义”的做法，并在个体深度访谈和焦点小组访谈的基础上，提出了与创造力相关的中国文化情境特征模型，即包含面子倾向、人情倾向、和谐倾向及差序倾向四维度。

为了验证与创造力相关的中国文化情境特征模型的准确性，研究者不仅通过个体访谈、焦点小组访谈收集一手数据，而且采用一致性系数检验、内容分析、探索性因子分析、验证性因子分析等统计技术对假设模型和研究量表进行多次修正。研究结果发现，与创造力相关的中国文化情境量表的20个题项中可以抽取4个因素，这些因素累计解释了70.29%的变异；因素的平均方差(AVE)值在0.59到0.77之间，均超过经验判断标准0.5，故量表具有较好的聚合效度。因此，四维度结构的中国文化情境测量模型具有较高的信度和效度，为深入探究中国文化情境下社会网络对创造力的多层次影响以及动态演化过程提供了前提条件。

二、社会网络与创造力在个体及团队层次的作用关系不同

研究发现：在个体层次，网络强度和网路密度与个体创造力之间存在非线性的倒U型关系，网络异质性和中心性对个体创造力具有显著的正向影响；在团队层次，网络强度和网络密度与团队创造力之间存在非线性的倒U型关系，网络异质性对团队创造力具有显著正向影响，而网络中心性对团队创造力具有显著负向影响。其中，个体层次的作用关系如图7.1所示，团队层次作用关系如图7.2所示。

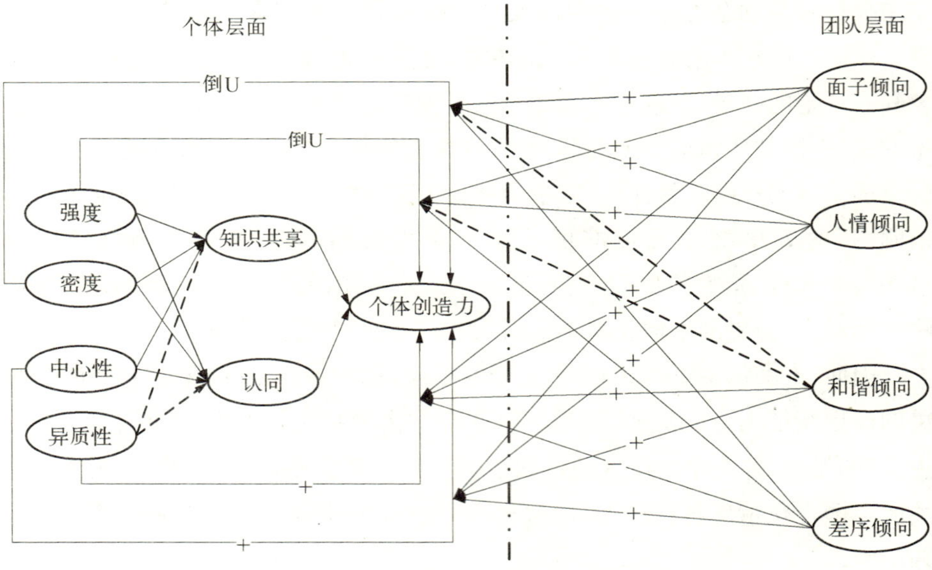

图7.1 个体层次社会网络与个体创造力关系汇总(虚线表示假设未被支持)

在个体层次的研究结论表明：① 过低的网络强度会降低复杂知识的传递效果，过高的网络强度可能会导致网络内部出现大量的冗余和重复性的信息，而只有在适度的网络强度下，个体的创造力才能被更好地激发出来；② 在网络密度过高的情况下，成员可能因维持互动关系而分散从事创造活动所必需的时间和精力；而在非常松散的网络结构中，也不具备足够的扩散创造性想法的互动机会，只有适度的网络密度才更有利于创造力的提升；③ 相对于其他成员，处在网络中心位置的个体具有更大的权力和影响力，拥有更多获得信息和知识的网络

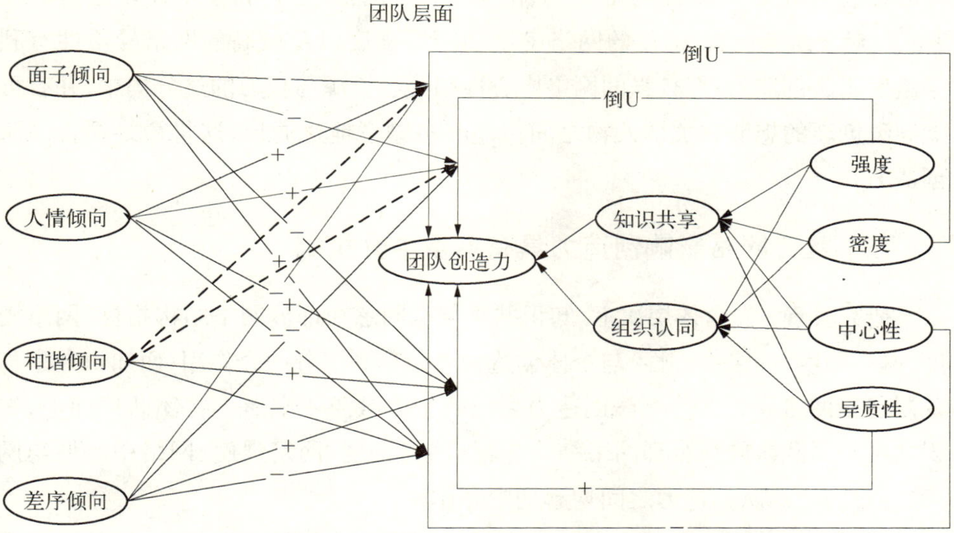

图 7.2　团队层次社会网络与团队创造力关系汇总(虚线表示假设未被支持)

渠道;同时,某些有价值和稀缺性的资源在通过社会网络渠道进行传递、借用、转移的过程中,占据有利位置的个体成员可以通过其优势位置,对这些资源的流转进行控制甚至阻断,这些对于资源或者信息的掌控为中心位置成员创造力的形成提供了有利的资源保障;④ 个人网络结构的异质性越高,其信息来源的渠道越广,获得信息的异质性和非冗余性也越高,这为创造力的提升提供了良好的环境。

在团队层次的研究结论表明:① 适度的网络强度不仅有利于隐性知识的传递,而且不会导致网络过于封闭,因而更有利于激发团队创造力;② 过于稠密的网络可能导致团队成员之间的观点和想法呈现趋同化,而过于稀疏的网络也不利于信息沟通和凝聚力的形成,只有适度的网络密度更利于团队创造力提升;③ 过于中心化的团队网络结构意味着团队资源过于集权,将导致创新的想法无法在整个团队内进行充分的讨论和交流,这将不利于团队整体的创造力;④ 多样化的团队构成有利于团队创造力的提升,这样不仅可以产生更为广泛的信息网络与交流网络,还可以使团队获得丰富而独特的且与任务相关的知识、技术与能力。

通过对比分析发现:① 对于个体而言,建构强度和密度适中以及异质性较高的社会网络关系，并尽可能地占据网络中心位置，更有利于个体创造力的提升；② 对于团队而言，适度的网络密度和网络强度以及较高的网络异质性有利于激发团队创造力；但较强的网络中心性则代表资源与权力的过分集中，并有可能导致创新的想法在关键人物之间传递时被刻意地过滤掉，这将最终损害团队创造力。

三、社会网络影响创造力具有多重中介机制

研究发现：在个体层次上，知识共享与认同感在部分网络结构指标（网络密度、网络强度、网络中心性）与个体创造力之间起到部分中介作用；而知识共享与认同感在网络异质性与个体创造力之间的中介效果不显著。在团队层面上，知识共享与团队认同在全部网络结构指标（网络密度、网络强度、网络中心性与网络异质性）与团队创造力之间均起到中介作用。

通过对比分析发现：① 对于拥有不同网络结构的员工而言，适度的网络密度和网络强度以及中心性的网络位置，有利于他们获得通过知识共享，进而获得更多的异质性信息和知识；此外，知识共享过程很可能实现不同知识的“连接”与“碰撞”，并最终促使个体变得更富有创造性；② 除知识共享以外，组织认同也有助于揭示社会网络影响创造力过程的“黑箱”。一方面，组织认同信息的产生和传递需要社会网络作为其“传递渠道”，社会网络结构为组织认同提供了天然的“土壤”；另一方面，组织成员对组织的认同程度越高，员工越可能在工作中提出自己的见解和建议，而提建议的过程有利于员工产生创新性想法。因此，对于员工个体所建构的网络关系而言，网络异质性并不通过中介要素影响创造力，而是对创造力具有直接的促进作用；与之不同，团队整体社会网络结构需要通过知识共享和团队认同，进而影响团队创造力，验证中介作用是揭开社会网络影响团队创造力“黑箱”的重要步骤。

四、中国文化情境在个体及团队层次的调节作用不同

本书通过在团队层面的中国文化倾向特征（即团队内多数成员所共享的关于中国文化的整体倾向趋势）来考察中国文化情境下社会网络对个体及团队创造力的多层次影响。在个体层面，主要考察中国文化倾向（团队层次）对社会网络与个体创造力（个体层次）之间关系的跨层次调节作用；在团队层面，考察团队

层次的中国文化倾向是否会在同一层次调节团队社会网络与团队创造力之间的关系。其中,跨层次调节作用关系如图 7.1 所示,团队层次调节作用关系如图 7.2 所示。

1. 中国文化情境特征对社会网络与个体创造力的跨层次调节作用

跨层次调节作用的研究结论包括:① 在高面子倾向的团队中,网络强度和网络密度与个体创造力正向相关;在低面子倾向情境下,网络强度和网络密度与个体创造力呈现倒 U 型关系;面子倾向正向调节网络中心性与个体创造力之间的关系,负向调节网络异质性与个体创造力之间的关系。② 在高人情倾向的团队中,网络强度和网络密度与个体创造力正向相关;在低人情倾向情境下,网络强度和网络密度与个体创造力呈现倒 U 型关系;人情倾向正向调节网络中心性、网络异质性与个体创造力之间的关系。③ 和谐倾向正向调节网络中心性与个体创造力之间的关系,正向调节网络异质性与个体创造力之间的关系。④ 在高差序倾向下,网络强度和网络密度与创造力正向相关;低差序倾向下,网络强度和网络密度与创造力呈现倒 U 型关系;差序倾向正向调节网络中心性与个体创造力之间的关系,负向调节网络异质性与个体创造力之间的关系。

2. 中国文化情境特征对社会网络与团队创造力的调节作用

团队层次调节作用的研究结论包括:① 在高面子倾向的团队中,团队网络强度、网络密度与团队创造力负向相关;在低面子倾向情境下,团队网络强度、网络密度与团队创造力呈现倒 U 型关系;面子倾向增强网络中心性与团队创造力之间的负向关系,减弱网络异质性与团队创造力之间的正向关系。② 在高人情倾向的团队中,团队网络强度和网络密度与团队创造力正向相关;在低人情倾向情境下,团队网络强度和网络密度与团队创造力呈现倒 U 型关系;人情减弱网络中心性与团队创造力之间的负向关系,增强网络异质性与团队创造力之间的正向关系。③ 和谐倾向减弱团队网络中心性与团队创造力之间的负向关系,增强团队网络异质性与团队创造力之间的正向关系。④ 在高差序倾向的团队中,团队网络强度、网络密度与团队创造力负向相关;在低差序倾向情境下,团队网络强度、网络密度与团队创造力呈现倒 U 型关系;差序倾向增强网络中心性与团队创造力之间的负向关系,减弱网络异质性与团队创造力之间的正向关系。

3. 调节作用的对比分析结论

通过对比分析发现,社会网络与创造力关系在个体层次及团队层次有所差异，而中国文化情境特征对二者在不同层次的调节作用也有所不同。

(1) 在个体层面，当员工身处较高的中国文化(面子倾向、人情倾向、和谐倾向与差序倾向)的环境中，建构强度和密度较高的社会关系网络，并尽可能地占据网络中心位置，更有利于获得信息和知识资源进而提升自身的创造力。同时，在讲求互送人情的文化倾向中，个体成员会因为还人情回报恩情等原因给予对方更多的多样化和互补性的知识，这将更有利于对方获得异质性信息进而产生创造性想法。

(2) 在团队层面，当面临较高的人情及和谐倾向时，团队网络强度、网络密度与团队创造力正相关；与之不同，在较高的面子和差序倾向下，团队网络强度、网络密度与团队创造力负相关。一方面，当团队内呈现较高的人情倾向且网络密度和网络强度较高时，成员之间出现频发的回报人情行为，这有易于形成良好的群体关系；同时，在追求和谐的团队倾向下，紧密的网络结构以及较多的强联系不但可以提供更多的知识交流通道，而且能够通过合作性的沟通方式建立更为密切和充满信任的团队关系，这些将更有利于团队创造力的提升。另一方面，当团队面临较高的面子和差序氛围时，过高的团队网络强度和网络密度不仅会引发更多“面子顾虑”现象的产生，而且会导致大多数非核心成员被边缘化感的凸显，这不利于团队内部的意见讨论而且会降低团队成员的创新积极性。

(3) 在网络中心性和异质性与个体及团队创造力关系方面，中国文化情境对两个层次的调节作用也存在显著差异。研究结论表明：在个体层面，中国文化倾向的四个维度都会增强网络中心性与个体创造力之间的正向关系，人情及和谐倾向增强网络异质性与个体创造力之间的正向关系，而面子及差序倾向则减弱网络异质性与个体创造力之间的正向关系；在团队层面，面子及差序倾向增强网络中心性与团队创造力之间的负向关系，减弱网络异质性与团队创造力之间的正向关系；人情及和谐倾向减弱网络中心性与团队创造力之间的负向关系，增强网络异质性与团队创造力之间的正向关系。

综上所述，社会网络与创造力关系在个体层次及团队层次有所差异，与创造力相关的中国文化情境特征对两者在不同层次的调节作用也有所不同。因此，在个体及团队两个层次分别探究社会网络与创造力的不同作用关系，以及中国文化情境特征在两个层次的调节作用，是更为完整的研究设计。

五、团队创造力与个体创造力之间并非简单的加总关系

在团队创造力与个体创造力关系方面，以往的研究主要分为两类观点，即“聚合观”与“过程观”。持“聚合观”的学者认为，团队创造力取决于团队内个体成员创造力的平均水平；而赞同“过程观”的学者则认为，团队创造力并不只是个体创造力的函数，团队创造力水平还取决于团队创造过程的其他方面。

本书通过对比多层次模型在不同层面作用关系发现：社会网络与创造力关系在个体层次及团队层次存在差异，与创造力相关的中国文化情境特征对两者在不同层次的调节作用也有所不同。这就表明，团队创造力可能不单只是个体创造的“加总平均”，其水平还取决于团队创造过程的其他方面（如文化倾向、团队冲突等）。

为了进一步考察个体创造力与团队创造力之间的关系，本书采用逐步回归分析方法得出了如下结论：① 个体创造力的平均值与团队创造力正相关；② 团队内个体创造力的方差值（即个体成员创造力水平的高低差异情况）正向调节个体创造力平均值与团队创造力间的关系，此结论表明，团队中不同成员之间创造力的差异水平会影响团队的整体创新表现；③ 当团队内面子倾向和差序倾向较高时，个体创造力均值与团队创造力之间的正向关系被削弱；而当团队内人情倾向及和谐倾向较高时，个体创造力均值与团队创造力间的正向关系得到强化，表明人情与和谐倾向有利于个体创造力向团队创造力的转化，更能够呈现出“1＋1＞2”的效果。

第二节　理论进展与管理实践

一、理论进展

本书围绕中国文化情境下社会网络与创造力的多层次动态关系问题，采用多层次分析方法和追踪研究设计，探究了中国文化情境特征影响个体及团队创造力的中介机制、调节机制及动态变化规律，这在一定程度上对以往研究进行了补充和扩展，其理论进展主要体现在以下几个方面：

(1) 在文献分析和深度访谈的基础上，通过内容分析、探索性及验证性因子分析方法建构并验证了与创造力相关的中国文化情境测量模型，这不仅丰富了创造力的跨文化研究内容，更为今后有关中国文化情境下的相关实证研究提供了可供操作的测量工具。

(2) 基于创造力研究领域的生态谬误问题，本书建构并验证了中国文化情境下社会网络与创造力关系的多层次关系模型。研究结论发现：社会网络与创造力关系在个体层次及团队层次存在差异，与创造力相关的中国文化情境特征对两者在不同层次的调节作用也有所不同。这一结论不仅有助于研究者认识到国外关于创造力经典理论的作用边界，帮助他们回答为什么不同文化情境下会出现相互矛盾的研究结论的问题，而且为中国文化情境下的多层次创造力研究提供了实证依据。

(3) 本书将组织认同作为中介变量引入社会网络与创造力关系的分析过程之中，突破了以往仅从知识共享视角探讨两者关系的局限，揭示了社会网络影响创造力的多重中介机制。这一研究结论为探究创造力影响因素的“作用黑箱”提供了新的研究视角。

(4) 在验证多层次模型的过程中，本书还发现：团队创造力不单只是个体创造的加总平均，其水平还取决于团队创造过程的其他方面(如文化倾向)。这一结论为不仅为理清个体与团队创造力之间的关系提供了实证依据，而且为探讨两者之间的转化过程提供了新的视角，即文化情境有可能影响个体创造力向团队创造力的转化过程。

(5) 以往关于创造力的研究多数都秉承静态观点，其研究结论的稳定性难免受到质疑。本书遵循I－M－O－I动态研究范式，采用多案例追踪研究和网络演化分析方法发现：社会网络与创造力关系呈现ASD模式的动态演化规律，但在不同的程度的中国文化倾向环境下，两者关系的演化趋势有所不同。这一研究结论不仅有助于研究者更深入地了解社会网络与创造力的动态变化关系，而且为今后有关创造力的研究提供了可供参考的动态研究框架。

二、实践启示

本书从多层次的研究视角，探讨了中国文化情境下社会网络与创造力的动态变化关系，不仅充实了相关理论研究，而且一些研究结论对管理实践也有一定的借鉴作用。

(1) 组织管理者应当关注团队的社会网络特征，并促使其向有利于创造力的方向变化。本书通过实证分析发现：适度的团队网络密度和网络强度，较低的网络中心性以及较高的网络异质性，更有利于团队创造力的提升。因此，组织管理者应当关注团队社会网络特征，并通过多样化的员工配置、适度分权、人员调配等管理措施，防止团队呈现出过高或过低网络密度和强度、过于中心化及同质化的网络特征。

(2) 对于员工而言，建构合适的社会网络结构将有利于自身创造力的提升。本书通过实证分析发现：适度的个体网络密度和网络强度，较高的网络中心性和网络异质性，更有利于员工创造力的提升。因此，员工在日常的工作交往中，应当建构强度和密度适中以及异质性较高的社会关系网络，并尽可能地占据网络中心位置，这样更有利于个体创造力的提升。

(3) 组织认同是影响个体和团队创造力的重要因素，管理者应当予以重视。本书对中介作用的验证结果表明：组织认同在社会网络影响创造力的过程中起到中介作用，较高的组织认同水平有利于提升个体及团队的创造力。对于管理者而言，设法提高员工对组织的认同水平不仅能够促使员工在工作中提出自己的见解和建议，而且有易于形成较高的团队凝聚力，这将为创造力的发展提供良好的组织环境。

(4) 与创造力相关的中国文化情境特征(人情、面子、和谐及差序)会影响社会网络与团队创造力之间的关系，但不同维度的调节作用存在差异。本书在团队层次的验证结论表明：当面临较高的人情及和倾氛围时，团队网络强度、网络密度与团队创造力正相关，人情及和谐倾向减弱网络中心性与团队创造力之间的负向关系，增强网络异质性与团队创造力之间的正向关系；与之不同，在较高的面子和差序倾向下，团队网络强度、网络密度与团队创造力负相关，面子及差序倾向增强网络中心性与团队创造力之间的负向关系，减弱网络异质性与团队创造力之间的正向关系。因此，管理者需要首先了解本组织内人情、面子、和谐及差序倾向的大致程度，而后依据不同的情境特征选择相应的管理策略，促使组织的社会网络结构向更优化的方向演化，并最终提升团队的创造力水平。

(5) 团队创造力并非只是个体创造力的简单平均，管理者需要采取相应措施，为创造力的转化提供更为有利的条件。本书通过实证分析发现：团队内个体创造力的方差值（即个体成员创造力水平的高低差异情况）正向调节个体创造力平均值与团队创造力间的关系，此结论表明，当团队成员之间的创造力水平存在较大差异时，个体成员创造力水平的均值与团队创造力水平的相关系数更高；当团队内面子倾向和差序倾向较高时，个体创造力均值与团队创造力之间的正向关系被削弱；而当团队内人情倾向和和谐倾向较高时，个体创造力均值与团队创造力间的正向关系得到强化，表明人情与和谐倾向有利于个体创造力向团队创造力的转化，更能够呈现出“1＋1＞2”的效果。

因此，在管理者进行人员配置时，一方面需要调整团队成员配置，以保持水平不一的个体创造力分布，进而激发团队中的创新榜样效应；另一方面，管理者应当采取措施培养组织中的人情与和谐氛围，使之呈现出“1＋1＞2”的汇聚效应。

(6) 社会网络与创造力关系呈现一定的动态演化规律，但两者关系在不同程度的中国文化倾向下的演化趋势有所不同。

在面临较高中国文化倾向的团队中，初期相对紧密、强联系较多、较为积聚的网络特征促使团队呈现出较高的创造力水平；当演化过程进入第二次循环阶段，较高的中国文化倾向会继续强化原有的网络建构策略，使整个团队呈现出过于密集、过于中心化的特征，反而使团队创造力出现下降趋势；此时，管理者所面临的问题是如何削弱中国文化倾向的强化作用以及如何打破过于黏稠的网络结构。

与之不同，在较低的中国文化倾向的环境中，初期相对西化、不重面子、自由开放的文化倾向会促使团队呈现出较高的创造力水平；当演化进入第二次循环阶段，相对西化的文化倾向会继续强化原有的网络建构策略，并大大降低组织认同水平，导致团队创造力出现小幅的下降趋势；此时，管理者必须面对的问题是如何遏止过于松散的网络结构，以完善团队内的交流网络并提升团队认同感。

第三节　研究局限及研究展望

一、研究局限

目前，学术界关于中国文化情境下社会网络与个体/团队创造力的多层次研究仍处于探索阶段，尤其是关于两者关系的动态研究更缺乏可供参考的演化分析框架。本书结合多层次与动态分析视角所得出的研究结论，不仅丰富了创造力的跨文化研究内容，而且为今后相关研究提供了可供参考的创造力动态研究框架。但是，由于本书的研究主题尚处于探索性阶段，研究者所能借鉴的直接研究较为缺乏，加之研究经费、时间等客观条件的限制，整体研究仍有一些不足之处，需要在后续研究中进一步改善。

1. 样本的代表性存在局限

由于本书的问卷涉及对社会关系网络的调查，尤其是针对团队整体关系网络的调查会导致问卷回收难度的增加，加之研究经费与时间的限制，致使研究者无法在全国范围内进行随机抽样，这就使得研究样本的代表性存在一定的局限。

2. 与创造力相关的中国文化情境量表的效度有待进一步验证

以往关于中国文化情境特征的研究呈现出较为零散、缺少统一研究框架的局面，尤其是缺少可供操作且与创造力相关的中国文化情境的测量量表。本书首先通过深度访谈收集一手数据，采用内容分析法并结合以往相关研究量表，初步确认了与创造力相关的中国文化情境特征的构思结构，即与创造力相关的中国文化情境特征包含人情倾向、面子倾向、和谐倾向与差序倾向四个维度；其次，通过预试样本和大样本两个阶段的抽样调查收集数据，采用一致性系数检验、探索性因子分析、验证性因子等技术开发并验证了与创造力相关的中国文化情境测量量表。尽管本书结合质性研究与定量研究方法，开发并验证了与创造力相关的中国文化情境量表的信度和效度，但是该量表的推广效度仍需要今后相关研究的进行多次验证。

3. 共同方法偏差的影响

本书的核心变量涉及两个层次的概念，而团队创造力也并非由个体创造力直接汇聚的来，这在一定程度上降低了共同方法偏差问对研究结论的干扰(Barrick et al. , 1998)；此外，通过 Harman 单因素检验结论也正证实了本书中的共同方法偏差现象较为轻微，且不会影响研究结论。然而，本书的中介变量和结果变量都是由员工自我报告的数据，这在一定程度上会造成共同方法偏差。

二、研究展望

通过对本书不足之处的系统梳理，研究者认为后续的研究需要在以下几个方面继续完善。

1. 增强研究样本的代表性

尽管本书的调查样本已经达到了统计分析的数量要求，但在样本的地域范围上仍存在不足。后续的研究应当尽可能地扩大抽样的地域范围，使得相关研究成果具有更高的稳定性和可推广性。

2. 继续完善与创造力相关的中国文化情境测量量表

由于目前没有系统的可供参考的中国文化情境量表，因而本书开发和验证量表的工作是一种必然的尝试，一项具有探索性和挑战性的课题。虽然本书所设计的量表既结合了以往相关研究结论又通过了质性研究以及两阶段的实证检验，但是个别测量条款的信度和效度仍不是很高。因此，后续的研究工作需要进一步完善量表的表述，并尽可能地开展多次量表验证工作，以提升研究量表的信度和效度。

3. 降低共同方法偏差的干扰

本书在预调研的初期阶段，曾经设计了两套问卷，一份由团队主管对下属的创造力水平进行评价，另一份由员工自评，但是团队主管的问卷回收不理想。在后续研究工作中，研究者应当事先与团队主管进行更为详细的沟通，争取获得他们的支持并提高主管问卷的回收效率，这样能够更好地降低共同方法偏差的干扰。

4. 探究中国文化情境下团队创造力的内部维度

本书的研究结论显示：团队创造力可能不单只是个体创造的加总平均，其水平还取决于团队创造过程的其他方面；人情与和谐倾向有利于个体创造力向团队创造力的转化，更能够呈现出“1＋1＞2”的效果。这一结论表明，中国文化情境下团队创造力受到人情、和谐等文化因素的影响，进而团队创造力的内部维度也可能有所不同。因此，在西方情境下所开发的团队创造力测量量表的基础上，结合中国文化特征，探究并开发中国情境下团队创造力的测量量表也是未来研究的方向。

参 考 文 献

［1］ Adler，P. S. Kwon，S. Social capital：Prospects for a new concept [J]. Academy of Management Review，2002，27：17－40.

［2］ Aldrich，H.，Zimmer，C. Entrepreneurship through Social Networks [A]. In D. L. Sextonand R. W. Smilor（Eds.），The Art and Science of Entrepreneurship ［C］. Cambridge，MA：Ballinger Publishing Company，1986：3－23.

［3］ Anderson，N.，De Dreu，C. K. W. & Nijstan，B. A. The routinization of innovation research：A constructively critical review of the state-of-the-science. Journal of Organizational Behavior，2004，25(1)：147－173

［4］ Amabile T. M.，Conti R.，Coon H.，et al. Assessing the work environment for creativity [J]. Academy of Management Journal，1996，39(5)：1154－1184.

［5］ Amabile，T. M. & Gryskiewicz，S. S. Creativity in the R & D laboratory ［M］ Technical report number 30. Greensboro，N. C.：Center for creative leadership. 1987.

［6］ Amabile，T. M. A model of creativity and innovation in organizations [J]. Research in Organizational Behavior，1988，10：123－167.

［7］ Amabile，T. M. Social psychology of creativity：A componential conceptualization [J]. Journal of Personality and Social Psychology，1983，45(2)：357－376.

［8］ Anderson，N. R. & West，M. A. Measuring climate for work group innovation：development and validation of the team climate inventory

[J]. Journal of Organizational Behavior, 1998, 19 (3): 235 - 58.

[9] Badrinarayanan, V., Arnett, D. B. Effective virtual new product development teams: an integrated framework [J]. Journal of Business and Industrial Marketing, 2008, 23(4): 242 - 248.

[10] Bagozzi, R. P., Y. Yi. On the Evaluation of Structural Equation Models [J]. Journal of the academy of marketing science, 1988, 16(1): 74 - 94.

[11] Balkundi P., Harrison D. A., Ties, leaders, and time in teams: strong inference about network structure effects on team viability and performance [J]. Academy of Management Journal, 2006, 49(1): 49 - 68.

[12] Barrick M. R., Stewart G. L., Neubert M J, et al. Relating member ability and personality to work-team processes and team effectiveness [J]. Journal of Applied Psychology, 1998, 83(3): 377 - 391.

[13] Barron, F. & Harrington, D. M. Creativity, intelligence, and personality [J]. Annual Review of Psychology, 1981, 32: 439 - 476.

[14] Barron, F. The disposition toward originality [J]. Journal of Abnormal and Social Psychology, 1995, 51: 478 - 485.

[15] Baron, R. M., Kenny, D. A. Themoderator-mediatorvariable distinction in social psychological research: conceptual, strategic, and statistical and statistical consideration [J]. Journal of Personality and Social Psychology, 1986, 51(6): 1173 - 1182.

[16] Bass, B. M. Theory of Transformational Leadership Redux [J]. The Leadership Quarterly, 1995, 6(4): 463 - 478.

[17] Bell, S. T. Villado, A. J., Lukasik, M. A., et al. Getting specific about demographic diversity variable and team performance relationships: A meta-analysis [J]. Journal of Management, 2011, 37 (3): 709 - 743.

[18] Bentler, P. Comparative Fit Indexes in Structural Models [J]. Psychological bulletin, 1990, 107(2): 238 - 246.

[19] Bentler, P. Structural Equation Modeling with Small Samples: Test Statistics [J]. Multivariate Behavioral Research, 1999, 34(2): 181 - 197.

[20] Bentler, P., D. Bonett. Significance Tests and Goodness of Fit in the Analysis of Covariance Structures [J]. Psychological bulletin, 1980, 88(3): 588 - 606.

[21] Besemer, S. P. & Quin, K. O. Confirming the Three-Factor Creative Produce Analysis Matrix Model in an American Sample [J]. Creativity Research Journal, 1999, 12(4): 287 - 296.

[22] Borgatti, S. P., Cross, R. A relational view of information seeking and learning in social networks [J]. Management Science, 2003, 49(4): 432 -445.

[23] Boies, K., Howell, J. M. Leader-member exchange in teams: An examination of the interaction between relationship differentiation and mean LMX in explaining team-level outcomes. The Leadership Quarterly, 2006, 17: 246 - 257.

[24] Bos, W. & Trnai, C. Content analysis in empirical social research [J]. International Joumal of Educational Research, 1999, 31(8): 659 - 671.

[25] Bowers, C. A., Pharmer, J. A., Salas, E. When member homogeneity is needed in work teams: A meta-analysis [J]. Small group research, 2000, 31(3): 305 - 327.

[26] Burt R S. Structural Holes: The Social Structure of Competition [M]. Cambridge MA: Harvard University Press, 1992.

[27] Burt, R. Structural holes and good ideas [J.]. American Journal of Sociology, 2004, 110(2): 349 - 399.

[28] Campbell, D., D. Fiske. Convergent and Discriminant Validation by the Multitrait-Multimethods Matrix [J]. Personality: critical concepts in psychology, 1998, 56: 162 - 165.

[29] Cattell, R. B. & Butcher, H. J. The prediction of achievement and creativity [M]. Indianapolis: Bobbs-Merrill. 1968.

[30] Chan, D. Founctional relations among constructs in the same content domain at different levels of analysis: a typology of composition models [J]. Joumal of Applied Psychology, 1998, 83: 234 - 246.

[31] Chen, G., P. Bliese. The Role of Different Levels of Leadership in Predicting Self-and Collective Efficacy: Evidence for Discontinuity [J]. Journal of Applied Psychology, 2002. 87(3): 549 - 555.

[32] Cheney, G. The Rhetoric of identification and the study of organizational communication [J]. Quarterly Journal of Speech, 1983, 69(2): 143 - 158.

[33] Cheney, G., Christensen, L. T. Organizational Identity: Linkages between Internal and External Communication [M]. Thousand Oaks, CA: Sage, 2001.

[34] Choi, H. S., Thompson, L. Old wine in a new bottle: Impact of membership change on group creativity [J]. Organizational Behavior and Human Decision Process, 2005, 98: 121 - 132.

[35] Chow, C. W., Deng, F. J. and Ho, J. L. The openness of knowledge sharing within organizations: a comparative study of the United States and the People's Republic of China [J]. Journal of Management Accounting Research, 2000, (12): 65 - 95.

[36] Chow, C. W., Harrison, G. L., McKinnon, J. L., et al. Cultural Influences of Informal Information Sharing in Chinese and Anglo-American Organizations An Exploratory Study [J]. Acoounting Organizations and Society, 1999, 24(7): 561 - 582.

[37] Christopher P., Parker, et al. Relationships between psychological climate perceptions and work outcomes: A meta-analytic review [J]. Journal of Organizational Behavior, 2003, 24(4): 389 - 407.

[38] Clugston, M., Howell, J. P., & Dorfman, P. W. Does Cultural Socialization Predict Multiple Bases and Foci of Commitment [J]. Journal of Management, 2000, 26(1): 5 - 30.

[39] Cohen, S. G., Bailey, D. E. What makes teams work: Group

effectiveness research from the shop floor to the executive suite [J]. Journal of Management, 23(4): 238 - 290.

[40] Cohen, J., Cohen, P., West, S. G. & Aiken, L. S. Applied multiple regression /correlation analysis for the behavioral sciences (3rd ed.) [M]. Mahwah, NJ: Erlbaum. 2003.

[41] Coleman, J. S. Foundations of Social Theory [M]. Cambridge: Harvard University Press, 1990.

[42] Conti, R., Coon, H. & Amabile, T. M. Evidence to support the componential model of creativity: secondary analyses of three studies [J]. Creativity Research Journal, 1996, 9(4): 385 - 389.

[43] Crabtree, B. F., Miller W. L. Using Codes and Code Manuals [M]// Crabtree, B. F., Miller W. L. Doing Qualitative Research. CA: Sage Publications Inc., 2000.

[44] Cross, R., Cummings, C. Tie and network correlates of individual performance in knowledge intensive work [J]. Academy of Management Journal, 2004, 47(6): 928 - 937.

[45] Csiszentmihalyi, M. Impllications of a systems perspective for the study of creativity [A]. In R. J. Sternberg(Ed.), Handbook of Creativity [C]. New York: Cambridge University Press, 1999: 313 - 335.

[46] Cummings, J. N. Work groups, structural diversity, and knowledge sharing in a global organization [J]. Management Science, 2004, 50 (3): 352 - 364.

[47] Dawes, P. L. & Lee, D. Y. & Dowling, G. R. Informal information control in comples technological purchase situations [J]. Journal of Marketing, 1998, 62: 55 - 58.

[48] De Dreu C. K. W. When Too Little or Too Much Hurts: Evidence for a Curvilinear Relationship between Task Conflict and Innovation in Teams [J]. Journal of Management, 2006, 32(1): 83 - 107.

[49] Desivilya, H. S. & Eizen, D. Conflict management in work teams: The role of social self-efficacy and group identification [J]. The

International Journal of Conflict Management, 2005, 16(2): 183-208.

[50] Dewett T. Linking Intrinsic Motivation, Risk Taking, and Employee Creativity in An R & D Environment [J]. R & D Management, 2007, 37 (3): 197-208.

[51] DeDreu, C. K. W, WestM A. Minority dissentand team inno-vation: The importance of participation in decision making. Journal ofApplied Psychology, 2001, 8: 1191-1201.

[52] DongI. June, Chee Chow, Anne wu. The role of transformational leader ship in enhancing organizational innovation: Hypothesese and some preliminary findings [J]. The leadership Quarterly, 2003, 14: 525-544

[53] Drazin, R., Glynn, M. A., Kazanjian R K. Multilevel theorizing about creativity in organizations: a sense making perspective [J] The Academy of Management Review, 1999, 24 (2): 286-307.

[54] Duffy, M. K, Shaw, J. D. The salieri syndrome: consequences of envy in groups [J]. Small group research, 2000, 31(1): 3-23.

[55] Edmondson, A. C. Speaking Up in the Operating Room: How Team Leaders Promote Learning in Interdisciplinary Action Teams [J]. Journal of Management Studies, 2003, 40(6): 1419-1452.

[56] Edwards, J. R. An examination of competing versions of the person-environment fit approach to stress [J]. Academy of Management Journal, 1996, 39: 292-339.

[57] Eisenhardt, K. M. Building Theories from Case Study Research [J]. Academy of Management Review. 1989, (14): 532-550.

[58] Eisenhardt, Kathleen M. and Melissa E. Graebner, Theory Building from Cases: Opportunities and Challenges [J]. Academy of Management Journal, 2007, 50(1): 25-32.

[59] Emirbayer, M. & Goodwin, J. Network Analysis, Culture and the problem of agency [J]. American Journal of Sociology, 1994, 99(6): 1411-1454.

[60] Farh, J. L., Lee, C. Farh, C. C. Task conflict and team creativity: A

question of how much and when [J]. Journal of Applied Psychology, 2010, 95(6): 1173 - 1180.

[61] Feist, G. J. A Meta-Analysis of Personality in Scientific and Artistic Creativity [J]. Personality and Social Psychology Review, 1998, 2(4): 290 - 309.

[62] Feldhusen, J. F., & Goh, B. E. Assessing and accessing creativity: An integrative review of theory, research, and development [J]. Creativity Research Journal, 1995, 8(3): 231 - 247.

[63] Fleming, L., Mingo, S., Chen, D. Collaborative brokerage, generative creativity, and creative success [J]. Administrative Science Quarterly, 2007, 52(3): 443 - 475.

[64] Flick, U. Managing Quality in Qualitative Research [M]. London, Thousand Oaks, New Delhi: Sage. 2007.

[65] Fontana, A. & Frey, J. H. Interviewing the art of science [M]. In Handbook of Qualitative Research. Newbury Park: Sage. 1994.

[66] Foxall, GR. & Haekett, P. M. The factor structure and construct validity of the Kirton adaption-innovation inventory [J]. Personality and Individual Difference, 1992, 13(9): 967 - 975.

[67] Fuller, J. B, Hester, K., et al. Perceived external prestige and internal respect: New insights into the organizational identification process [J]. Human Relations, 2006, 59(6): 815 - 846.

[68] Ganster, D. C., Hennessey H. W. & Luthans F. Social Desirability Response Effects: Three Alternative Models [J]. Academy of Management Journal, 1993, 26(2): 321 - 331.

[69] George, J. M., Zhou J. Dual Tuning in A Supportive Context: Joint Contributions of Positive Mood, Negative Mood, and Supervisory Behaviors to Employee Creativity [J]. Academy of Management Journal, 2007, 50(3): 605 - 622.

[70] George, J. M., Zhou J. Understanding When Bad Moods Foster Creativity and Good Ones Don't: The Role of Context and Clarity of Feelings [J].

Journal of Applied Psychology, 2002, 87(4): 687 - 697.

[71] George, J. M. & Zhou, J. When openness to experience and conscientiousness are related to creative behavior: An interactional approach [J]. Journal of Applied Psychology, 2001, 86: 513 - 524.

[72] Goffman, E. On face-work: An analysis of ritual elements in social interaction [A]. In Interaction Ritual: Essays on Face to Behavior [M]. Garden City, N. Y. : Anchor Books, 1967: 5 - 46.

[73] Goncalo, J. A. , Stawb, M. Individualism-Collectivism and Group Creativity [J]. Organizational Behavior and Human Decision Processes, 2006, 100 (1): 96 - 109.

[74] Gong, Y. , Huang, J. C. , Farh, J. L. Employee Learning Orientation, Transformational leadership, and Employee Creativity: The Mediating Role of Employee Creative Self-efficacy [J]. Academy of Management Journal, 2009, 52 (4): 765 - 769.

[75] Gong, F. , Gage, S. J. L. & Tacata, L. A. Help seeking behavior among Filipino Americans: A cultural analysis of face and language [J]. Journal of Community Psychology, 2003, 31(5): 469 - 488.

[76] Gough, H. G. A creative personality scale for the adjective check list [J]. Journal of Personality and Social Psycholoty, 1979, 37: 1938 - 1405.

[77] Granovetter M. The Strength of Weak Ties [J]. American Journal of Sociology, 1973, 6: 1360 - 1380.

[78] Granovetter, M. S. Economic action and social structure: The problem of embeddedness [J]. American Journal of Sociology, 1985, 91(3): 481 -510.

[79] Granovetter, M. S. The strength of weak ties: A network theory revisited [M] //Marsden, P. , Lin, N, et al. Social structure and network analysis. Beverly Hills: Sage Publications, 1982.

[80] Gulati, R. The Influence of Network Resources and Firm Capabilities on Alliance Formation [J]. Strategic Management Journal, 1999, 20: 397 - 420.

[81] Gupta, A. K. , Smith, K. E. , Shalley, C. E. The interplay between

exploration and exploitation [J]. The Academy of Management Journal, 2006, 49(4): 693 - 706.

[82] Hall, E. Beyond Culture [M]. New York: Anchor Books, 1997.

[83] Hampden-Turner. , C. , & Trompenars, A. The Seven Cultures of Capitalism [M]. New York: Doubleday, 1995.

[84] Hansen, M. T. The search-transfer problem: The role of weak ties in sharing knowledge across organization subunits [J]. Administrative Science Quarterly, 1999, 44(1): 82 - 111.

[85] Hartman, J. Using focus groups to conduct business communication research [J]. Journal of Business Communication, 2004, 41(4): 402 - 410.

[86] Haslam, S. A. Psychology in organizations: Thesocial identity approach [M]. London: Sage. Haslam, S. A. , 2004.

[87] Haythorthwaite, C. Social network analysis: an approach and technique for the study of information exchange [J]. Library and information science research, 1996, 18(4): 323 - 342.

[88] Hendriks, P. Why Share Knowledge? The Influence of ICT on the Motivation for knowledge Sharing [J]. Knowledge and Process Management, 1999, 6: 91 - 101.

[89] Hernandez, A. G. , Ernesto de los Reyes Lopez E. , Analysis of the relaitonship between the properties of the social network of R&D groups and their scientific performance [Z]. Application in the Polytechnic University of Valencia, 2007.

[90] Hirst, G. , Van Dick, R. , et al. A social identity perspective on leadership and employee creativity [J]. Journal of Organizational Behavior, 2009, 7(30): 963 - 982.

[91] Hirst, G. Van Knippenberg, D. & Zhou, J. A Cross-Level Perspective on Employee Creativity: Goal Orientation, Team Learning Behavior, and Individual Creativity [J]. Academy of Management Journal, 2009, 52(2): 280 - 293.

[92] Hofstede, G. Culture and Organizations [J]. International Studies of Management & Organization, 1980, 10(4): 15-41.

[93] Hofstede, G. Culture's consequences: Comparing values, behaviors, institutions, and organizations across nations (2nd ed.) [M]. Thousand Oaks, California: Sage Publications, Inc. 2001.

[94] Hofstede, G. Culture's Consequences [M]. Beverly Hills, CA: Sage, 1980.

[95] Holsti, O. R. Content Analysis for the Social Sciences and Humanities [M]. MA, Addison Wesley, 1969.

[96] Hooff, B. V. D. and J. A. D., Ridder. Knowledge sharing in context: the influence of organizational commitment, communication climate and CMC use on nowledge sharing [J]. Journal of Knowledge Management, 2004, 8(6): 117-130.

[97] Hornsey, M. J., Jetten, J., McAuliffe, B. & Hogg, M. A. The impact of individualist and collectivist group norms on evaluations of dissenting group members [J]. Journal of Experimental Social Psychology, 2006, 42: 57-68.

[98] House, R. J., Hanges, P. J., Ruiz-Quintanilla, S. A., et al. Cultural Influences on Leadership and Organizations: Project Globe [G]. // In Mobley, W. H., Gessner, M. J., Amold, V(Eds.), Advances in Global Leadship. Stamford, CN: JPA Press, 1999: 171-233.

[99] Hutchings, K. & Michailova, S. Facilitating knowledge sharing in Russian and Chinese subsidiaries: the role of personal networks and group membership [J]. Journal of Knowledge Management, 2004, 8 (2): 84-94.

[100] Hwang, K. K. Chinese Corporate Culture and Productivity [J]. Sun Yat-Sen Management Review, 1999, (7): 621-647.

[101] Hwang, K. K. Guanxi and Mientze: Conflict resolution in Chinese society [J]. Intercultural Communication Studies, 1997, 7(1): 17-42.

[102] Ibarra, H. Personal networks of women and minorities in management: A

conceptual framework [J]. Academy of Management Review, 1993, 18: 56 - 87.

[103] Ilgen, D. R., Hollenbeck, J. R, Johnson, M., & Jundt, D. Teams in organizations: from I - P - O models to IMOI models [J]. Annual Review of Psychology, 2005, 56: 517 - 543.

[104] Jackson, C. L., Colquitt, J. A., Wesson, M. J., et al. Psychological Collectivism: A Measurement Validation and Linkage to Group Member Performance [J]. Journal of Applied Psychology, 2006, 91 (4): 884 - 899.

[105] James, L. R. Aggregation bias in estimates of perceptual agreement [J]. Journal of Applied Psychology, 1982, 67: 219 - 229.

[106] James, L. R., Demaree, R. G., & Wolf, G. Rwg: an assessment of within group interrater agreement [J]. Journal of Applied Psychology, 1993, 78: 306 - 309.

[107] Jansen, J. J., Van, B., Volberda, H. W. Exploratory innovation, exploitative innovation, and performance: Effects of organizational antecedents and environmental moderators [J]. Management Science, 2006, 52(11): 1661 - 1674.

[108] Jehnk, Northcraft, G., Neale, M. Why Differences Make a Difference: A Field Study of Diversity, Conflict, and Performance in Workgroups [J]. Administrative Science Quarterly, 1999, 44(4): 741 - 763.

[109] Jennifer Mueller, D. Kamdar. Why seeking help from teammates is a blessing and a curse: A theory of help seeking and individual creativity in team contexts [J]. Journal of Applied Psychology, 2011, 96: 263 - 276.

[110] Judge, T. A., Piccolo, R. F. Transformational and Transactional Leadership: A Meta-analytic Test of Their Relative Validity. Journal of Applied Psychology, 2004, 89(5): 755 - 768.

[111] Kang, S. C., S. S. Morris & S. A. Snell., Extending the Human Resource Architecture: Relational Archetypes and Value Creation,

CAHRS' Working Paper eries，2003. 3－15.

[112] Kaufman，J. C. & Sternberg，R. J. The international Handbook of Creativity [M]. NY：Cambridge University Press. 2006.

[113] Kilduff，M.，Tsai，W. Social networks and organizations [M]. London：SAGE. 2003.

[114] Klein，K. J. & Kozlowski，S. W. J. From micro to meso：Critical steps in conceptualizing and conducting multilevel research [J]. Organizational Research Methods，2000，(3)：211－236.

[115] Kluckhohn，F. R. & F. L，S. Variations in Value Orientations [M]. Westport，CT：Greenwood，1961.

[116] Kolbe，R. H. & Bumett，M. S. Content analysis research：An examination of Applications with directives for improving research reliability and objectivity [J]. Journal of Consumer Research，1991，18(9)：243－250.

[117] Kozlowski，S.，K. Hattrup. A. Disagreement About within-Group Agreement：Disentangling Issues of Consistency Versus Consensus [J]. Journal of Applied Psychology，1992. 77(2)：161－167.

[118] Krackhardt，D. Organizational viscosity and the diffusion of controversial innovations [J]. Journal of Mathematical Sociology，1996，22(2)：177－199.

[119] Krackhardt，D.，Kilduff，M. Friendship patterns and culture：the control of organizational diversity [J]. American Anthropologist，1990(92)：142－154.

[120] Kreft，I.，Leeuw，J. 多层次模型分析导论[M]. 重庆：重庆大学出版社，2007.

[121] Kroeber，A. L. & Kluckhohn，D. Culture：A Critical Review of Concepts and Definitions [M]. Cambridge，MS：The Peabody Museum，1952.

[122] Kurtzberg，T. R. Feeling creative，being creative：An empirical study of diversity and creativity in teams [J]. Creativity Research Journal，

2005，17(1)：51 - 65.

[123] Kurtzberg，T. R.，Ambaile，T. M. From guilford to creative synergy: Opening the black box of team level creativity [J]. Creativity Research Journal，2001，13(3)：285 - 294.

[124] Kwang，Ng.，A. A. Cultural Model of Creative and Conforming Behavior [J]. Creativity Research Journal，2003，15：223 - 233.

[125] Laumann，E.，Galaskiewicz，J.，Marsden，P. V. Community structure as interorganizational lingkages [J]. Annual Review of Sociology. 1978，4：455 - 484.

[126] Leenders，R. Th. J.，Van Engelen，J. M. L. & Kratzer，J. Virtuality，communication，and new product team creayivity：a social network perspective [J]. Journal of Engineering and Technology Management，2003，20：69 - 92.

[127] Leonard，D.，Swap，W. When sparks fly：Igniting creativity in groups [M]. Boston：Harvard Business School Press，1999.

[128] Leung，K. Negotiation and Reward Allocations across Cultures [G]. // In Earley，P. C.，Erez，M. (Eds.)，New Perspectives on International Industrial Organizational Psychology [M]. San Francisco：Jossey-Bass，1997：640 - 675.

[129] Levin，D. Z.，Cross，R. The strength of weak ties you can trust：The mediating role of trust in effective knowledge transfer [J]. Management Science，2004，50(11)：1477 - 1490.

[130] Liden，R. C.，Maslyn，J. M. Multimensionality of leader-member exchange：an empirical assessment through scale development [J]. Journal of Management，1998，24(1)：43 - 72.

[131] Lipponen，J. Bardi，A.，et al. The interaction between values and organizational identification in predicting suggestion-making at work [J]. Journal of Occupational and Organizational Psychology，2008，81：241 - 248.

[132] Livingstone，L. P.，Nelson，D. L. & Barr，S. H. Person-environment fit

and creativity: An examination of supply-value and demand-ability versions of fit [J]. Journal of Management, 1997, 23, (1): 19 - 46.

[133] Lovelace, K. , Shapiro, D. L. & Weingart, L. R. Maximizing cross-functional new produce teams' innovativeness and constraint adherence: A conflict communications perspective [J]. Academy of Management Journal, 2001, 44: 779 - 793.

[134] Mac Kinnon, D. W. Personality and the realization of creative potential [J]. American Psychologist, 1965, 20: 273 - 281.

[135] Mael, F. & Ashforth, B. E. Alumni and their alma maters: Apartial test of the reformulated model of organizational identification [J]. Journal of organizational Behavior, 1992, 13: 103 - 123.

[136] Mannix, E. , Neale, M. A. What differences make a difference? The promise and reality of diverse teams in organizations [J]. American Psychological Society, 2005, 6(2): 31 - 55.

[137] Marks, M. A. , Mathieu, J. E. & Zaccaro, S. J. A temporally based framework and taxonomy of team p rocesses [J]. Academy of Management Review, 2001, 26 (3): 356 - 376.

[138] Mathieu, J. , Maynard, M. T. , RAPP, T. , et al. Team effectiveness 1997 - 2007: A review of recent advancements and a glimpse into the future [J]. Journal of Management, 2008, 34 (3): 410 - 476.

[139] McDonald, R. , M. Ho. Principles and Practice in Reporting Structural Equation Analyses [J]. Psychological Methods, 2002, 7(1): 64 - 82.

[140] Mehra A. , Kilduff M. & Brass D. J. The social networks of high and low self-monitors: Implications for workplace performance [J]. Administrative Science Quarterly, 2001, 46: 121 - 146.

[141] Merkin, R. S. A cross-cultural examination of facework communication: An application of Hofstede's cultural dimensions [D]. Unpublished Ph. D. Dissertation, Kent State University. 2000.

[142] Miles & Huberman, A. M. Qualitative Data Analysis: A Source book of New Methods [M]. Nesbury Park: Sage. 1994.

[143] Miles, M. B. Qualitative data as an attractive nuisance: the problem of analysis [J]. Academy of Management Review, 1979, 24: 590 - 601.

[144] Mitchell, J. C. The concept and use of social networks [M]. Social Network in Urban Situations. Mancheste. UK: Manchester Univ. Press, 1969.

[145] Morgan, D. L. Focus groups as qualitative research [M]. Newbury Park: Sage, 1988.

[146] Morgan, J. M., Reynolds, C. M., Nelson, T. J., Johanningmeier, A. R., Griffin, M. & Andrade, P. Tales from the fields: sources of employee identification in agribusiness [J]. Management Communication Quarterly, 2004, (17): 360 - 395.

[147] Morris, R. Computerized content analysis in management research: A demonstration of advantages and limitationsp [J]. Joumal of Management, 1994, 20(4): 903 - 931.

[148] Nicholis, J. G. Creativity in the person who will never produce anything original and useful: The concept of creativity as a normally distributed trait [J]. American Psychologist, 1972, 27(8): 717 - 727.

[149] Nicholis, J. G. Creativity in the person who will never produce anything original and useful: The concept of creativity as a normally distributed trait [J]. American Psychologist, 1972, 27(8): 717 - 727.

[150] Nisbett, Richard. The Geography of Thought, How Asians and Westerners Think Differently and Why [M]. New York, The Free Press, 2003.

[151] Nonaka, I., Takeuchi H. The knowledge-creating company [M]. Oxford: Oxford Press, 1995.

[152] Obstfeld, D. Social networks, the Tertius Iungens orientation, and involvement in innovation [J]. Administrative Science Quarterly, 2005, 50(1): 100 - 130.

[153] Oh, H., Chung, M.-H., Labianca, G. Group social capital and group effectiveness: The role of informal socializing ties [J]. Academy

of Management Journal, 2004, 47 (6): 860 - 875.

[154] Oldman, G. R., Cummings, A. Employee Creativity: Personal and Contextual Factors at Work [J]. Academy of Management Journal, 1996, 39 (3): 607 - 634.

[155] Oyserman, D., Coon, H. M. & Kemmelmeier, M. Rethinking individualism and collectivism: Evaluation of theoretical assumptions and meta-analyses [J]. Psychological Bulletin. 2001. 128: 3 - 73.

[156] Patchen, M. Participation, Achievement, and Involvement on the Job [M]. Englewood Cliffs, NJ: Prentice Hall, 1970.

[157] Patterson, P. G, Cowley, E. & Prasongsukarn, K. Service Failure Recovery: The Moderating Impact of Individual-Level Cultural Value Orientation on Perceptions of Justice [J]. International Journal of Research in Marketing, 2006, 23(3): 263 - 277.

[158] Patton, M. Q. How to Use Qualitative Methods in Evaluation [M]. CA: Sage Publications Inc., 1987.

[159] Paul, S., Peter, T. Social factors of work-enviroment creativity [J]. Journal of Business and Psychology, 2007, 21(3): 407 - 428.

[160] Paulus, P. B., NIJSTAD, B. A. Group Creativity: Innovation through Collaboration [M]. New York: Oxford University Press, 2003.

[161] Pelled, L. H., Eisenhardt, K. M., Xin, K. R. Exploring the black box: An analysis of work group diversity, conflict, and performance [J]. Administrative Science Quarterly, 1999, 44: 1 - 28.

[162] Perry-Smith, J. E. & Shalley, C. E. The social side of creativity: A static and dynamic social network perspective [J]. Academy of Management Review, 2003, 28(1): 89 - 106.

[163] Perry-Smith, J. E. Social yet creative: The role of social relationships in facilitating individual creativity [J]. The Academy of Management Journal, 2006, 49(1): 85 - 101.

[164] Pirola-Merlo, A. & Mann, L. The relationship between individual creativity and team creativity: Aggregating across people and time [J].

Journal of Organizational Behavior, 2004, 25(3), 235-257.

[165] Podsakoff, P. M., MacKenzie, S. B., Paine, J. B., et al. Organizational Oitizenship Behaviors: A Critical Review of the Theoretical and Empirical Literature and Suggestions for Future research [J]. Journal of Management, 2000, 26 (3): 513-563.

[166] Politis, J. D. The connection between trust and knowledge management: What are its implications for team performance [J]. Joumal of knowledge Management, 2003, 7(5): 55-66.

[167] Quinn, J. B. and Anderson, P. & Finkelstein, S. Managing professional intellect: Making the most of the best [J]. Harvard business review, 1996, (3): 71-80.

[168] Reagans, R., Zuckerman, E. W. Networks, diversity, and productivity: The social capital of corporate R & D teams [J]. Organization Science, 2001, 12(4): 502-517.

[169] Rodan, S., Galunic, C. More than network structure: how knowledge heterogeneity influences managerial performance and innovativeness [J]. Strategic Management Journal, 2004, 25(6): 541-562.

[170] Rogers, E. S. Diffusion of Innovation [M]. Free Press: New York, 1995.

[171] Salancik, G., Pfeffer, J. A social information processing approach to job attitudes and task design [J]. Administrative Science Quarterly, 1978, (23): 224-253.

[172] Sampson, E. E. Reinterpreting individualism and collectivism: Their religious roots and monologic versus dialogic person-other relationship [J]. American Psychologist, 2000, 55: 1425-1432.

[173] Scott, S. G., Bruce, R. A. Determinants of innovation behavior: a path model of individual innovation in the workplace [J]. Academy of Management Journa, 1994, 37: 580-607.

[174] Sawrer, J. E., Houlette, M. A. & Yeagley, E. L. Decision performance and diversity structure: Comparing faultlines in convergent, crosscut,

and racially homogeneous groups [J]. Organizational Behavior and Human Decision Processes, 2006, 99: 1-15.

[175] Schein, L. Organizational Culture and Leadership [M]. San Francisco: Jossey-Bass, 1992.

[176] Schneider, B. The People Make the Place [J]. Personnel Psychology, 1987, 40(3): 437-453.

[177] Scot, S. G., Bruce, R. A. Determinates of innovative behavior: A Path model of individual innovation in the workplace [J]. Academy of Management Journal, 1994, 37(3): 580-607.

[178] Shalley, C. E., Zhou, J., Oldham, G. R. The Effects of Personal and Contextual Characteristics on Creativity: Where Should We Go From Here [J]. Journal of Management, 2004, 30(6): 933-958.

[179] Shin, S. J., Zhou, J. Transformational Leadership, Conservation, and Creativity: Evidence from Korea [J]. Academy of Management Journal, 2003, 46(6): 703-714.

[180] Simonnin, B. Ambiguity and the process of knowledge transfer in strategic alliances [J]. Strategic Management Journal, 1999, 20(7): 595-623.

[181] Sivakumar, K. & Nakata, C. The Starmpede toward Hofstede's Framework: Avoiding the Sample Design Pit in Cross-Cultural Research [J]. Journal of International Business Studies, 2001, 32(3): 555-574.

[182] Sparrowe, R. T., Liden, R. C., Wayne, S. J. & Kraimer, M. L. Social networks and the performance of individuals and groups [J]. Academy of Management Journal, 2001, 44(2): 316-326.

[183] Staber, U. Networking Beyond Organizational Boundaries: The Case of Project Organizations [J]. Creativity and Innovation Management, 2004, 13(1): 30-40.

[184] Steiger, J. H. Structural Model Evaluation and Modification: An Interval Estimation Approach [J]. Multivariate Behavioral Research,

1990, 25(2): 173 - 180.

[185] Stein, M. I. Creativity and Culture [C] // MOON-Y R L, RAZIK T A. Explorations in Creativity. New York: Harper, 1967: 109 - 120.

[186] Sternberg, R. J. & Lubart, T. I. Investing in creativity [J]. American Psychologist, 1996, 51: 677 - 688.

[187] Sternberg, R. J. & Lubart, T. I. Investing in Cteativity [J]. American Psychologist, 1996, 51(7): 677 - 688.

[188] Sternberg, R. J. & Lubart, T. I. Investing in Cteativity [J]. American Psychologist, 1996, 51 (7): 677 - 688.

[189] Stover, L. E. "Face" and verbal analogues of interaction in Chinese culture: A theory of formalized social behavior based upon participant-observation of an upper-class Chinese household, together with a biographical study of the primary informant [D]. Unpublished Ph. D. Dissertation, Columbia University, 1962.

[190] Taggar, S. Individual creativity and group ability to utilize individual creative resources: A multilevel model [J]. The Academy of Management Journal, 2002, 45(2): 315 - 330.

[191] Taifel, H. Some developments in European social psychology [J]. European Journal of Social psychology, 1972, 2(3): 07 - 22.

[192] Tasa, K., Taggar, S. & Seijts, G. H. The development of collective efficacy in teams: A multilevel and longitudinal perspective [J]. Journal of Applied Psychology, 2007, 92 (1): 17 - 27.

[193] Taylor, A., Greve, H. R. Superman or the fantastic four? Knowledge combination and experience in innovative teams [J]. Academy of Management Journal, 2004, 47(3): 368 - 384.

[194] Tesluk, P. E., Farr, J. L. & Klein, S. R. Influences of organizational culture and climate on individual creativity [J]. Journal of creative Behavior, 1997, 31: 27 - 41.

[195] Thomas, J., Griffin, R. The social information processing model of task design: A review of the literature [J]. Academy of Management

Review, 1983, 8(4): 672 - 682.

[196] Tierney, P. , Farmer, S. M. & Graen, G. B. An Examination of Leadership and Employee Creativity: The Relevance of Traits and Relationships. Personnel Psychology, 1999, 52(3): 591 - 620.

[197] Torrance, E. P. Predictive validity of the Torrance Tests of Creative Thinking [J]. Journal of Creative Behavior, 1972, 6(4): 236 - 252.

[198] Triandis, H. C. The psychological measurement of cultural syndromes [J]. American Psychologist, 1996, 5 (1): 407 - 415.

[199] Triandis, H. C. Culture and Social Behavior [M]. New York: Mc Graw-Hill, 1994.

[200] Tsai, W. , Ghoshal, S. Social capital and value creation: The role of intrafirm networks [J]. Academy of Management Journal, 1998, 41 (4): 464 - 476.

[201] Wang, Z. M. and Zang, Z. Strategic human resources, innovation and entrepreneurship fit: a cross-regional comparative model [J]. International Journal of Manpower, 2005, 26 (6): 544 - 606.

[202] Wang, Z. M. Managerial competency modelling and the development of organizational psychology: A Chinese approach [J]. International Journal of Psychology. 2003, 38(5): 323 - 334.

[203] Wasserman. S. & Faust. K. Social Network Analysis: Methods and Applications [M], Cambridge, Cambridge University Press, 1994.

[204] Watson, J. Modeling the relationship between networking and firm performance [J]. Journal of Business Venturing, 2007, 22, 852 - 874.

[205] Weber, R. P. Basic analysis [M]. Beverly Hills, CA: Sage, 1985.

[206] Weick, K. E. Theoretical Assumptions and Research Methodology Selection [M]//Mc Farlan, F. W. The Information Systems Research Challenge. Boston MA: Harvard Business School Press, 1984.

[207] White H. C. Chains of opportunity. System models of mobility in organizations [M]. Harvard University Press, Cambridge, MA. , 1970.

[208] Wimmer, R. D. & Dominick, J. R. Mass media research: An introduction (3rd ed.) [M]. Belmont, CA: Wadsworth. 1991.

[209] Woodman, R. W., Sawyer, J. E., & Griffin R W. Toward a Theory of Organizational Creativity [J]. Academy of Management Review, 1993, 18(2): 293 - 321.

[210] Yin, R. Case Study Research: Design and Methods [M]. Beverly Hills, CA: Sage Publishing. 1994.

[211] Yin, R. K. Case Study Research: Design and Methods (3nd Edition) [M]. Thousand Oaks, CA: Sage, 2003.

[212] Zha, P., Walczyk, J. J., Griffith-Goss, D. A., et al. The impact of culture and individualism-collectivism on the creative potential and achievement of American and Chinese adults [J]. Creativity Research Journal, 2006, 18(3): 355 - 366.

[213] Zhang, A. Y., Tsui, A. S., Wang, D. X. Leadership behaviors and group creativity in Chinese organizations: The role of group processes [J]. The Leadership Quarterly, 2011, 22: 851 - 862.

[214] Zheng, W. A social capital perspective of innovation from individuals to nations: Where is empirical literature directing us? [J]. International Journal of Management Reviews, 2010, 12(2): 151 - 183.

[215] Zhou, J. & George, J. M. When job dissatisfaction leads to creativity: encouraging the expression of voice [J]. Academy of Management Journal, 2001, 44: 682 - 696.

[216] Zhou, J., Shin, S. J., Brass, D. J., Choi, J. & Zhang, Z.-X. (2009). Social networks, personal values, and creativity: Evidence for curvilinear and interaction effects [J]. Journal of Applied Psychology, 2009, 94(6): 1544 - 1552.

[217] 阿不力克木.不同民族文化对员工满意度影响的实证研究[D].硕士学位论文,清华大学,2006.

[218] 宝贡敏.企业成长与竞争战略管理：基于我国经济与文化特点的分析

[M]. 太原：山西人民出版社，2004.
[219] 边燕杰，丘海雄. 企业的社会资本及其功效[J]. 中国社会科学，2000，(2)：87－99.
[220] 边燕杰. 关系社会学[M]. 北京：社会科学出版社，2011.
[221] 边燕杰. 市场转型与社会分层[M]. 上海：三联出版社，2002.
[222] 陈尚云，刘彦奎. 创造心理学概论[M]. 成都：电子科技大学出版社，2001.
[223] 陈向明. 质的研究方法与社会科学研究[M]. 北京：教育科学出版社，2000：107－120.
[224] 陈晓萍，徐淑英，樊景立. 组织与管理研究的实证方法[M]. 北京：北京大学出版社，2008.
[225] 陈占江. 差序格局于中国社会转型[J]. 社会科学评论，2007(3)：40－42.
[226] 陈之昭. 面子心理的理论分析与实际研究[A]. 1988. 翟学伟主编. 中国社会心理学评论(第二辑)[C]. 北京：社会科学文献出版社，2006.
[227] 董奇. 心理与教育研究方法[M]. 广州：广东教育出版社，1992.
[228] 杜旌，王丹妮. 匹配对创造性的影响：集体主义的调节作用[J]. 心理学报，2009，41(10)：980－988.
[229] 费孝通. 乡土中国[M]. 上海：上海人民出版社，2006.
[230] 风笑天. 社会学研究方法[M]. 北京：中国人民大学出版社，2001.
[231] 傅世侠，罗玲玲. 建构科技团体创造力评估模型[M]. 北京：北京大学出版社，2005.
[232] 关于中国人"面子观"的调查[EB/OL]. http://www.china.com.cn，2005－12－20.
[233] 韩雪松. 影响员工组织认同的组织识别特征因素及作用研究[D]. 四川大学博士论文，2007.
[234] 侯杰泰，温忠麟，成子娟. 结构方程模型及其应用[M]. 北京：经济科学出版社，2004.
[235] 胡先晋. 中国人的面子观[M]. 黄光国编. 中国人的权力游戏. 台北：巨流图书公司，1989，(4)：57－78.

[236] 黄芳铭. 结构方程模式——理论与应用[M]. 北京：中国税务出版社，2005.
[237] 黄光国，胡先缙. 人情与面子：中国人的权力游戏[M]. 北京：中国人民大学出版社，2010.
[238] 黄光国. 关系与面子：华人社会中的冲突化解模式[A]. 陈恒之，梁觉主编. 迈进中的华人心理学[C]. 香港：香港中文大学出版社，2000.
[239] 黄光国. 人情与面子：中国人的权力游戏[M]. 1987. 黄光国主编. 儒家关系主义[M]. 北京：北京大学出版社，2006.
[240] 黄光国. 人情与面子：中国人的权力游戏[M]. 黄光国(编). 中国人的权力游戏. 台湾巨流图书公司，1988.
[241] 霍伟伟，罗瑾琏. 领导行为对员工创新的跨层次影响机制研究[J]. 预测，2011，30(3)：42 - 47.
[242] 霍伟伟，罗瑾琏. 领导行为与员工创新研究之横断历史元分析[J]. 科研管理，2011，32 (7)：113 - 121.
[243] 金耀基. "面"、"耻"与中国人行为之分析. 1988. 翟学伟主编. 中国社会科学评论(第二辑)[M]. 北京：社会科学文献出版社，2006：48 - 64.
[244] 金耀基. 关系和网络的建构：一个社会学的诠释. 1992. 金耀基. 金耀基自选集[M]. 上海：上海教育出版社，2002.
[245] 李本乾. 描述传播内容特征检验传播研究假设—内容分析法简介[J]. 当代传播，2000 (1)：47 - 51.
[246] 李国军，王重鸣. 组织创新的研究新进展[J]. 心理科学，2006，29(5)：1240 - 1247.
[247] 李怀祖. 管理研究方法[M]. 西安：西安交通大学出版社，2004.
[248] 李六. 社会资本：形成机制与作用机制研究[D]. 复旦大学博士论文，2010.
[249] 李伟民. 论人情——关于中国人社会交往的分析和探讨[J]. 中山大学学报(社会科学版)，1996，2：35 - 39.
[250] 李超平，时勘. 变革型领导的结构与测量[J]. 心理学报，2005，37(6)：803 - 811.
[251] 林聚任. 社会网络分析：理论、方法与应用[M]. 北京：北京师范大学出

版社，2009.
［252］ 林语堂. 吾国与吾民［M］. 西安：陕西师范大学出版社，2002.
［253］ 刘军，章凯，仲理峰. 工作团队差序氛围的形成与影响：基于追踪数据的实证分析［J］. 管理世界，2009(8)：92-188.
［254］ 刘军，章凯，仲理峰. 工作团队差序倾向的形成与影响：基于追踪数据的实证分析［J］. 管理世界，2009，(8)：92-101.
［255］ 刘军. 管理研究方法：原理与应用［M］. 北京：中国人民大学出版社. 2008.
［256］ 刘军. 社会网络分析导论［M］. 北京：社会科学文献出版社，2010.
［257］ 刘军. 整体网分析讲义［M］. 上海：格致出版社，2009.
［258］ 刘军. 整体网分析讲义：UCINET 软件实用指南［M］. 上海：上海人民出版社，2009.
［259］ 刘少杰. 以行动与结构互动为基础的社会资本研究——评林南社会资本理论的方法原则和理论视野［J］. 国外社会科学，2004(2)：21-28.
［260］ 刘增合. 儒教经济伦理观念"差序格局"界论［J］. 孔子研究，2000，(2)：21-31.
［261］ 卢纹岱. Spss for Windows 统计分析［M］. 北京：电子工业出版社，2002.
［262］ 罗家德. 社会网络分析讲义［M］. 北京：社会科学文献出版社，2010.
［263］ 马汀·奇达夫. 社会网络与组织［M］. 北京：中国人民大学出版社. 2007.
［264］ 毛世佩. 人际和谐倾向、分配公平倾向对个人创新行为影响研究［D］. 浙江大学博士学位论文，2008.
［265］ 孟晓斌. 国际创业背景下中小企业组织动态能力及其绩效机制研究［D］. 浙江大学博士学位论文，2008.
［266］ 莫申江，谢小云. 团队学习、交互记忆系统与团队绩效：基于 IMOI 范式的纵向追踪研究［J］. 心理学报，2009，141(17)：639-648.
［267］ 彭泗清. 关系与信任：中国人人际信任的一项本土研究. 陆学艺. 中国社会学年鉴(1995～1998)［M］. 北京：社会科学文献出版社，2000.
［268］ 邱均平，邹菲. 国外内容分析法的研究概况及进展［J］. 图书情报知识，

2003,6(1):6-8.

[269] 荣泰生.企业研究方法[M].北京:中国税务出版社,2005.

[270] 时蓉华.社会心理学[M].杭州:浙江教育出版社,1998.

[271] 孙立新,蒋锐.东西方之间:中外学者论卫礼贤[M].济南:山东大学出版社,2004.

[272] 万君宝.民族文化与企业文化[D].上海财经大学博士论文,2001.

[273] 万绍华,张梅玲.问卷编制的几个问题[J].心理学动态,2000,4:69-76.

[274] 王端旭,国维潇,刘晓莉.团队内部社会网络特征影响团队创造力过程的实证研究[J].软科学,2009,23(9):25-28.

[275] 王黎萤,陈劲.研发团队创造力的影响机制研究:以团队共享心智模型为中介[J].科学学研究,2010,28(3):47-56.

[276] 王黎萤.研发团队创造气氛、共享心智模型与团队创造力研究[D].浙江大学,2009.

[277] 王霄,胡军.华人文化与团队领导的管理认知:一项基于线性结构方程模型的实证研究[J].暨南大学学报(哲学社会科学版),2005(6):1-6.

[278] 王彦斌.管理中的组织认同-理论建构及对转型期中国国有企业的实证分析[M].北京:人民出版社,2004.

[279] 王轶楠.从东西方文化的差异分析面子与自尊的关系[J].社会心理科学,2006,2(21):230-236.

[280] 王重鸣.管理心理学[M].北京:人民教育出版社,2000.

[281] 王重鸣.心理学研究方法[M].北京:人民教育出版社,1990.

[282] 魏钧,陈中原,张勉.组织认同的基础理论、测量及相关变量[J].心理科学展,2007,15(6):948-955.

[283] 温忠麟,侯杰泰.结构方程模型检验:拟合指数与卡方准则[J].心理学报,2004,36(2):186-194.

[284] 文军,蒋逸民.质性研究概论[M].北京:北京大学出版社,2010.

[285] 吴明隆.Spss统计应用实务[M].北京:科学出版社,2003.

[286] 奚菁.中国家族企业组织认同及其相关因素研[D].暨南大学博士论文,2008.

[287] 席酉民. 和谐管理理论[M]. 北京：中国人民大学出版社，2002.

[288] 谢小云. 人力资源测评效标模型：效度概化的视角[D]. 浙江大学博士学位论文，2005.

[289] 徐文忠. 从差序管理行为探讨高阶团队的形成与绩效[D]. 高雄：台湾中山大学硕士学位论文，2005.

[290] 颜士梅. 内容分析方法及在人力资源管理研究中的运用[J]. 软科学，2008，22(9)：133 - 140.

[291] 杨国枢，黄光国，杨中芳. 华人本土心理学(上)[M]. 重庆：重庆大学出版社，2008.

[292] 杨国枢，文崇一，吴聪贤等. 社会及行为科学研究方法[M]. 重庆：重庆大学出版社，2006.

[293] 杨国枢. 社会及行为科学研究法(上)[M]. 重庆：重庆大学出版社，2006.

[294] 杨国枢. 社会及行为科学研究法(下)[M]. 重庆：重庆大学出版社，2006.

[295] 杨中芳. 如何理解中国人——文化与个人论文集[M]. 重庆：重庆大学出版社，2009.

[296] 姚小涛，席酉民. 管理研究与社会网络分析[J]. 现代管理科学，2008(6)：19 - 21.

[297] 姚小涛，席酉民. 社会网络理论及其在企业研究中的应用[J]. 西安交通大学学报(社会科学版)，2003，23(3)：22 - 27.

[298] Yin R K. 案例研究：设计与方法 [M]. 周海涛，等，译. 重庆：重庆大学出版社，2004.

[299] 袁方. 社会研究方法教程[M]. 北京：北京大学出版社，1997，55 - 73.

[300] 翟学伟. 再论"差序格局"的贡献、局限与理论遗产[J]. 中国社会科学，2009，3：152 - 158.

[301] 翟学伟. 在中国官僚作风及其技术的背后——偏正结构与面子运作[A]. 翟学伟主编. 中国社会心理学评论(第二辑)[C]. 北京：社会科学文献出版社，2006.

[302] 翟学伟. 中国人的脸面观：有关其向度的若干假设. 杨国枢主编. 文化、

心病及疗法[M]. 台北：桂冠图书公司，1994.

[303] 翟学伟. 中国人行动的逻辑[M]. 北京：社会科学文献出版社，2001.

[304] 张宝建，胡海青，张道宏. 企业创新网络的生成与进化[J]. 中国工业经济，2011，4：117－127.

[305] 张岱年，程宜山. 中国文化与文化论争[M]. 北京：中国人民大学出版社，1990.

[306] 张剑，王维才. 创造性组织环境研究的新进展[J]. 北京科技大学学报，2005，21(2)：82－86.

[307] 张雷，雷雳，郭伯良. 多层次线性模型应用[M]. 北京：教育科学出版社，2005.

[308] 张奇. SPSS for Windows 在心理学与教育学中的应用[M]. 北京：北京大学出版社. 2009.

[309] 张庆林，R. J. Sternberg. 创造性研究手册[M]. 成都：四川教育出版社，2002.

[310] 张岩，徐飞，奚恺元. 实验室研究[M]. 北京：北京大学出版社，2008.

[311] 张志学. 组织心理学研究的情境化及多层次理论[J]. 心理学报，2010，42(1)：10－21.

[312] 赵红丹. 团队差序氛围对团队创新绩效的影响机制研究——知识转移的视角[J]. 科学学研究，2011，29(8)：1207－1215.

[313] 赵卓嘉. 团队内部人际冲突、面子对团队创造力的影响研究[D]. 浙江大学博士论文，2009.

[314] 郑伯埙，黄国隆. 相似或相异：海峡两岸组织文化之比较[J]. 本土心理学研究(中国台湾)，1999，11：3－55.

[315] 郑伯埙. 差序格局与华人组织行为[J]. 本土心理学研究(中国台湾)，1995，3：214－219.

[316] 周浩，龙立荣. 共同方法偏差的统计检验与控制方法[J]. 心理科学展，2004，12 (6)：942－950.

[317] 朱瑞玲. 中国人的社会互动：试论面子的运作[J]. 中国社会学刊，1987，11：23－53.

附　　录

整体调查问卷

尊敬的女生/先生您好：　　　　　　　　　　　　团队编号（********）

您好，我们是同济大学人力资源工作室的研究人员，正在进行关于组织创新的学术研究。恳请您的帮助！我们郑重承诺：

1. 调查问卷仅用于学术研究，我们将严格保密不对外公开。

2. 调查题目的选择没有对错之分，根据您的实际情况填写即可。

3. 随附问卷有一个信封，封口处已贴好双面胶，您可以在填写完成后自行封好信封，保证您填写信息的绝对保密。

一、请根据您的实际情况对以下描述进行评价，并在相应的地方打√。

（1＝完全同意；2＝不太同意；3＝不确定；4＝基本同意；5＝完全不同意）

	描　　述	1	2	3	4	5
1	当我学习了新知识后，我会使我团队内的同事也能学习到它	□	□	□	□	□
2	我让我团队内的同事共享我所拥有的信息	□	□	□	□	□
3	我让我团队内的同事共享我的技能	□	□	□	□	□
4	我一般不会把我的技术与团队内的同事分享	□	□	□	□	□
5	我询问本团队同事时，他们会将他们所掌握的技能告诉我	□	□	□	□	□
6	当我询问我部门同事时，他们会告诉我他们所知道的	□	□	□	□	□

续表

	描　　述	1	2	3	4	5
7	即使我询问团队内的同事，他们也不会将其所知的知识告诉我	□	□	□	□	□
8	在工作中，我能找出新的工艺、流程、技术或产品(服务)创意	□	□	□	□	□
9	我会向别人推广我的想法并寻求支持。	□	□	□	□	□
10	我常能产生具有创造性的想法	□	□	□	□	□
11	我经常有解决问题的新方法	□	□	□	□	□
12	我能产生解决问题的创造性思路	□	□	□	□	□
13	只要一有机会，我就会在工作中展示创造力	□	□	□	□	□
14	我常向同事推荐执行工作任务的新方法	□	□	□	□	□
15	我会提出详尽的计划和进度安排使新想法得以实施，	□	□	□	□	□

二、请根据您所在团队的实际情况对以下描述进行评价，并在相应的地方打√。

(1＝完全同意；2＝不太同意；3＝不确定；4＝基本同意；5＝完全不同意)

	描　　述	1	2	3	4	5
1	当有人批评我所在团队时，我个人会觉得尴尬	□	□	□	□	□
2	我对于别人如何看待我所在的团队感到非常有兴趣	□	□	□	□	□
3	当我谈到团队时，我会说“我们如何如何”而非“他们如何如何”	□	□	□	□	□
4	团队的成功也是我的成功	□	□	□	□	□
5	当别人赞美我所在团队时，我觉得就像是在称赞我一样	□	□	□	□	□
6	如果有传播媒体批评我所在团队，我会觉得有些难堪	□	□	□	□	□
7	团队经常提出与任务相关的新创意	□	□	□	□	□
8	团队经常拓展出与任务相关的新知识或新技术	□	□	□	□	□
9	团队经常运用新的方式解决问题	□	□	□	□	□
10	团队成员经常花费时间探索新方法	□	□	□	□	□
11	团队经常提出原创性的解决方法	□	□	□	□	□
12	团队能创造性地将不同来源的信息和知识融合	□	□	□	□	□

三、请根据您对所在团队的真实感受对以下描述进行评价，并在相应的地方打√。

（1＝完全同意；2＝不太同意；3＝不确定；4＝基本同意；5＝完全不同意）

	描　　述	1	2	3	4	5
1	当别人拒绝我的帮助时，我会感到难堪	□	□	□	□	□
2	为了有面子，我有时候会“打肿脸充胖子”	□	□	□	□	□
3	我在乎同事对我的看法	□	□	□	□	□
4	同事送我人情，我也会还他一个人情	□	□	□	□	□
5	我给了别人方便，我希望对方将来也回报我人情	□	□	□	□	□
6	“钱债好还，人情债难还”，最好不要欠别人的人情	□	□	□	□	□
7	和他人和谐交往，能防止他们将来给我制造麻烦	□	□	□	□	□
8	为了避免将来尴尬，一般不应破坏和他人的和谐关系	□	□	□	□	□
9	为保持和谐，在处理问题时可能需要放弃自己的观点	□	□	□	□	□
10	与同事和谐相处会给工作带来很多便利	□	□	□	□	□
11	家和万事兴，维持大家的和谐非常重要	□	□	□	□	□
12	维持和睦的人际关系可以使身心愉快	□	□	□	□	□
13	凡事都维持人际和谐可能掩盖问题并留下后患	□	□	□	□	□
14	追求和谐的人有时候可能变得很虚伪的表现	□	□	□	□	□
15	有一些下属和领导是一个“圈子”里的人	□	□	□	□	□
16	领导有特别信任的下属	□	□	□	□	□
17	同事之间在升迁、待遇方面有潜在的不同的待遇	□	□	□	□	□
18	领导对待自己的“圈内人”和“圈外人”有不同标准	□	□	□	□	□
19	有一些下属会越权执行领导的一些职能	□	□	□	□	□
20	有一些下属把替领导干私事排在本职工作之上	□	□	□	□	□

四、在问卷最后附有一张团队成员代号表，请您根据实际情况在相应的地方打√。

随附问卷有一个信封，您可以在填写完成后自行封好，保证信息的绝对保密。

题目→员工编号	A	B	C	D	E	F	G	H	I	J
工作中遇到困难时，您会向哪些同事请教？										
工作中遇到困难时，哪些同事会主动指导您？										

为了进一步了解同事对您的帮助，以及您对同事的帮助程度，请填写如下问题。请您参照代号表填写，并不要在自己代号处打√。

A. 您与团队其他成员亲密程度如何？
(1=非常疏远；2=比较疏远；3=一般关系；4=比较亲密；5=非常亲密)
B. 除工作流程的必要沟通之外，您与团队其他成员沟通频率如何？
(1=每天沟通；2=每周几次；3=每月几次；4=偶尔沟通；5=很少沟通)
C. 您与团队其他成员讨论或互动中，内容的深入程度如何？
(1=非常深入；2=不深入；3=一般；4=比较深入；5=非常深入)

团队成员编号	亲密程度					沟通频率					深入程度				
A	1	2	3	4	5	1	2	3	4	5	1	2	3	4	5
B	1	2	3	4	5	1	2	3	4	5	1	2	3	4	5
C	1	2	3	4	5	1	2	3	4	5	1	2	3	4	5
D	1	2	3	4	5	1	2	3	4	5	1	2	3	4	5
E	1	2	3	4	5	1	2	3	4	5	1	2	3	4	5
F	1	2	3	4	5	1	2	3	4	5	1	2	3	4	5
G	1	2	3	4	5	1	2	3	4	5	1	2	3	4	5
H	1	2	3	4	5	1	2	3	4	5	1	2	3	4	5
I	1	2	3	4	5	1	2	3	4	5	1	2	3	4	5

五、以下是一些基本信息，您请填写。本部分不涉及隐私，仅供分类统计需要。

学历	高中及以下□	年龄	≤25岁□	职位	基层员工□
	大专及本科□		26—30岁□		团队主管□
	硕士研究生□		31—35岁□		部门主管□
	博士及以上□		36—40岁□		公司中层□
性别	男□		41—45岁□		公司高层□
	女□		46岁以上□		其他□

续表

在团队中工作时间	半年以下□	团队成立至今的时间	半年以下□	企业规模	小于 20 人□
	半年—1 年□		半年—1 年□		20—99 人□
	1 年—3 年□		1 年—2 年□		100—499 人□
	3 年—5 年□		2 年—3 年□		500—999 人□
	5 年以上□		3 年以上□		大于 1 000 人□

问卷到此结束，感谢您的支持！

如果您对本研究的结果感兴趣或者有任何建议，请您联系：****@163.com（***），再次感谢您的协助与支持！问卷填写完毕之后，您可以将以下的员工代号表剪去。

再次提醒您：随附问卷有一个信封，封口处已贴好双面胶，您可以在填写完成后自行封好信封，保证您填写信息的绝对保密。

附：团队成员代号表 团队编号：（*****）

——此表格由研究者在调查之前与团队主管或企业人事部沟通获得，并预先随机编好代号。

编号	A	B	C	D	E	F
姓名						
编号	G	H	I	J	K	L
姓名						
编号	M	N	O	P	Q	R
姓名						
编号	S	T	U	V	W	X
姓名						